Daniel Achsnich

Die Haftung faktischer Organe in der Aktiengesellschaft

Verlag Dr. Kovač
Hamburg 2010

VERLAG DR. KOVAČ
FACHVERLAG FÜR WISSENSCHAFTLICHE LITERATUR

Leverkusenstr. 13 · 22761 Hamburg · Tel. 040 - 39 88 80-0 · Fax 040 - 39 88 80-55

E-Mail info@verlagdrkovac.de · Internet www.verlagdrkovac.de

Bibliografische Information der Deutschen Nationalbibliothek
Die Deutsche Nationalbibliothek verzeichnet diese Publikation
in der Deutschen Nationalbibliografie;
detaillierte bibliografische Daten sind im Internet
über http://dnb.d-nb.de abrufbar.

ISSN: 1860-8868

ISBN: 978-3-8300-4953-1

Zugl.: Dissertation, Universität Bochum, 2009

Gedruckt auf holz-, chlor- und säurefreiem Papier Munken Book. Munken Book ist alterungsbeständig und erfüllt die Normen für Archivbeständigkeit ANSI 3948 und ISO 9706.

Schriftenreihe

Schriften zum Handels- und Gesellschaftsrecht

Band 74

ISSN 1860-8868

Verlag Dr. Kovač

Vorwort

Die Arbeit lag dem Promotionsausschuss der Juristischen Fakultät der Ruhr-Universität Bochum im Wintersemester 2008/2009 vor. Rechtsprechung und Literatur sind bis Oktober 2008 berücksichtigt. Herrn Professor Dr. Borges danke ich für die Betreuung der Arbeit. Frau Professorin Dr. Lohse danke ich für die Erstellung des Zweitgutachtens. Mein besonderer Dank gilt meinen Eltern, die mir stets eine sorgenfreie Schul- und Studienzeit bereitet und somit maßgeblich zum Gelingen meiner Dissertation beigetragen haben. Ihnen widme ich diese Arbeit.

Dortmund, im November 2009

Daniel Achsnich

Inhaltsübersicht

Inhaltsverzeichnis

1. Kapitel: Einführung und Problemstellung

Die Aktiengesellschaft ist eine juristische Person des Privatrechts. Um handlungsfähig zu sein, benötigt sie Organe, die für sie im Rechtsverkehr auftreten. Dazu sieht das AktG die Bestellung verschiedener Organe zur Ausübung von Leitungs-, Überwachungs- und Willensbildungsfunktionen vor. Das AktG enthält ausschließlich Regelungen zu den rechtmäßigen Organen der AG. Dabei werden Fragen von der Bestellung, über die Abberufung, bis hin zur ihrer Haftung geregelt. Wie aber ist in Situationen zu verfahren, wenn Personen, die nicht eine Organstellung innehaben, tatsächlich Organfunktionen wahrnehmen? Hierzu schweigt das AktG. Es stellen sich Fragen nach den Rechten und Pflichten solcher Personen. Insbesondere ist zu klären, ob diese Personen der organschaftlichen Haftung aus § 93 AktG unterliegen und ob alternativ und parallel eine Haftung aus allgemeinen zivilrechtlichen Normen und Instituten entstehen kann. Diese Fragestellungen werden seit Jahrzehnten unter der Überschrift faktischer Organschaft in Rechtsprechung[1] und Literatur[2] diskutiert. Sie sind bis heute nicht abschließend geklärt[3]. Dies gilt insbesondere für die speziellen Rechtsverhältnisse in der Aktiengesellschaft. § 76 Abs. 1 AktG räumt dem Vorstand der Aktiengesellschaft im Gegensatz zum Geschäftsführer der GmbH, der bisher im Fokus in Rechtsprechung[4] und Literatur[5] stand, weitreichende Autonomie und Weisungsunabhängigkeit ein. Nach S. 2 der Vorschrift muss der Vorstand ab einem Grundkapital von mindestens drei Millionen Euro aus mindestens zwei Personen bestehen, außer die Satzung bestimmt etwas anderes. Auch ohne diese Norm besteht ein Vorstand einer Aktiengesellschaft zumindest im Falle größerer Unternehmen aus mehreren Mitgliedern. Dies wirft wiederum besondere Fragen nach der

[1] Vgl. nur: ROHGE 20, S. 207; RG, JW 1937, S. 683; BGHZ 75, S. 96 (106); BGHZ 104, S. 44 (48); BGH, NZG 2005, S. 755; BGH, NZG 2005, S. 816; KG, NZG 2008, S. 344 f.

[2] Reich, DB 1967, S. 1663; Fleischer, AG 2004, S. 517 ff.; Gross, strafrechtliche Verantwortlichkeit; Köhler, NZG 2008, S. 161 ff.; Stein, Das faktische Organ; Dinkhoff, faktischer Geschäftsführer; Dierlamm, NStZ 1996, S. 153; FS Rebmann/*Schmidt*, S. 419; Kratzsch, ZGR 1985, S. 506; Gerlach, AG 1965, S. 251 ff.; Geißler, GmbHR 2003, S. 1106 ff.; Hartmann, Insolvenzantragspflicht.

[3] Fleischer, AG 2004, S. 517.

[4] BGHZ 150, S. 61; BGHSt 31, S. 118.

[5] Dinkhoff, faktischer Geschäftsführer.

Behandlung faktischer Organwalter in Kollektivorganen auf. Auch besteht das Bedürfnis im Hinblick auf die Haftung nach § 117 AktG[6] faktische Organschaft von sonstiger Beeinflussung der AG abzugrenzen.

Nach *Schmidt* verleitet der Begriff des faktischen Organs zur „juristischen Ungenauigkeit“[7]. Mitunter ist auch die Rede von „unklaren Konturen“[8]. Dies mag unter anderem an der Tatsache liegen, dass selbst der Begriff des echten Organs nicht weiter gesetzlich definiert ist. Umso schwerer ist es, einer rechtlichen Figur Konturen zu geben, die keine ausdrückliche Grundlage im Gesetz hat. Dies aber soll das Anliegen dieser Dissertation sein. Auch vor dem Hintergrund der Reformen des Gesetzes zur Modernisierung des GmbH-Rechts und zur Bekämpfung von Missbräuchen (MoMiG)[9], die auch Normen des AktG und der InsO betreffen, werden diese Problemkreise zu diskutieren sein[10].

Bevor auf die Thematik des faktischen Organs und seiner Haftung eingegangen wird, bietet es sich an, zunächst den Blick auf die organisatorische Struktur der Aktiengesellschaft zu richten.

A. Das Wesen der Aktiengesellschaft

Wie bereits in der Einleitung erwähnt, handelt es sich bei der AG um eine juristische Person des Privatrechts und damit um eine Körperschaft. Dieser Grundsatz findet sich unmittelbar in § 1 Abs. 1 AktG. Zentrales Merkmal einer jeden Körperschaft ist die Rechtsfähigkeit. Die AG ist in der Lage, selbständig Rechte und Pflichten zu tragen. Die Aktionäre treffen die Rechte und Pflichten der AG nicht. Konsequenterweise haftet für die Verbindlichkeiten der AG nach § 1 Abs. 1 S. 2 AktG auch nur das Vermögen der Gesellschaft. Ein Durchgriff auf die Aktionäre ist grundsätzlich nicht möglich.

---

[6] Kort, AG 2005, S. 453 ff.; Voigt, Haftung aus Einfluss, S. 201 f.; Brüggemeier, AG 1988, S. 93 ff.
[7] Schmidt, GesR, S. 419.
[8] Himmelsbach/Achsnick, NZI 2003, S. 355 (360).
[9] BT-Drs. 16/6410.
[10] Vgl. hierzu insbesondere: 3. Kapitel, III. 2. u. 3.; 5. Kapitel, C. II.; 9. Kapitel, D. I. 1. b).

B. Der Organbegriff

Bevor auf die einzelnen Organe und ihre Funktionen eingegangen wird, soll zunächst der Begriff des Organs näher beleuchtet werden. Eine gesetzliche Definition des Organbegriffs existiert nicht. Das deutsche Wort Organ ist aus dem lateinischen Begriff „Organum“ hervorgegangen. Dieser bedeutet so viel wie Werkzeug oder Gerät [11]. So, wie der Mensch sich unterschiedliche Werkzeuge zu Nutze macht, geschieht es auch in juristischen Personen. Deren Organe sind die Werkzeuge der Körperschaft, die ihr jegliches Handeln ermöglichen. Zentrale Aufgabe der Organe von Körperschaften, so auch die der AG, ist es, die Rechte und Pflichten der Körperschaft im Innen- und Außenverhältnis zu begründen, auszuführen und auch wieder zu beenden[12]. Als Organe werden daher natürliche Personen bezeichnet, deren eigenes Verhalten als Verhalten der Körperschaft gilt, soweit sie in Ausführung ihrer Amtsgeschäfte tätig werden[13].

Dazu sieht das AktG die Schaffung verschiedener Organe zur Wahrnehmung einzelner Aufgaben aus den oben genannten Bereichen vor. Die Regelungen hierzu sind im vierten Abschnitt des ersten Buches des AktG in den §§ 76 ff. AktG kodifiziert.

C. Die einzelnen Organe und deren Funktionen

Das Aktiengesetz differenziert bei den unterschiedlichen Organen zwischen den drei Grundfunktionen von Willensbildung, Geschäftsführung und Vertretung, sowie Aufsichtsführung:

---

[11] Köbler, Jur. Wörterbuch, S. 302.
[12] Wiedemann, GesR, S. 212.; vgl. zum Organbegriff im schweizerischen Recht: Gehriger, Faktische Organe im Gesellschaftsrecht, S. 10 ff.
[13] Wiedemann, GesR, S. 212 m. w. N.

I. Die Hauptversammlung als Organ der Willensbildung

Die Willensbildung erfolgt durch die Hauptversammlung nach den §§ 118 AktG. Hier üben die Aktionäre ihre Rechte aus. Der Hauptversammlung kommt innerhalb der AG die Grundlagenkompetenz zu[14]. Sie ist nach § 179 AktG für Satzungsänderungen und ferner für Strukturmaßnahmen zuständig. Insbesondere wählt sie die Aktionärsvertreter für den Aufsichtsrat nach Maßgabe des § 101 AktG und entscheidet nach § 120 AktG über die Entlastung der Verwaltungsorgane Vorstand und Aufsichtsrat. Auf dem Gebiet der Geschäftsführung hat die Hauptversammlung nur eine minimale Bedeutung. Über Maßnahmen der Geschäftsführung entscheidet sie gemäß § 119 Abs.2 AktG nur, wenn der Vorstand es verlangt.

II. Der Vorstand als geschäftsführendes und vertretendes Organ

Die Geschäftsführungs- und Vertretungsfunktion wird durch den Vorstand nach den §§ 76 ff. AktG wahrgenommen. Nach § 78 Abs. 1 AktG vertritt der Vorstand die AG gegenüber den Aktionären, der Belegschaft, den Vertragspartnern, den Behörden und sonstigen Dritten. Es gilt dabei das Prinzip der Fremd- oder Drittorganschaft [15]. Im Gegensatz zu den Personengesellschaften müssen hier die geschäftsführenden und vertretungsberechtigten Personen nicht Gesellschafter, sprich Aktionäre sein[16]. Besondere Aufmerksamkeit ist der Tatsache zu widmen, dass der Vorstand nach § 76 Abs. 1 AktG die AG unter eigener Verantwortung leitet. Er ist autonom in seinen Entscheidungen und nicht an Weisungen der Aktionäre gebunden[17]. Vorstandsmitglieder werden nach § 84 Abs. 1 AktG durch den Aufsichtsrat bestellt. Die Bestellung ist der körperschaftliche Organisationsakt, durch den eine Person in die organschaftlichen Rechte und Pflichten des Vorstands eintritt.

---

[14] Hueck/Windbichler, GesR, § 29, Rn. 6.
[15] Hüffer, AktG, § 76 Rn. 25.
[16] Hüffer, AktG, § 76 Rn. 25.
[17] MüKo AktG/*Spindler*, § 76 Rn. 1 ff.

Nach § 76 Abs. 2 S. 1 AktG können nur unbeschränkt geschäftsfähige natürliche Personen zum Vorstandsmitglied bestellt werden. In diesem Zusammenhang ist zwischen zwei grundsätzlichen Verhältnissen zwischen Vorstand und AG zu differenzieren. Neben diesen organschaftlichen Bestellungsakt tritt in der Regel ein Dienst- und Geschäftsbesorgungsvertrag nach den §§ 611, 675 BGB[18]. In diesem verpflichtet sich das jeweilige Vorstandsmitglied zur Dienstleistung gegenüber der AG, die im Wesentlichen in der Ausführung der aktienrechtlichen Aufgaben liegen. Im Gegenzug ist die AG zur Zahlung einer Vergütung verpflichtet[19]. Zwischen AG und Vorstand besteht jedoch kein Arbeitsverhältnis, da Vorstände nicht Arbeitnehmer sind. Dies ist mit der Tatsache zu erklären, dass Vorstände Arbeitgeberfunktionen wahrnehmen[20] und nach § 78 Abs. 1 AktG in ihrer Tätigkeit autonom sind. Folglich fehlt es beim Vorstand an der für Arbeitnehmer typischen Weisungsgebundenheit. Nach der Trennungstheorie sind Anstellungs- und Bestellungsverhältnis strikt voneinander zu trennen[21]. Daher wirken die organschaftliche und schuldrechtliche Beziehung abstrakt voneinander[22].

III. Der Aufsichtsrat

Ferner schreibt das AktG in den §§ 95 ff. die Einrichtung eines Aufsichtsrates vor. Dieser ist nach § 84 Abs. 1 AktG zur Bestellung des Vorstandes und zu dessen Überwachung verpflichtet. Auch vertritt er die AG nach § 112 AktG gegenüber dem Vorstand. Wie der Name schon sagt, ist die primäre Aufgabe des Aufsichtsrates die laufende Überwachung der Geschäftsführung nach § 111 AktG. Unter besonderen Umständen, die in § 111 Abs. 4 AktG niedergelegt sind, muss er auch grundlegenden Geschäftsführungsmaßnahmen zustimmen. Die Zusammensetzung des Aufsichtsrats ist in § 96 AktG geregelt. Er besteht

[18] MüKo AktG/*Spindler*, § 84 Rn. 50 f.; Hüffer, AktG, § 84 Rn. 2.; BGHZ 78, S. 82 (84); BGHZ 79, S. 38 (41); BGHZ 89, S. 48 (52).
[19] Hüffer, AktG, § 84 Rn. 11.
[20] BGHZ 10, S. 187 (191); BGHZ 36, S. 142 (143).
[21] Hüffer, AktG, § 84 Rn. 2.; BGHZ 78, S. 82 (84); BGHZ 79, S. 38 (41); BGHZ 89, S. 48 (52).
[22] Hüffer, AktG, § 84 Rn. 2.; BGHZ 78, S. 82 (84); BGHZ 79, S. 38 (41); BGHZ 89, S. 48 (52).

grundsätzlich aus den Vertretern der Aktionäre. Hinzu kommen Vertreter der Arbeitnehmer, soweit die jeweilige AG der unternehmerischen Mitbestimmung nach dem MitbestimmungsG unterliegt[23].

IV. Fakultativorgane

Darüber hinaus kommt die Einrichtung sogenannter Fakultativorgane in Betracht[24]. Dabei handelt es sich um Organe, deren Einrichtung nicht zwingend durch das AktG vorgesehen ist, aber durch Satzungsbeschluss eingeführt werden können[25]. Häufig anzutreffen sind Verwaltungsräte oder Beiräte[26]. Diese Personen dienen aufgrund ihrer besonderen Sachkunde oder Erfahrung im geschäftlichen Verkehr der Beratung der AG. Eine Leitungs- oder Aufsichtsfunktion darf diesen Fakultativorganen jedoch nicht zukommen[27]. Auf diese Weise würde die Satzungsstrenge nach § 23 Abs. 5 AktG unterlaufen. Schließlich billigt das AktG nur Vorstand und Aufsichtsrat diese Funktionen zu.

D. Die Haftung der Organmitglieder

Das AktG weist den unterschiedlichen Organen ein umfangreiches Bündel an Rechten und Pflichten zu. Um eine gewissenhafte Wahrnehmung der Pflichten zu gewährleisten, muss das Gesetz Sanktionen an Pflichtverletzungen knüpfen. Ein Instrument dazu ist die zivilrechtliche Haftung eines Organwalters für Pflichtverletzungen. Diese lässt sich übergeordnet in zwei Kategorien aufteilen. Zum einen in Haftungsgrundlagen, die unmittelbar an die Eigenschaft als Organ anknüpfen und zum anderen in allgemein zivilrechtliche Haftungsnormen.

---

[23] MüKo AktG/*Habersack*, § 96 Rn. 5 ff.
[24] Hennerkes/May, NJW 1988, S. 2761 (2762); Raiser, KapG, § 16 Rn. 1.
[25] Raiser, KapG, § 16 Rn. 1.
[26] Raiser, KapG, § 16 Rn. 1.
[27] BGHZ 75, S. 96 ff. „Herstatt“; KöKo/*Kraft*, § 23 Rn. 85; KöKo/*Mertens*, vor § 76 Rn. 28.

I. Die organschaftliche Haftung nach § 93 AktG

Für Pflichtverletzungen seitens des Vorstands sieht § 93 Abs. 2 AktG eine Schadensersatzpflicht gegenüber der AG vor. Nach § 116 AktG gilt diese Haftungsnorm sinngemäß auch für den Aufsichtsrat.

1. Die dogmatische Einordnung der Haftung aus § 93 AktG

Zunächst stellt sich die Frage nach der dogmatischen Einordnung der Haftung aus § 93 Abs. 2 AktG. Nach einer weit verbreiteten Auffassung im Schrifttum handelt es sich hierbei um den Fall einer gesetzlich angeordneten Organhaftung[28]. Sie begründen diese Annahme mit dem Schutzzweck der Norm[29]. § 93 AktG diene nicht nur dem Interesse der Gesellschaft, sondern vor allem auch den Gläubigern der Gesellschaft[30]. *Schilling* nahm sogar ein Interesse der Allgemeinheit an[31]. Aus diesem Grunde seien auch sämtliche Satzungsbestimmungen nach § 241 Abs. 2 AktG nichtig, die eine Beschränkung der Haftung der Organe vorsehen. Ferner spreche die Trennungstheorie für die Einordnung als gesetzliche Haftung[32]. Im Endeffekt handelt es sich nach diesen Kommentatoren bei § 93 AktG um ein schlichtes gesetzliches Schuldverhältnis. *Baums* und Teile der Rechtsprechung sehen in der Organhaftung letztlich eine Haftung für Vertragsverletzungen[33]. Der BGH setzt sich mit der Frage der unmittelbaren Organhaftung nicht auseinander, sondern stellt auf die Fehlerhaftigkeit des Anstellungsvertrages ab[34]. Nach Ansicht des BGH treffen den fehlerhaft angestellten Vorstand dieselben aktienrechtlichen Pflichten, wie ein ordnungsgemäß angestelltes Vorstandsmitglied. Exemplarisch führt das Gericht die Treuepflicht und das Wettbewerbsverbot nach § 79 AktG an[35]. Auf

---

[28] Großkomm. AktG/*Hopt,* § 93, Rn. 3, 8, 20; Hüffer, AktG, § 93 Rn. 11; MüKo AktG/*Spindler*, § 93 Rn. 10; Sonnenberger, GmbHR 1973, S. 25 (26 f.)
[29] Großkomm. AktG/*Hopt,* § 93 Rn. 3, 8, 20; Hüffer, AktG, § 93 Rn. 11; MüKo AktG/*Spindler*, § 93 Rn. 10; Sonnenberger, GmbHR 1973, S. 25 (26 f.).
[30] MüKo AktG/*Spindler*, § 93 Rn. 1, 26.
[31] Großkomm. AktG 3. Aufl./*Schilling,* § 93 Rn. 8.
[32] Hüffer, AktG, § 93 Rn. 11.
[33] Baums, Der Geschäftsleitervertrag, S. 211 ff.; BGHZ 41, S. 282 (287).
[34] BGHZ 41, S. 282 (287).
[35] BGHZ 41, S. 282 (287).

diese Weise setzt der BGH die organschaftlichen Pflichten mit den vertraglichen gleich. *Mertens* kombiniert beide Ansätze. Er betrachtet die Haftung aus § 93 Abs. 2 AktG als eine Verbindung von gesetzlicher und vertraglicher Haftung[36]. Dabei geht er von der Trennung zwischen Bestellungs- und Anstellungsverhältnis aus[37]. Bezüglich der Haftung aufgrund Organstellung besteht auch nach *Mertens* ein zwingendes gesetzliches Schuldverhältnis[38]. Parallel dazu verpflichte sich ein Vorstand vertraglich gegenüber der AG, die organschaftlichen Pflichten wahrzunehmen[39]. Organschaftlicher und vertraglicher Pflichtenkreis seien daher identisch[40]. Daraus folgert *Mertens* die unmittelbare Anwendung des § 93 AktG auch auf das Anstellungsverhältnis[41].

Die grundsätzliche Einordnung der Haftung aus § 93 AktG als gesetzliches Schuldverhältnis ist richtig. Dafür spricht zunächst der unmissverständliche Wortlaut des § 93 Abs. 2 S. 1 AktG: „Vorstandsmitglieder, die ihre Pflichten verletzen, sind der Gesellschaft zum Ersatze des daraus entstehenden Schadens als Gesamtschuldner verpflichtet." Gemeint sind die Pflichten, die sich für den Vorstand unmittelbar aus dem AktG ergeben. Damit ist der Pflichtenkreis des Vorstands unabhängig von vertraglichen Vereinbarungen gesetzlich definiert. Folglich knüpft der Haftungstatbestand des § 93 Abs. 2 S. 1 AktG an die Verletzung gesetzlicher und nicht vertraglicher Pflichten an. Parallel und unabhängig davon verpflichtet sich das Vorstandsmitglied vertraglich, die organschaftlichen Pflichten wahrzunehmen. Daraus jedoch die Gleichsetzung vertraglicher und organschaftlicher Verpflichtungen zu folgern, wie es in der Entscheidung des BGH anklingt[42], ist verfehlt. Es ist unbestritten, dass die vertraglichen Pflichten nicht geringer sein können, als die aktienrechtlich vorgegebenen. Wäre dies der Fall, so könnten AG und Vorstand vertraglich die Folgen des § 93 AktG abwenden.

---

[36] KöKo/*Mertens,* § 93 Rn. 3.
[37] KöKo/*Mertens,* § 93 Rn. 3.
[38] KöKo/*Mertens,* § 93 Rn. 3, 4.
[39] KöKo/*Mertens*, § 93 Rn. 3.
[40] KöKo/*Mertens,* § 93 Rn. 3.
[41] KöKo/*Mertens*, § 93 Rn. 3.
[42] BGHZ 41, S. 282 (287).

Aufgrund des Schutzzwecks der Norm darf dies nicht passieren. Daraus folgt jedoch nicht, dass sich ein Vorstand im Anstellungsvertrag noch strengeren Haftungsmaßstäben als denen des § 93 AktG unterwerfen darf. Auch diese Möglichkeit ist letztlich ein Ausfluss der Privatautonomie. Aus diesem Grunde sind die organschaftliche und die vertragliche Sphäre auch hinsichtlich der Haftungsbegründung und Haftungsausfüllung strikt voneinander zu trennen. Die Haftung aus § 93 Abs. 2 S. 1 AktG folgt allein aus der Verletzung gesetzlicher Pflichten. Umgekehrt richtet sich die vertragliche Haftung ausschließlich nach dem Inhalt des Anstellungsvertrages. Für die Einordnung als gesetzliche Haftung spricht nicht zuletzt auch die Unabdingbarkeit der Haftung[43]. Die Unabdingbarkeit resultiert dabei aus der aktienrechtlichen Unabhängigkeit des Vorstands und der Tatsache, dass sie nach § 93 Abs. 5 AktG auch den Gläubigern der Gesellschaft zugute kommt[44]. Handelte es sich um eine vertragliche Haftung, so stünde es im privatautonomen Belieben der Beteiligten, diese Haftung einzuschränken oder sogar auf sie zu verzichten. Jede Vermengung dieser beiden rechtlichen Beziehungen ist damit unzulässig. Auch ist der Aufsichtsrat sogar verpflichtet, den Schadensersatzanspruch aus § 93 Abs. 2 AktG geltend zu machen[45]. Dies verdeutlicht nochmals den zwingenden gesetzlichen Charakter der Haftung.

Im Ergebnis ist damit die organschaftliche Haftung aus § 93 Abs. 2 S. 1 AktG als gesetzliches Schuldverhältnis zu klassifizieren.

2. Der Haftungstatbestand

Nach § 93 Abs. 2 AktG sind Vorstandsmitglieder für Pflichtverletzungen gegenüber der AG zum Schadensersatz verpflichtet. Der Haftungszeitraum beginnt mit der Wirksamkeit der Bestellung im Sinne des § 84 AktG und endet mit Ablauf der Amtszeit[46]. Der Vorstand haftet für die Verletzung

[43] MüKo AktG/*Spindler*, § 93 Rn. 10, 26.
[44] MüKo AktG/*Spindler*, § 93 Rn. 26.
[45] BGHZ 135, S. 244 (253 ff.) „ARAG".
[46] Hüffer, AktG, § 93 Rn. 12.

organschaftlicher Pflichten. Diese ergeben sich aus der Leitungsaufgabe nach § 76 Abs. 1 AktG, aus Treuebindungen und aus zahlreichen Einzelvorschriften.

Nach § 76 Abs. 1 AktG leitet der Vorstand die AG unter eigener Verantwortung. Mit der äußerst weitreichenden Autonomie des Vorstands ist freilich auch eine besondere Verantwortung gegenüber der AG verbunden. Denn, wer hohen Einfluss auf die Gesellschaft hat, muss auch für seine Fehler einstehen.

Die Treuepflicht des Vorstands gegenüber der AG resultiert aus der Annahme, dass der Vorstand trotz seiner Unabhängigkeit immer noch mit fremdem Kapital arbeitet und fremde Geschäftschancen wahrnimmt[47]. Spezielle Ausprägungen der Treuepflicht sind das Wettbewerbsverbot des § 88 AktG und die Verschwiegenheitspflicht aus § 93 Abs. 1 S. 2 AktG. Weitere Treuepflichten können sich aus den Grundsätzen für geschäftsführende Gesellschafter von Personengesellschaften ergeben[48].

Nicht zuletzt ergeben sich die Pflichten eines Vorstandsmitglieds aus zahlreichen Vorschriften des AktG. Eine nicht abschließende Aufzählung besonders wichtiger Pflichten findet sich in § 93 Abs. 3 AktG. Dort werden Verhaltensweisen genannt, die in besonderem Maße geeignet sind, die AG und die Interessen der Aktionäre zu gefährden.

Bei der Haftung aus § 93 Abs. 2 AktG handelt es sich um eine Verschuldenshaftung[49]. Schon leichte Fahrlässigkeit kann die Schadensersatzpflicht auslösen[50].

---

[47] Hüffer, AktG, § 84 Rn. 9.
[48] Hüffer, AktG, § 84 Rn. 9.
[49] Semler, AG 2005, S. 321 (327); KöKo/*Mertens*, § 93 Rn. 98 f.
[50] Semler, AG 2005, S. 321 (327); KöKo/*Mertens*, § 93 Rn. 98 f.

3. Umfang des Schadensersatzanspruchs

Der Haftungsumfang bestimmt sich nach den §§ 249 ff. BGB[51]. Alle adäquat kausal entstandenen Schäden sind zu ersetzen. Insofern ergeben sich hier keine Unterschiede zur allgemeinen zivilrechtlichen Haftung.

4. Darlegungs- und Beweislast

Nach § 93 Abs. 2 S. 2 AktG trifft im Streitfall über das Vorliegen einer Pflichtverletzung seitens des Vorstands die Beweislast den Vorstand. Die AG muss lediglich den Nachweis eines Vermögensschadens und die Möglichkeit eines Zurechnungszusammenhangs zwischen Schaden und einem Handeln oder Unterlassen des Vorstands nachweisen[52]. In diesen Fällen muss der Vorstand den Entlastungsbeweis erbringen, dass sein Handeln gerade nicht zum Schaden führte. Die Beweislastumkehr bezieht sich dabei auch auf die subjektive Komponente des Verschuldens und die Rechtswidrigkeit der Schädigung[53].

5. Geltendmachung des Schadensersatzanspruchs

Der Anspruch ist grundsätzlich durch den Aufsichtsrat geltend zu machen. Dies ergibt sich aus der Vertretungsbefugnis des Aufsichtsrats gegenüber dem Vorstand aus § 112 AktG. Unter besonderen Voraussetzungen kann der Anspruch seitens der Gläubiger der AG eingefordert werden. § 93 Abs. 5 sieht dies für Fälle vor, in denen die Gläubiger nicht durch die AG selbst befriedigt werden. In der Regel ist der Aufsichtsrat zur Geltendmachung des Anspruchs verpflichtet. Die Unterlassung der Geltendmachung stellt seinerseits eine Verletzung der Pflichten des Aufsichtsrats dar[54].

---

[51] OLG Düsseldorf, AG 1997, S. 231 (237).
[52] KöKo/*Mertens*, § 93 Rn. 100, 101.
[53] KöKo/*Mertens*, § 93 Rn. 102.
[54] BGHZ 135, S. 244 (253 ff.).

II. Allgemein zivilrechtliche Haftungsgrundlagen

Neben der organschaftlichen Haftung aus § 93 Abs. 2 S. 1 AktG stehen auch Anspruchsgrundlagen aus dem allgemeinen Zivilrecht zur Verfügung:

1. Die Haftung aus § 280 Abs. 1 BGB

Zwischen Vorstand und AG besteht mit dem Anstellungsverhältnis ein schuldrechtlicher Dienst- oder Geschäftsbesorgungsvertrag [55]. Dieser ist grundsätzlich ein Schuldverhältnis im Sinne des § 280 Abs. 1 BGB, so dass den Vorstand auch eine Haftung dieser Norm treffen kann. Umstritten ist jedoch das Konkurrenzverhältnis zwischen der organschaftlichen Haftung aus § 93 Abs. 2 AktG und der allgemeinen zivilrechtlichen Haftung für vertragliche Pflichtverletzungen aus § 280 Abs. 1 BGB. Wer die Verletzung des Anstellungsvertrages als haftungsauslösendes Moment für § 93 Abs. 2 S. 1 AktG sieht, muss konsequenter Weise die Anwendung des § 280 Abs. 1 BGB verneinen. Denn in diesem Falle wäre § 93 AktG lex specialis gegenüber § 280 Abs. 1 BGB[56]. Schließlich normiert § 93 AktG nach dieser Sichtweise einen Sondertatbestand vertraglicher Haftung. Richtigerweise ist, wie bereits erörtert[57], von einer strikten Trennung von Anstellungs- und Bestellungsverhältnis auszugehen. Diese Trennung muss auch bei der Betrachtung möglicher Anspruchsgrundlagen für Schadensersatz durchgehalten werden. Folglich richtet sich die Haftung für Verletzungen der organschaftlichen Pflichten unmittelbar und ausschließlich nach § 93 Abs. 2 S. 1 AktG. Gleichzeitig haftet der Vorstand für Verletzungen des Anstellungsvertrages nach § 280 Abs. 1 BGB[58]. Es besteht zwischen beiden Normen Anspruchskonkurrenz [59]. Daran ändert auch die Tatsache nichts, dass in der Regel die Pflichten des Anstellungsvertrages mit

---

[55] Siehe 1. Kapitel, C. II.
[56] BGH, ZIP 1989, S. 1390 (1392); BGH, ZIP 1997, S. 199 (200); MüHdb/*Wiesner*, § 26 Rn. 4.
[57] Siehe 1. Kapitel, D. I. 1.
[58] Hüffer, AktG, § 93 Rn. 11.
[59] Hüffer, AktG, § 84 Rn. 2, § 93 Rn. 11 m. w. N.; Schmidt, GesR, S. 424 f.

den organschaftlichen Pflichten identisch sein können. Damit haftet ein Vorstand, der seine vertraglichen Pflichten verletzt, aus § 280 Abs. 1 BGB[60].

2. Deliktische Haftungsgrundlagen

Darüber hinaus kommt auch eine deliktische Haftung des Vorstands aus den §§ 823 ff. in Betracht. An dieser Stelle ergeben sich keine Besonderheiten. Erfüllt ein Organmitglied einen Tatbestand aus den §§ 823 ff. BGB, so haftet es uneingeschränkt aus diesen Vorschriften unabhängig von organschaftlicher und vertraglicher Beziehung.

III. Zusammenfassung

Für Verletzungen organschaftlicher Pflichten haftet das jeweilige Organmitglied nach Maßgabe des § 93 Abs. 2 S. 1 als gesetzlichen, unabdingbaren Haftungstatbestand. Verletzt das Organmitglied seinen Anstellungsvertrag, so haftet es aus § 280 Abs. 1 BGB. Beide Haftungstatbestände wirken unabhängig voneinander. Ferner haftet ein Vorstand uneingeschränkt aus Delikt gegenüber der AG.

---

[60] Im Ergebnis wohl: Hüffer, AktG, § 93 Rn. 11.

2. Kapitel: Die dogmatischen Grundlagen faktischer Organschaft und Haftung

A. Problemstellung und Begriff des faktischen Organs

Die im ersten Kapitel dargestellten Strukturen und Haftungsregime bezogen sich auf ordnungsgemäß bestellte und angestellte Vorstände und Aufsichtsräte. Es fragt sich aber, wie Personen zu behandeln sind, die entweder ohne jedweden Willen der AG Vorstandsfunktionen wahrnehmen oder deren Bestellung oder Anstellung aufgrund rechtlicher Hindernisse fehlgeschlagen ist. Möglich ist auch, dass Personen Organaufgaben mit Willen der Gesellschaft wahrnehmen, ohne überhaupt dazu förmlich bestellt worden zu sein. Denkbar sind hier die unterschiedlichsten Konstellationen: So könnte etwa ein unerkannt Geisteskranker entgegen der Vorschrift des § 76 Abs. 2 AktG zum Vorstand bestellt worden sein. Zu untersuchen sind die Auswirkungen solcher Fälle auf die Fragestellung der Wirksamkeit der Bestellung dieser Personen und ob sie gegebenenfalls wie ein ordentliches Organ zu behandeln sind und ob sie auch wie eines haften. Dieselbe Problematik entsteht etwa in Fällen, in denen Personen aufgrund ihrer Eigenschaft als öffentlicher Amtsträger nicht als Vorstände in Frage kommen, aber dennoch bestellt werden. Literatur und Rechtsprechung diskutieren diese Fragen unter der Überschrift faktischer Organschaft[61].

I. Das faktische Organ in zivilrechtlicher Rechtsprechung und Literatur

Die Problematik des faktischen Organs ist seit Jahrzehnten aktuell und wurde bereits in Rechtsprechung und Literatur behandelt.

[61] ROHGE 20, S. 207; RG JW 1937, S. 683; BGHZ 75, S. 96 (106); BGHZ 104, S. 44 (48); BGH NZG 2005, S. 755; BGH NZG 2005, S. 816; Reich, DB 1967, S. 1663; Fleischer, AG 2004, S. 1; Stein, Das faktische Organ; Dinkhoff, faktischer Geschäftsführer; Dierlamm, NStZ 1996, S. 153; FS Rebmann/*Schmidt*, S. 419; Kratzsch, ZGR 1985, S. 506; Gerlach, AG 1965, S. 251 ff.; Geißler, GmbHR 2003, S. 1106 ff.

1. Die zivilrechtliche Rechtsprechung zum faktischen Organ im Zeitraum von 1876 bis 2007[62]

Im Zeitraum zwischen 1876 und 2007 hatte sich die zivilrechtliche Rechtsprechung des Öfteren mit Fragen faktischer Organschaft auseinanderzusetzen. Im Mittelpunkt dieser Rechtsprechung stand nicht immer die AG. Vornehmlich ging es um eingetragene Genossenschaften und Gesellschaften mit beschränkter Haftung. Allen drei Gesellschaftsformen ist jedoch die körperschaftliche Ausgestaltung gemeinsam. Daher sind die Problemkreise faktischer Organstellungen ähnlich. Die folgende Rückschau berücksichtigt daher die Rechtsprechung zu allen Körperschaften.

a) Das Reichsoberhandelsgericht

Das ROHG hatte im Jahre 1876 die Frage zu klären, ob ein unwirksam bestellter, aber dennoch in das Handelsregister eingetragener Vorstand die Gesellschaft wirksam im Prozess vertreten kann[63]. Hier verklagte die Aktiengesellschaft ein ehemaliges Vorstandsmitglied, wobei dieses die mangelhafte Vertretung der klagenden Gesellschaft aufgrund der nichtigen Bestellung des Vorstands rügte. Dem trat das ROHG mit dem Argument entgegen, durch die Eintragung in das Handelsregister sei ein Rechtsschein wirksamer Bestellung geriert worden[64]. Ferner vertrat das ROHG die Ansicht, die klagende Gesellschaft wäre ohne diesen rechtsscheinlichen Vorstand ohne gesetzlichen Vertreter[65]. Demnach billigte das ROHG dem nichtigen Vorstand eine Organersetzungsfunktion zu.

---

[62] Vgl. hierzu auch die Zusammenfassungen und Übersichten in: Hartmann, Insolvenzantragspflicht, S. 46 ff. für den Zeitraum von 1876 bis 2002; FS Rebmann/*Schmidt*, S. 421 ff. für die Zeit von 1887 bis 1988; Fleischer, AG 2004, S. 517 (518 f.) für den Zeitraum von 1887 bis 2002 und speziell zur strafrechtlichen Judikatur: Gross, strafrechtliche Verantwortlichkeit, S. 42 ff. für den Zeitraum von 1887 bis 2002.

[63] ROHGE 20, S. 207 ff.

[64] ROHGE 20, S. 207 (210).

[65] ROHGE 20, S. 207 (210).

b) Das Reichsgericht

Später hatte erstmals das Reichsgericht im Jahre 1909 einen Fall faktischer Organschaft zu entscheiden[66]. Dort ging es um den faktischen Geschäftsführer einer GmbH. Das Reichsgericht bejahte die rechtliche Verantwortung einer Person, die aufgrund einer nichtigen Bestellung jahrelang Geschäftsführeraufgaben wahrnahm. Allerdings nahm das Reichsgericht die Haftung des faktischen Geschäftsführers aus der Geschäftsführung ohne Auftrag nach den §§ 677 ff. BGB und nicht aus den organschaftlichen Haftungsnormen an[67].

Diese grundsätzliche Linie der rechtlichen Verantwortung des fehlerhaft bestellten Organwalters setzte das Reichsgericht auch im Jahre 1936 fort. Diesmal hatte sich das Gericht mit dem Fall eines faktischen Aufsichtsrats einer eG auseinanderzusetzen[68]. Hier übte eine Person trotz fehlerhafter Bestellung die Funktion eines Aufsichtsrats aus. Das Reichsgericht erkannte diesem allerdings im Gegensatz zur Entscheidung aus dem Jahre 1909 [69] alle organschaftlichen Rechte und Pflichten zu. Zwar sei der Bestellungsakt nichtig gewesen, jedoch habe der Betreffende die Aufgaben eines Aufsichtsrats mit Willen der eG wahrgenommen[70]. Diesen Willen bekundete die eG durch die Annahme der Dienste des faktischen Organwalters. Auf diese Weise sei konkludent ein Vertrag zwischen eG und faktischem Organwalter zustande gekommen, der dieselben Rechte und Pflichten beinhalte, wie eine echte Organstellung[71]. Das Reichsgericht knüpft für die Begründung einer faktischen Organstellung an den tatsächlichen Willen der eG und des fehlerhaft bestellten Aufsichtratsmitglieds an. Auf diese Weise konstruiert es ein Vertragsverhältnis, das an die Stelle einer ordnungsgemäßen Wahl oder Bestellung zum Aufsichtsrat tritt. Dies bedeutet gleichzeitig, dass faktische Organstellungen nur unter Mitwirkung der jeweiligen Körperschaft entstehen können. Für die AG hat

[66] RG, Warneyers Rspr. d. RG 1909 (Ergbd.), S. 485 f. Nr. 504.
[67] RG, Warneyers Rspr. d. RG 1909 (Ergbd.), S. 485 f. Nr. 504.
[68] RG, JW 1937, S. 683 ff.
[69] RG, Warneyers Rspr. d. RG 1909 (Ergbd.), S. 485 f. Nr. 504.
[70] RG, JW 1937, S. 683.
[71] RG, JW 1937, S. 683.

diese Annahme folgende Konsequenzen: Der Aufsichtsrat wird nach § 101 Abs. 1 AktG durch die Hauptversammlung gewählt. Unterstellt, die Wahl ist aus rechtlichen Gründen unwirksam, so kommen dem Gewählten organschaftliche Rechte und Pflichten zu, sobald er seine Tätigkeit unter dem realen, nicht weiter rechtlich geformten, Willen der Hauptversammlung aufnimmt und ausübt. Auch die Entstehung faktischer Vorstände ist auf diese Weise denkbar. Auch hier kann der Bestellungsakt nach § 84 Abs. 1 AktG unwirksam sein. Übt das scheinbare Vorstandsmitglied seine Tätigkeit jedoch unter Duldung des Aufsichtsrats aus, so kommen auch dieser Person die organschaftlichen Rechte und Pflichten faktisch zu.

c) Der Bundesgerichtshof

Dieser Linie folgte später auch der BGH. In einer Entscheidung aus dem Jahre 1964[72] bejahte der BGH die faktische Organstellung eines Vorstandsmitglieds einer AG trotz fehlerhaftem Anstellungsvertrag[73]. Unter Übertragung der Grundsätze des fehlerhaften Arbeitsverhältnisses knüpft der BGH an das Wissen des Aufsichtsrats an, dass der Betreffende als Vorstand tätig ist[74]. Auch hier wird die faktische Organstellung vom Wissen, bzw. tatsächlichem Willen der AG abhängig gemacht. Bemerkenswert ist an dieser Stelle, dass der BGH ausschließlich auf den fehlerhaften Anstellungsvertrag abstellt. Die Frage nach der wirksamen Bestellung im Sinne des § 84 Abs. 1 AktG wird vollständig ausgeklammert. Dies ist mit der bereits angesprochenen Vermengung von Anstellungs- und Bestellungsverhältnis zu erklären[75]. 1967 bejahte der BGH auf dieser Basis die faktische Organstellung eines Vorstandsmitglieds, dessen Bestellungs- und Anstellungsverhältnis befristet war, das aber nach Fristablauf für die Gesellschaft auftrat[76].

---

[72] BGHZ 41, S. 282 ff.
[73] BGHZ 41, S. 282.
[74] BGHZ 41, S. 282 (286, 287).
[75] Siehe 2. Kapitel, D. I. 1.
[76] BGHZ 47, S. 341.

Die Anerkennung einer faktischen Organstellung beschäftigte den BGH nochmals im Jahre 1979 im Prozess um den Konkurs des Bankhauses Herstatt KGaA[77]. Die Satzung der Bank sah die Einrichtung eines Verwaltungsrats vor, dem umfassende Geschäftsführungsfunktionen übertragen wurden, so auch die Konkursantragspflicht[78]. Nach den §§ 92 Abs. 2, 283 Nr. 14 AktG trifft diese Befugnis ausschließlich den persönlich haftenden Gesellschafter der KGaA. Nach Auffassung des BGH ist diese Befugnis nicht auf andere satzungsmäßige Organe übertragbar. Begründet wurde dies mit der Beschränkung des Konkursantragsrechts auf Vorstände und Liquidatoren nach § 208 Abs. 1 der damaligen KO[79]. Jede andere Verhaltensweise ist demnach schlicht contra legem. Der BGH hatte sich folglich mit der Frage auseinanderzusetzen, ob trotz des unmissverständlichen Gesetzeswortlauts dem Verwaltungsrat die organschaftlichen Pflichten aus § 92 Abs. 2 AktG, nunmehr § 15a InsO[80], zukommen. Das Gericht kam zu dem Schluss, dass auch den Verwaltungsrat in dieser Konstellation die Konkursantragspflicht treffen kann. Indirekt nennt der BGH als Voraussetzung dazu die völlige Verdrängung des rechtmäßigen Geschäftsleiters aus seiner Position[81]. Aus tatsächlichen Gründen verneinte der BGH im vorliegenden Falle diese Voraussetzungen[82], so dass es zu einer intensiveren Auseinandersetzung mit den Problemen faktischer Organschaft nicht kam.

Einen weiteren Schritt tat der BGH im Jahre 1988[83]. Hier erkannte der BGH endgültig die Konkursantragspflicht, heute Insolvenzantragspflicht, im Sinne des § 64 GmbHG von Personen an, die tatsächlich die Geschäftsführerposition innehaben, jedoch nicht zum Geschäftsführer nach § 46 Nr. 6 GmbHG bestellt wurden[84]. Er begründet seine Entscheidung damit, dass derjenige, der wie ein Geschäftsführer handelt, auch dieselbe Verantwortung trägt, als wäre er

---

[77] BGHZ 75, S. 96 ff. „Herstatt".
[78] BGHZ 75, S. 96 (97, 106) „Herstatt".
[79] BGHZ 75, S. 96 (106) „Herstatt".
[80] BT-Drs. 16/6140.
[81] BGHZ 75, S. 96 (106) „Herstatt".
[82] BGHZ 75, S. 96 (106, 107) „Herstatt".
[83] BGHZ 104, S. 44 ff.
[84] BGHZ 104, S. 44 ff.

ordnungsgemäß bestellt worden[85]. In dieser Aussage ist eine liegt eine entscheidende Wendung in der Rechtsprechung. Bis zur Entscheidung des BGH aus dem Jahre 1964[86] knüpfte die Rechtsprechung die Begründung einer faktischen Organstellung an den realen Willen der Gesellschaft an. Im Umkehrschluss konnte niemand zu einer faktischen Organstellung gelangen, der ohne Willensakt der Gesellschaft tätig war. Auf solche Konstellationen soll zu einem späteren Zeitpunkt nochmals eingegangen werden[87]. Eine vollständige oder essentielle Verdrängung des rechtmäßigen Geschäftsführers sei nicht erforderlich[88]. Unter Berücksichtigung des Prinzips der Fremdorganschaft und der Tatsache, dass eine GmbH auch mehrere Geschäftsführer haben kann, reiche es zur Begründung einer faktischen Organstellung aus, dass der Betreffende im maßgeblichem Umfange Funktionen wahrgenommen hat, die per Gesetz oder Gesellschaftsvertrag einem Geschäftsführer zukommen[89]. Insofern reduzierte der BGH die Anforderungen für die Klassifizierung von Personen als faktische Organwalter. Im Herstatt-Urteil verlangte er noch die vollständige Verdrängung des wahren Geschäftsleiters aus seiner Position[90]. Gleichzeitig verlangt der BGH auch ein geschäftsführertypisches Verhalten der Person im Außenverhältnis[91].

Diese Kriterien zur Feststellung einer faktischen Organstellung hat der BGH in den Jahren 2002[92] und 2005[93] bestätigt. Auch in diesen Entscheidungen setzt der BGH zur Begründung einer faktischen Organstellung zwei wesentliche Kriterien: Erstens verlangt er die maßgebliche Verdrängung der rechtmäßigen Organwalter[94] und zweitens ein nach außen tretendes, der Geschäftsführung

---

[85] BGHZ 104, S. 42 (47).
[86] BGHZ 41, S. 282 ff.
[87] Siehe 3. Kapitel, A. II.
[88] BGHZ 104, S. 42 (45, 47, 48).
[89] BGHZ 104, S. 42 (48).
[90] BGHZ 75, S. 96 (106) „Herstatt“.
[91] BGHZ 104, S. 42 (48).
[92] BGHZ 150, S. 61 ff.
[93] BGH, NZG 2005, S. 755 ff.; BGH, NZG 2005 S. 816.
[94] BGHZ 150, S. 61 (69); BGH NZG 2005, S. 755; BGH, NZG 2005, S. 816.

zuzurechnendes Handeln[95]. Dabei nimmt das Gericht ausdrücklich Bezug auf die Grundsatzentscheidung aus dem Jahre 1988[96].

Schließlich bejahte der BGH 2007 die Haftung eines faktischen Geschäftsführers wegen existenzvernichtenden Eingriffs in die durch ihn geführte Gesellschaft aus § 826 BGB[97]. Spezifisch neue Ansätze zur Figur des faktischen Geschäftsführers enthält diese Entscheidung nicht. Es wird lediglich klargestellt, dass auch ein faktischer Geschäftsführer der Haftung für existenzvernichtende Eingriffe unterliegt[98]. Der BGH gab in diesem Zusammenhang die Figur des existenzvernichtenden Eingriffs zugunsten der allgemeinen Anspruchsgrundlage des § 826 BGB auf[99]. Gleichzeitig stellte er klar, dass in derartigen Krisensituationen sämtliche Tatbestandsmerkmale des § 826 BGB erfüllt sein müssen[100]. Da § 826 BGB eine allgemeine zivilrechtliche Anspruchsgrundlage ist, fällt die Relevanz für die Bedeutung der Figur des faktischen Organs eher gering aus. Schließlich ist jedermann tauglicher Begeher einer vorsätzlich sittenwidrigen Schädigung.

d) Das Kammergericht

Ebenfalls im Jahre 2007 unterwarf das Kammergericht den faktischen Gesellschaftergeschäftsführer einer GmbH der Durchgriffshaftung wegen Vermengung der privaten und der gesellschaftlichen Vermögenssphären[101]. Formell war dieser nicht Gesellschafter, brachte aber nahezu das gesamte Stammkapital der GmbH auf[102]. Die rechtlich wirksame Gründung der Gesellschaft erfolgte durch eine „Strohfrau", die auch zur Geschäftsführerin bestellt wurde[103]. Der faktische Geschäftsführer leitete die Gesellschaft aufgrund einer durch die Geschäftsführerin im rechtlichen Sinne erteilten

[95] BGHZ 150, S. 61 (69, 70); BGH, NZG 2005, S. 755; BGH, NZG 2005, S. 816.
[96] BGHZ 150, S. 61 (69).
[97] BGH, NJW 2007, S. 2689 „Trihotel".
[98] BGH, NJW 2007, S. 2689 „Trihotel".
[99] BGH, NJW 2007, S. 2689 „Trihotel".
[100] BGH, NJW 2007, S. 2689 (2691 f.).
[101] KG, NZG 2008, S. 344 f.
[102] KG, NZG 2008, S. 344.
[103] KG, NZG 2008, S. 344.

Generalvollmacht[104]. Das Kammergericht betonte die Pflicht des faktischen Geschäftsführers zur ordnungsgemäßen Buchführung mit den entsprechenden haftungsrechtlichen Konsequenzen für deren Missachtung[105]. Die gesellschaftergleiche Verantwortlichkeit des faktischen Geschäftsführers wurde aus § 9a Abs. 4 GmbHG hergeleitet[106].

e) Zusammenfassung

Verfolgt man den Zeitraum von 1876 bis 2007, so lassen sich mittlerweile hinsichtlich der Rechtsprechung gefestigte Kriterien zur Feststellung faktischer Organschaft ausmachen. Anfangs dominierten drei Faktoren, die jedoch isoliert im konkreten Einzelfall Anwendung fanden: Erstens wurde ein realer, aber rechtlich unwirksamer Willensakt zur Bestellung seitens der Gesellschaft gefordert[107]. Zweitens musste der wahre Geschäftsleiter vollständig aus seiner Position verdrängt worden sein[108]. Drittens wurde ein organtypisches Verhalten im Außenverhältnis als Voraussetzung zur Begründung einer faktischen Organstellung genannt[109]. Seit Ende der achtziger Jahre des zwanzigsten Jahrhunderts wurden diese Kriterien modifiziert. Der BGH verzichtet nun auf die Bekundung eines tatsächlichen Willens der Gesellschaft zur Begründung einer Organstellung[110]. Auch verlangt er nicht mehr die völlige Verdrängung des rechtmäßigen Geschäftsleiters, sondern lässt eine maßgebliche Verdrängung ausreichen[111]. Beibehalten wurde jedoch das Postulat nach einem organgleichen Außenverhalten des faktischen Organmitglieds[112].

Zusammengefasst hat die faktische Organschaft nach der heutigen zivilrechtlichen Rechtsprechung zwei Säulen: Die erste ist die maßgebliche Verdrängung der rechtmäßigen Organwalter aus ihrer Position im

[104] KG, NZG 2008, S. 344.
[105] KG, NZG 2008, S. 344 (345).
[106] KG, NZG 2008, S. 344 (345).
[107] RG, JW 1937, S. 683; BGHZ 41, S. 282 (287).
[108] BGHZ 75, S. 96 (106) „Herstatt".
[109] BGHZ 104, S. 42 (48); BGHZ 150, S. 61 (69, 70).
[110] BGHZ 104, S. 42 (48); BGHZ 150, S. 61 (69, 70).
[111] BGHZ 104, S. 42 (45, 47, 48); BGHZ 150, S. 61 (69).
[112] BGHZ 104, S. 42 (48); BGHZ 150, S. 61 (69, 70).

Innenverhältnis[113], die zweite ist das organgleiche Auftreten im Außenverhältnis[114].

2. Das faktische Organ in der Literatur

Auch das juristische Schrifttum hat sich in der Vergangenheit intensiv mit der Figur des faktischen Organs befasst[115]. So zahlreich die Stellungnahmen sind, so mannigfaltig verschieden fallen die Meinungsbilder aus.

Besonders kontrovers wird die Auseinandersetzung um das Erfordernis eines realen Willensaktes der Gesellschaft geführt[116]. An dieser Stelle stehen sich in der Literatur zwei Meinungsblöcke gegenüber. Ein Lager verlangt zur Begründung einer faktischen Organstellung in jedem Fall einen Willensakt der AG[117]. Die Gegenposition verzichtet auf einen fehlerhaften Willensakt[118].

Aber auch die Befürworter der Notwendigkeit eines gesellschaftlichen Willensakts sind uneins über die erforderliche Qualität desselben.

Nach *Stein* kann eine faktische Organstellung ausschließlich durch einen tatsächlichen Bestellungsakt begründet werden[119]. Die durch einen tatsächlichen

---

[113] BGHZ 104, S. 42 (45, 47, 48), BGHZ 150, S. 61 (69).
[114] BGHZ 104, S. 42 (48); BGHZ 150, S. 61 (69, 70).
[115] Vgl. nur: Reich, DB 1967, S. 1663 ff.; Fleischer, AG 2004, S. 517 ff.; Stein, Das faktische Organ; Gehriger, Faktische Organe im Gesellschaftsrecht; Vogel, Haftung der Muttergesellschaft; Veith, DB 1965, S. 807 ff.; Spieker, DB 1964, S. 1287 ff.; Schultz, NZG 1999, S. 89 (99, 100); Schmidt, JZ 1978, S. 661 (666); Dinkhoff, faktischer Geschäftsführer; Gerlach, AG 1965, S. 251 ff.; Schultheiß, Haftung des „shadow director"; Himmelsbach/Achsnick, NZI 2003, S. 355 ff.
[116] Vgl. hierzu: KöKo/*Mertens,* § 93, Rn. 12; Hüffer, AktG, § 93 Rn. 12; MüHdb/*Wiesner,* § 20, Rn. 34 ff., § 26, Rn. 3; Stein, Das faktische Organ, S. 121 ff.; Geißler, GmbHR 2003, S. 1106 (1108); Müko AktG/*Spindler,* § 93 Rn. 17; Fleischer, AG 2004, S. 517 (528); Hartmann, Insolvenzantragspflicht, S. 32 ff., 109 f.; Weimar, GmbHR 1997, S. 473 (474 f.); Spindler/*Stilz*/*Fleischer*, AktG, § 93 Rn. 170 ff.
[117] KöKo/*Mertens,* § 93, Rn. 12; Hüffer, AktG, § 93 Rn. 12; MüHdb/*Wiesner,* § 20, Rn. 34 ff., § 26, Rn. 3; Stein, Das faktische Organ, S. 121 ff.; Geißler, GmbHR 2003, S. 1106 (1108).
[118] Müko AktG/*Spindler,* § 93 Rn. 17; Fleischer, AG 2004, S. 517 (528); Hartmann, Insolvenzantragspflicht, S. 32 ff., 109 f.; Weimar, GmbHR 1997, S. 473 (474 f.); Spindler/*Stilz*/*Fleischer*, AktG, § 93 Rn. 170 ff.
[119] Stein, Das faktische Organ, S. 121 ff.

Bestellungsakt hergestellte Vertrauensbasis sei unabdingbar für die Gleichstellung eines faktischen Organwalters mit den ordnungsgemäßen Organmitgliedern[120]. Dieser Bestellungsakt soll den beidseitigen, ausdrücklichen Willen enthalten, dass der Betreffende Organfunktionen wahrnimmt [121]. Gleichzeitig verlangt *Stein* das beidseitige Vertrauen auf die rechtliche Wirksamkeit der Bestellung[122]. Bloße Duldung der Tätigkeit oder ein formloses Einverständnis der AG reichten nicht aus, da nur durch den förmlichen Bestellungsakt eine rechtserhebliche Willensbildung der Gesellschaft abgeschlossen wird[123].

Hüffer hält eine fehlgeschlagene Bestellung bereits im Hinblick auf die mögliche Haftung eines faktischen Organs[124] aus § 93 Abs. 2 S. 1 AktG für notwendig [125]. Nur eine fehlerhafte Bestellung könne die für eine Haftung notwendige Sonderverbindung zwischen Organ und AG herstellen[126]. Nach diesem Verständnis ist das faktische Organ lediglich eine Ausprägung des fehlerhaften Organs[127].

Auch *Mertens* verlangt zur Begründung einer faktischen Organstellung in jedem Fall einen Willensakt der Gesellschaft[128]. Allerdings beschränkt er diesen im Gegensatz zu *Stein* nicht nur auf fehlgeschlagene Bestellungen. Den seiner Meinung nach erforderlichen Willensakt erkennt er in drei Variationen an. In Betracht käme als erstes eine unwirksame Bestellung[129]. Insofern decken sich an dieser Stelle die Auffassungen von *Stein* und *Mertens.* Genügen sollen aber auch entweder in Anlehnung an BGHZ 41, S. 282 ff. eine Erklärung durch den Aufsichtsratsvorsitzenden, die nicht auf einer Ermächtigung durch den gesamten

[120] Stein, Das faktische Organ, S. 121.
[121] Stein, Das faktische Organ, S. 122.
[122] Stein, Das faktische Organ, S. 122.
[123] Stein, Das faktische Organ, S. 122.
[124] Siehe dazu 3. Kapitel, C.
[125] Hüffer, AktG, § 93 Rn. 12.
[126] Hüffer, AktG, § 93 Rn. 12.
[127] Heidel/*Landwehrmann*, AktG, § 93 Rn. 5; MüHdb/*Wiesner*, § 20, Rn. 34 ff., § 26 Rn. 3; Spindler/*Stilz/Fleischer*, AktG, § 93 Rn. 174.
[128] KöKo/*Mertens,* § 93 Rn. 12.
[129] KöKo/*Mertens,* § 93 Rn. 12.

Aufsichtsrat beruht oder die Überschreitung von Organkompetenzen eines echten Organmitglieds, indem es Funktionen anderer Organe wahrnimmt[130].

Im jüngeren Schrifttum wird mitunter auf das Kriterium eines zumindest fehlgeschlagenen Bestellungsaktes verzichtet. Nach *Dinkhoff, Kratzsch, Fleischer und Hartmann* ist es unerheblich, ob ein Bestellungsakt tatsächlich stattfand oder ein vorgenommener Bestellungsakt aus zivilrechtlichen Gründen fehlschlug[131]. Im Übrigen bezweifelt *Dinkhoff* grundsätzlich, dass es sich bei faktischer Geschäftsleitung tatsächlich um ein echtes Rechtsinstitut handelt[132]. Vielmehr soll faktische Geschäftsführung ein Problem der Anwendung einzelner Normen sein[133]. Letztlich geht es dann nicht um die Übertragung organschaftlicher Pflichten auf faktische Geschäftsleiter, sondern um die Subsumption einzelner, geschäftsführungsähnlicher Akte unter allgemein zivilrechtliche Haftungsgrundlagen[134].

II. Das faktische Organ in der schweizerischen Aktiengesellschaft

Die zuvor ausgewertete deutsche Rechtsprechung und Literatur hat im Wesentlichen die GmbH zum Gegenstand. In der Schweiz hingegen zeigte die Problematik faktischer Organschaft in der Aktiengesellschaft besondere Relevanz. Diese war dort mehrfach Gegenstand bundesgerichtlicher Entscheidungen[135]. Vor diesem Hintergrund fragt sich, warum in Deutschland gerade die GmbH und in der Schweiz die Aktiengesellschaft von praktischer Bedeutung ist. Insbesondere drängt sich die Frage auf, ob die in der Schweiz diskutierten Problemkreise ebenso in Deutschland auftreten können. Dazu bietet es sich an, den Blick einmal genauer auf das schweizerische Aktienrecht und die

---

[130] KöKo/*Mertens,* § 93 Rn. 12.

[131] Dinkhoff, faktischer Geschäftsführer, S. 92 ff., 187; Kratzsch, ZGR 1985, S. 506 (526); Fleischer, AG 2004, S. 517 (518); Spindler/*Stilz/Fleischer*, AktG, § 93 Rn. 170 ff.; Hartmann, Insolvenzantragspflicht, S. 109 f.

[132] Dinkhoff, faktischer Geschäftsführer, S. 95 f.

[133] Dinkhoff, faktischer Geschäftsführer, S. 96 f.; Scholz/*Schneider*, GmbHG, § 6 Rn. 47.

[134] Siehe dazu ausführlich: 6. Kapitel.

[135] BGE 102 II 353; BGE 107 II 349; BGE 117 II 432; BGE 117 II 570; BGE 128 III 29.

einzelnen Entscheidungen des schweizerischen Bundesgerichts und die Struktur des schweizerischen Aktienrechts zu richten.

1. Die Struktur der schweizerischen Aktiengesellschaft

Um die Vergleichbarkeit zwischen den Problemen faktischer Organschaft in der Schweiz und in Deutschland herzustellen, soll zunächst ein Überblick über die Struktur der schweizerischen Aktiengesellschaft und der Verantwortlichkeit deren Organe gegeben werden. Der Begriff der AG ist in Art. 620 Abs. 1 OR legaldefiniert: Sie ist eine Gesellschaft mit eigener Firma, deren zum voraus bestimmtes Kapital in Teilsummen zerlegt ist und für deren Verbindlichkeit nur das Gesellschaftsvermögen haftet. Sie ist als juristische Person konzipiert[136]. Daher benötigt auch die schweizerische Aktiengesellschaft Organe, um handlungsfähig zu sein[137]. Wie in Deutschland differenziert das Obligationenrecht dabei zwischen den Grundfunktionen Willensbildung, Geschäftsleitung und Überwachung. Organ der Willensbildung ist die Generalsversammlung, die Leitung obliegt dem Verwaltungsrat und die Beaufsichtigung wird durch die Revisionsstelle wahrgenommen.

a) Die Generalversammlung

Die Regelungen für die Generalversammlung finden sich in den Art. 698 ff. OR. Art. 698 Abs. 2 OR beinhaltet sechs nicht übertragbare Kernkompetenzen der Generalversammlung: Festsetzung und Änderungen der Statuten, die Wahl der Mitglieder von Verwaltungsrat und Revisionsstelle, Genehmigung von Jahresbericht und Konzernrechnung, Beschlussfassung über die Gewinnverwendung, Entlastung des Verwaltungsrates und Beschlussfassung über sonstige gesetzlich der Versammlung übertragenen Gegenstände. Dieses Organ ist mit der deutschen Hauptversammlung vergleichbar.

[136] BaKo/*Baudenbacher*, vor Art. 620 Rn 4 ff.; Forstmoser/Meier-Hayoz/Nobel, S. 1.
[137] Forstmoser/Meier-Hayoz/Nobel, S. 173.

b) Der Verwaltungsrat

Die Regelungen über den Verwaltungsrat sind in den Art. 707 ff. OR niedergelegt. Zum Verwaltungsrat wählbar ist nach Art 707 Abs. 1 OR nur ein Aktionär oder eine Person die vor ihrem Amtsantritt Aktionär wird. Gemäß Art. 716 Abs. 2 OR obliegt dem Verwaltungsrat die Geschäftsführung. Er kann im Sinne des Art. 716 Abs. 1 OR in allen Angelegenheit der Gesellschaft Beschluss fassen, soweit sie nicht per Gesetz oder Statut der Generalversammlung übertragen sind. Art.716 a OR enthält wiederum einen Katalog an Aufgaben, die der Verwaltungsrat nicht an Dritte übertragen darf. Hierzu zählen insbesondere die Oberleitung der Gesellschaft und die Oberaufsicht über alle mit der Geschäftsführung betrauten Personen. Art. 716b OR sieht jedoch die Delegation anderer Aufgaben auf Direktoren oder Geschäftsleiter vor. Als geschäftsführendes Organ ist der Verwaltungsrat grundsätzlich mit dem Vorstand der deutschen Aktiengesellschaft vergleichbar. Mit Hilfe der recht weit reichenden Übertragungsmöglichkeit aus Art. 716b OR kann sich der Verwaltungsrat aber auch größtenteils auf die Überwachung der Geschäftsleitung zurückziehen[138]. In diesen Fällen ist der Verwaltungsrat mit einem Aufsichtsorgan vergleichbar[139]. Seinen grundsätzlichen Charakter als Exekutivorgan verliert der Verwaltungsrat aber aufgrund der Unübertragbarkeit der Kernaufgaben der Geschäftsleitung nicht[140].

Ähnlich zu Deutschland ist auch in der Schweiz zunächst zwischen einer Art Anstellungs- und Bestellungsverhältnis zu unterscheiden. Der Verwaltungsrat hat zum einen eine Organstellung inne, die ihn zur aktienrechtlichen Verwaltung der Gesellschaft berechtigt und verpflichtet[141]. Daneben existiert eine allgemeine schuldrechtliche Bindung zwischen Verwaltungsrat und Gesellschaft, die

[138] Forstmoser/Meier-Hayoz/Nobel, S. 177.
[139] Forstmoser/Meier-Hayoz/Nobel, S. 177.
[140] Forstmoser/Meier-Hayoz/Nobel, S. 177.
[141] Forstmoser/Meier-Hayoz/Nobel, S. 293.

arbeitsvertraglich ausgestaltet ist[142]. Die herrschende schweizerische Lehre fasst jedoch beide Verhältnisse als so genannten Innominatvertrag zusammen[143].

c) Die Revisionsstelle

Die Revisionsstelle ist in den Art. 727 ff. OR geregelt. Kernaufgabe der Revisionsstelle ist nach Art. 728 OR die Prüfung des Jahresabschlusses und gemäß Art. 729 f. OR die Berichterstattung über die Prüfungen gegenüber der Generalsversammlung. Das Aufgabenspektrum der Revisionsstelle entspricht in Deutschland der Abschlussprüfung nach den §§ 316 ff. HGB[144]. Ein spezielles Aufsichtsorgan, vergleichbar mit dem deutschen Aufsichtsrat, existiert im schweizerischen Recht nicht[145].

d) Die organschaftliche Haftung

Zentrale Haftungsnorm des schweizerischen Aktienrechts ist Art. 754 OR. Seit dem 01.07.1992 hat sie folgenden Wortlaut[146]:

1. *„Die Mitglieder des Verwaltungsrates und alle mit der Geschäftsführung oder mit der Liquidation befassten Personen sind sowohl der Gesellschaft als den einzelnen Aktionären und Gesellschaftsgläubigern für den Schaden verantwortlich, den sie durch absichtliche oder fahrlässige Verletzung ihrer Pflichten verursachen.*

2. *Wer die Erfüllung einer Aufgabe befugterweise einem anderen Organ überträgt, haftet für den von diesem verursachten Schaden, sofern er nicht nachweist, dass er bei der Auswahl, Unterrichtung und Überwachung die nach den Umständen gebotene Sorgfalt angewendet hat."*

---

[142] BGE 75 II 153; Forstmoser/Meier-Hayoz/Nobel, aaO.
[143] Böckli, AktR, S. 1462; Forstmoser/Meier-Hayoz/Nobel, S. 293 ff.
[144] BaKo/*Watter*, Art. 727a Rn. 14.
[145] Forstmoser/Meier-Hayoz/Nobel, S. 177.
[146] AS 1992 733 786; BBl. 1983 II 745.

Weite Teile der Rechtsprechung zum faktischen Organ betrafen jedoch § 754 aOR in der seit 1937[147] bis zum 30.06.1992 gültigen Fassung:

„1. Alle mit der Verwaltung, Geschäftsführung oder Kontrolle betrauten Personen sind sowohl der Gesellschaft als den einzelnen Aktionären und Gesellschaftsgläubigern für den Schaden verantwortlich, den sie durch absichtliche oder fahrlässige Verletzung der ihnen obliegenden Pflichten verursachen.

2. In gleicher Weise sind Liquidatoren, die absichtlich oder fahrlässig die ihnen durch das Gesetz oder die Statuten überbundenen Pflichten verletzen, der aufgelösten Gesellschaft und den Aktionären und Gläubigern für den entstandenen Schaden verantwortlich."

In Art. 754 Abs. 1 OR wurde die Haftung der Liquidatoren aufgenommen und aus Abs. 2 der Norm entfernt. Stattdessen wurde an dieser Stelle die Verantwortlichkeit für die Delegation organschaftlicher Aufgaben eingefügt. Art. 754 OR unterliegen die Mitglieder des Verwaltungsrates und alle mit der Geschäftsleitung betrauten Personen[148]. Zu letzteren können unter Umständen auch Direktoren, Prokuristen und Handlungsbevollmächtigte gehören[149]. Das neue Obligationenrecht geht dabei von einem funktionellen Organbegriff aus, indem es allein auf die Wahrnehmung von Leitungsaufgaben unabhängig eines formellen Bestellungsaktes abzielt[150]. Daneben existieren Spezialnormen für die Haftung der Revisoren in Art. 755 OR, die Gründerhaftung in Art. 753 OR und der Ausgabe von Emmissionsprospekten in Art. 752 OR. Diese Haftung gilt als vertraglich, bzw. quasivertraglich[151]. Der Unterscheidung zwischen vertraglicher und außervertraglicher Haftung kommt im schweizerischen Obligationenrecht erhebliche Bedeutung zu. Nach Art. 97 I OR wird das Verschulden des Ersatzpflichtigen vermutet. Diese Regelung ist vergleichbar mit § 280 Abs. 1 S.

[147] Forstmoser/Meier-Hayoz/Nobel, S. 60.
[148] Bärtschi, Verantwortlichkeit, S. 94.
[149] Forstmoser/Meier-Hayoz/Nobel, S. 420.
[150] BaKo/*Widmer/Banz*, Art. 754 Rn. 5.
[151] BGE 87 II 296; BGE 86 III 159; Forstmoser/Meier-Hayoz/Nobel, S. 424.

2 BGB. Bei der außervertraglichen Haftung muss der Anspruchsteller gemäß der Art. 41 ff. OR das Verschulden des Schädigers beweisen[152]. Ungeachtet der Frage der Darlegungs- und Beweislast[153] setzt die Haftung in jedem Fall Verschulden voraus. Ausreichend ist bereits jede Fahrlässigkeit[154]. Die schweizerische Rechtsprechung definiert Fahrlässigkeit gemeinhin als das Handeln in Vorhersehbarkeit des schädigenden Ereignisses[155]. Dabei reicht es aus, wenn der Schädiger nach der ihm im Einzelfall zumutbaren Aufmerksamkeit und Überlegung die konkrete Gefahr hätte vorhersehen können[156]. Diese Grundsätze wurden jedoch hinsichtlich der spezifischen gesellschaftsrechtlichen Bedürfnisse durch die Rechtsprechung relativiert. Auszugehen ist von einem objektivierten Verschuldensmaßstab[157]. Erforderlich ist die Sorgfalt eines gewissenhaften, vernünftigen Menschen aus demselben Verkehrskreis[158]. Unfähigkeit und mangelnde Kenntnis des Einzelnen wirken daher subjektiv nicht entlastend[159].

2. Die bundesgerichtliche Rechtsprechung zum faktischen Organ in der Aktiengesellschaft

Die Entscheidungen des schweizerischen Bundesgerichts zum faktischen Organ in der Aktiengesellschaft hatten unterschiedlichste Konstellationen zum Gegenstand. Im Jahre 1981 befasste sich das Bundesgericht mit der Frage, ob auch gesellschaftsfremden Personen Organqualität zukommen kann[160]. Dem lag folgender Sachverhalt zugrunde: Im Jahre 1970 wurde die Bauunternehmung Zumbrunn AG gegründet. An dieser erwarb die Soliva AG, eine Tochter des Schweizerischen Bankvereins, eine Minderheitsbeteiligung. Später beteiligte sich im Rahmen einer Kapitalerhöhung eine weitere Tochter des Schweizerischen Bankvereins an der Zumbrunn AG. Nach dem

[152] Forstmoser/Meier-Hayoz/Nobel, S. 424.
[153] Siehe hierzu: BaKo/*Widmer/Barz,* Art. 754 Rn. 35 m. w. N.
[154] BaKo/*Widmer/Banz,* Art. 754 Rn. 32; Forstmoser/Meier-Hayoz/Nobel, S. 428.
[155] BGE 99 II 180.
[156] BGE 99 II 180.
[157] BGE 112 II 180.
[158] Forstmoser/Meier-Hayoz/Nobel, S. 428.
[159] BGE 93 II 27; BGE 97 II 411.
[160] BGE 107 II 349.

Beteiligungsvertrag erhielten die beteiligten Gesellschaften „stille Einsitznahme in dem Verwaltungsrat.“ [161] In der Folgezeit nahmen Vertreter des SBV regelmäßig an den Verwaltungsratssitzungen der Zumbrunn AG teil und beeinflussten dort die Geschäftsführung[162]. In Zusammenhang mit der Insolvenz der Zumbrunn AG sollten diese Vertreter nach Art. 754 OR in Anspruch genommen werden. Das Bundesgericht bejahte deren organschaftliche Verantwortlichkeit [163]. Als mit der Geschäftsführung vertraut gelten auch Personen, die tatsächlich Organen vorbehaltene Entscheide treffen oder die eigentliche Geschäftsführung wahrnehmen und die Willensbildung der Gesellschaft maßgeblich mitbestimmen [164]. Hier legt das Bundesgericht Einzelpersonen Organverantwortung auf, obwohl diese zu keinem Zeitpunkt zu echten Organmitgliedern bestellt worden waren[165]. Die Einflussnahme wurde durch Berater- und Beteiligungsverträge ermöglicht. Letztlich handelt es sich hier um ein klassisches Umgehungsgeschäft. Durch die vertragliche Beziehung wurden die Vertreter des SBV zum faktischen Organ mit Willensakt der Zumbrunn AG.

Zehn Jahre später bestätigte das Bundesgericht seine Auffassung [166]. Die Bestimmung des Art. 754 OR gelten nicht nur für Entscheidungsorgane, die ausdrücklich als solche ernannt worden sind, sondern auch Personen, die tatsächlich Organen vorbehaltene Entscheidungen treffen[167]. Es genüge, wenn die in Anspruch genommene Person tatsächlich die Möglichkeit hatte, einen Schaden zu verursachen oder zu verhindern, sprich den Geschäftsgang der Gesellschaft maßgeblich zu beeinflussen[168]. Hier ging es um die Einordnung der Prokuristin einer Bank als faktisches Organ. Diese vergab zusammen mit einem echten Verwaltungsratsmitglied Garantien und Bürgschaften für Darlehen in Millionenhöhe. Die hieraus resultierenden Ausfälle waren mitursächlich für die

---

[161] BGE 107 II 349, S. 354.
[162] BGE 107 II 349, S. 354.
[163] BGE 107 II 349, S. 354.
[164] BGE 107 II 349, S. 354 f.
[165] BGE 107 II 349, S. 354 f.
[166] BGE 117 II 432.
[167] BGE 117 II 432, S. 442.
[168] BGE 117 II 432, S. 442.

Insolvenz der betroffenen Bank. Mit der Abgabe der Garantie- und Bürgschaftserklärungen habe die Prokuristin Kompetenzen ausgefüllt, die typischerweise nur Organen im formellen Sinne zukämen[169]. Ihre Eigenschaft als Angestellte, bzw. „Befehlsempfängerin" ließ das Bundesgericht nicht entlastend wirken. Die Prokuristin habe aufgrund ihrer Stellung in der Bank die Möglichkeit gehabt, den Schadenseintritt zu verhindern[170]. Sie hätte daher ihre unternehmerische Verantwortung selbständig wahrnehmen müssen[171]. Hier ging das Bundesgericht soweit, eine Angestellte haftungsrechtlich gleich einem Organwalter zu behandeln. Hier stellte das Bundesgericht auf die Wahrnehmung organtypischer Aufgaben und ein entsprechendes Auftreten im Außenverhältnis ab.

Eine ebenfalls aus dem Jahre 1991 stammende Entscheidung befasste sich mit konzernrechtlichen Aspekten faktischer Organschaft[172]. Hier ging es um die aktienrechtliche Verantwortlichkeit von Personen, die Organmitglieder einer beherrschten Gesellschaft waren, aber tatsächlich Geschäftsführungsfunktionen in der Muttergesellschaft ausfüllten[173]. Das Bundesgericht bejaht unproblematisch die Haftung nach Art. 754 OR für Organe der herrschenden Gesellschaft, wenn sie sich faktisch in die Leitung der konzernmäßig untergeordneten Gesellschaft einschalten[174]. Hinsichtlich des umgekehrten Falles betont das Bundesgericht, dass das hierarchische Konzernprinzip in der Regel zu Einmischungen der Muttergesellschaft, aber nicht zu Einmischungen „von unten" führe[175]. Im konkreten Fall wurde die Haftung der Beklagten mit der Begründung verneint, diese hätten nur beratend und ohne Stimmrecht an den Verwaltungsratssitzungen der Muttergesellschaft teilgenommen[176]. Auch habe lediglich die untergeordnete Führung einzelner Geschäfte im Vordergrund

---

[169] BGE 117 II 432, S. 442 f.
[170] BGE 117 II 432, S. 443.
[171] BGE 117 II 432, S. 443.
[172] BGE 117 II 570.
[173] BGE 117 II 570, S. 573 f.
[174] BGE 117 II 570, S. 574.
[175] BGE 117 II 570, S. 574.
[176] BGE 117 II 570, S. 574.

gestanden und nicht die selbständige Leitung der Muttergesellschaft[177]. Die Tatsache, dass im konkreten Fall die Verantwortlichkeit nach Art. 754 OR verneint wurde, lässt keine Rückschlüsse auf die Anwendbarkeit der Norm in ähnlichen Fallgestaltungen zu. Das Bundesgericht hat dies nicht grundsätzlich ausgeschlossen[178].

1993 befasste sich das Bundesgericht mit der faktischen Kontrollstelle nach Art. 727 f. aOR, dem Vorgänger der heutigen Revisionsstelle[179]. Eine Kontrollstelle, die nicht durch die Generalversammlung gewählt wurde, haftet als faktisches Organ, wenn sie über Jahre dauerhaft Revisionen durchgeführt und der Generalsversammlung Bericht erstattet hat[180]. Entscheidendes Kriterium war hier die dauerhafte Wahrnehmung von Organfunktionen.

2001 hatte das Bundesgericht die Frage erneut zu klären, welcher Intensität die Einflussnahme zur Begründung einer faktischen Organstellung bedarf[181]. Hier ließ das Bundesgericht einzelne der Geschäftsführung zuzurechnende Handlungen nicht ausreichen[182]. Von einer faktischen Organstellung sei nur auszugehen, wenn eine Person in eigener Verantwortung dauerhaft das Geschäftsergebnis beeinflusst[183]. Hier setzt das Bundesgericht konsequent die Linie aus der Entscheidung zur faktischen Kontrollstelle[184] fort.

Jüngst im Jahre 2006 bejahte das Bundesgericht schließlich die rechtliche Verantwortlichkeit faktischer Verwaltungsratsmitglieder für die Nichtleistung von Sozialversicherungsbeiträgen[185]. Hier ging es nicht um die Haftung gegenüber der Gesellschaft kraft organschaftlicher Verantwortung, sondern um die Inanspruchnahme seitens der öffentlichen Hand. Im Kern geht es hier um die Verantwortlichkeit faktischer Organe gegenüber Dritten. Zu diesem Zwecke

---

[177] BGE 117 II 570, S. 574.
[178] BGE 117 II 570, S. 574.
[179] BGE 119 II 255, S. 258.
[180] BGE 119 II 255.
[181] BGE 128 III 29.
[182] BGE 128 III 29, S. 33.
[183] BGE 128 III 29, S. 33.
[184] BGE 119 II 255.
[185] BGE 132 III 523.

übertrug das Bundesgericht den aktienrechtlichen Verantwortlichkeitsbegriff auf Art. 52 AHVG[186]. Diese Norm beinhaltet die Haftung von Arbeitgebern gegenüber den Sozialversicherungsträgern.

Aus den dargelegten Entscheidungen lässt sich für die schweizerische Aktiengesellschaft ein Katalog von Kriterien für die Begründung faktischer Organstellungen ableiten. Entscheidendes Merkmal ist die Einflussnahme auf die Aktiengesellschaft gleich einem echten Organ. Diese muss aber hinreichend gefestigt sein, da das Bundesgericht Einzelakte nicht genügen lässt. Die faktische Organstellung wird demnach anhand der Eingriffsintensität und der zeitlichen Dimension der Beeinflussung festgemacht. Verzichtet wird im Allgemeinen auf eine fehlgeschlagene Wahl oder einen gescheiterten Bestellungsakt. Besonders bemerkenswert erscheint die Tatsache, dass auf diese Weise sogar Arbeitnehmer zu faktischen Organen werden können[187]. Faktische Organschaft kann aber auch die Folge konzernmäßiger Verflechtungen sein. Dies gilt für die Muttergesellschaft als solcher, wie auch für deren Organe[188]. Ebenso können faktische Organe nicht nur gegenüber der Gesellschaft, sondern auch gegenüber Dritten, insbesondere öffentlichen Stellen, verantwortlich sein[189].

3. Literatur zum faktischen Organ in der schweizerischen Aktiengesellschaft

Bei der Feststellung faktischer Organschaft bereitet der offene Tatbestand des Art. 754 Abs. 1 OR nicht unerhebliche Probleme. Diese Norm spricht nicht nur von Verwaltungsratsmitgliedern, sondern auch „mit der Geschäftsführung befassten Personen“. Dies erfordert eine Abgrenzung im Einzelfall, ob eine Person schon dieser organschaftlichen Verpflichtung unterliegen soll. Dazu hat sich im schweizerischen Schrifttum eine Zweiteilung des Organbegriffs herauskristallisiert. Es ist die Rede von Organen im formellen und materiellen

[186] BGE 132 III 523.
[187] BGE 117 II 432.
[188] BGE 117 II 570.
[189] BGE 132 III 523.

Sinne [190]. Organ im formellen Sinne ist, wer ordnungsgemäß zum Verwaltungsrat gewählt und nach außen bekannt gegeben wurde, unabhängig davon, welch Aufgaben er real erfüllt[191]. Organ im materiellen Sinne soll sein, wer ohne formell gewählt zu sein effektiv und in entscheidender Weise wesentliche Aufgaben in der juristischen Person wahrnimmt und selbständige Entscheidungsbefugnisse besitzt [192]. Zur Begründung einer materiellen Organstellung ist ein gesellschaftsinterner Akt erforderlich, der regelmäßig eine Delegation organschaftlicher Aufgaben an nicht formell bestellte Personen beinhaltet [193]. Als dritte Kategorie nennen das jüngere Schrifttum und Rechtsprechung das Organ durch Kundgabe[194]. Darunter sollen Personen fallen, die in der Außendarstellung entgegen den tatsächlichen Verhältnissen Organfunktionen bekleiden[195]. Entscheidendes Abgrenzungskriterium zu den übrigen Organbegriffen ist der Umstand, dass Organe durch Kundgabe gerade keinen Einfluss auf die Geschäftsführung haben[196]. Wenn jemand leichtfertig Gebrauch von seinen Einflussmöglichkeiten macht, so soll er auch dafür einstehen müssen [197]. In diesem Zusammenhang wird auch von verdeckten Organen gesprochen[198]. Endlich kennt auch das schweizerische Schrifttum den Begriff des faktischen Organs [199]. *Gehriger* nimmt dabei eine funktionelle Betrachtung vor, nach der faktisches Organ ist, wer tatsächlich und in entscheidender Weise an der Willensbildung der Gesellschaft mitwirkt[200]. In Anlehnung an die Rechtsprechung [201] verlangt *Iser* ebenfalls die dauernde Beeinflussung der Gesellschaft[202]. Hierbei differenziert er zwischen Dauer und

[190] FS Meier-Hayoz/*Forstmoser*, S. 128.
[191] FS Meier-Hayoz/*Forstmoser*, S. 129; BaKo/*Widmer/Banz,* Art. 754 Rn. 4.
[192] FS Meier-Hayoz/*Forstmoser*, aaO.
[193] BaKo/*Widmer/Banz*, Art. 754 Rn. 5.
[194] Vogel, Haftung der Muttergesellschaft, S. 266; FS Meier-Hayoz/*Forstmoser*, S. 129; BGE 112 II 172.
[195] BGE 112 II 172; Vogel, Haftung der Muttergesellschaft, S. 266.
[196] Vogel, Haftung der Muttergesellschaft, S. 330.
[197] FS Meier-Hayoz/*Forstmoser,* aaO.
[198] Böckli, AktR, S. 1463 f.
[199] BaKo/*Widmer/Banz*, Art. 754 Rn. 5; Gehriger, Faktische Organe im Gesellschaftsrecht, S. 75; Bärtschi, Verantwortlichkeit, S. 99; Vogel, Haftung der Muttergesellschaft, S. 263 ff.; FS Zobl/*Iser*, S. 294.
[200] Gehriger, Faktische Organe im Gesellschaftsrecht, S. 75.
[201] BGE 128 II 29.
[202] FS Zobl/*Iser*, S. 294.

Intensität der Einflussnahme. Je häufiger und intensiver Eingriffe erfolgen, desto kürzer ist die erforderliche Dauer[203]. Angemessen soll ein Zeitraum von mindestens sechs bis zwölf Monaten sein[204]. Zusammenfassend ist festzustellen, dass das Schrifttum allein auf die Beeinflussung der Gesellschaft zur Begründung einer faktischen Organstellung abstellt. Insoweit bestehen hier erhebliche Übereinstimmungen mit der Rechtsprechung.

4. Zusammenfassung zum faktischen Organ im schweizerischen Recht

Faktisches Organ ist, wer tatsächlich Leitungsfunktionen der Gesellschaft wahrnimmt, ohne tatsächlich hierzu durch Wahl zum Verwaltungsrat gekürt oder durch einen anderen gesellschaftsinternen Akt dazu bestimmt worden zu sein[205]. Sie haften nach Art. 754 OR[206]. Als faktisches Organ kommen natürliche und juristische Personen in Betracht[207]. Insbesondere kann im Konzern einer herrschenden Gesellschaft oder deren Organen eine faktische Organstellung in der beherrschten Gesellschaft zukommen, welche ebenfalls die Folgen des Art. 754 OR auslösen[208]. Eine faktische Organstellung kann nur durch dauerhafte und intensive Einflussnahme begründet werden. Diese Ergebnisse werfen auch für das deutsche Recht Fragen auf: Können beispielsweise auch juristische Personen aufgrund konzernrechtlicher Verflechtungen in Deutschland zu faktischen Organen anderer Körperschaften werden? Wie muss die Einflussmöglichkeit einer Person ausgestaltet sein, um als faktisches Organ zu gelten? Laufen auch in Deutschland Arbeitnehmer Gefahr, als faktische Organe in Anspruch genommen werden, so wie es das schweizerische Bundesgericht entschieden hatte[209]?

---

[203] FS Zobl/*Iser*, aaO.
[204] FS Zobl/*Iser*, aaO.
[205] Gehriger, Faktische Organe im Gesellschaftsrecht, S. 75; Vogel, Haftung der Muttergesellschaft, S. 264.
[206] BGE 117 II 570.
[207] Vogel, Haftung der Muttergesellschaft, S. 301, Fn. 236.
[208] BGE 117 II 570; Vogel, Haftung der Muttergesellschaft, S. 389 ff.
[209] BGE 117 II 432.

III. Fallgruppen von Organen und faktischen Organen[210]

Mit Hilfe der zuvor dargestellten Rechtsprechung, Literatur und des rechtsvergleichenden Überblicks zum schweizerischen Recht lassen sich bestimmte Fallgruppen von Organen und faktischen Organen bilden. Auf die einzelnen Kriterien zur Begründung einer faktischen Organstellung wird in späteren Abschnitten ausführlich eingegangen[211].

1. Echte Organe

Die erste Fallgruppe betrifft die echten Organe. An dieser Stelle ist nochmals zwischen ordnungsgemäßen und fehlerhaften Organen zu differenzieren:

a) Ordnungsgemäße Organe

Ordnungsgemäße Organe sind solche, die konform zu den Vorschriften der jeweiligen Körperschaften bestellt worden sind. Für die Aktiengesellschaft bedeutet dies konkret die Beachtung der persönlichen Voraussetzungen für die Ernennung eines Vorstandsmitglieds nach § 76 Abs. 3 AktG oder gemäß § 100 AktG für Aufsichtsräte. Ferner müssen die Bestellungsverfahren zum Vorstand unter Beachtung des § 84 AktG, bzw. die Wahlverfahren zum Aufsichtsrat nach § 101 AktG durchgeführt werden.

b) Fehlerhafte Organe

Die zweite Untergruppe betrifft fehlerhafte Organe. Dies sind Organwalter, die zwar konform zu den §§ 84, 101 AktG bestellt werden sollten, deren Bestellungsakt jedoch rechtlich mangelhaft ist[212]. Der Mangel kann sowohl in

[210] Vgl. hierzu auch die Fallgruppenbildung in: Dinkhoff, faktischer Geschäftsführer, S. 15 ff.; Fleischer, AG 2004, S. 517 (518 f., 528); Hartmann, Insolvenzantragspflicht, S. 34 ff.; Gross, strafrechtliche Verantwortlichkeit, S. 34 ff.; Vogel, Haftung der Muttergesellschaft, S. 301 ff.

[211] 2. Kapitel, C.

[212] Fleischer, AG 2004, S. 517 (518); Vogel, Haftung der Muttergesellschaft, S. 302; Hartmann, Insolvenzantragspflicht, S. 37 f.; Stein, Das faktische Organ, S. 97 ff., 121 ff.

einem Verstoß gegen Verfahrensvorschriften, als auch in der Missachtung der persönlichen Bestellungsvoraussetzungen liegen [213]. Hinsichtlich der Auswirkungen der Fehler ist weiter zu differenzieren:

aa) Widerruflichkeit der Organstellung

Der Bestellungsfehler wird als wichtiger Grund zur Widerruflichkeit der Organstellung im Sinne des § 84 Abs. 3 AktG angesehen. In Anlehnung an die Lehre vom fehlerhaften Arbeitsverhältnis [214] ist die Organstellung bis zum Widerruf als wirksam zu betrachten[215]. Sie ist ausschließlich ex nunc für die Zukunft vernichtbar [216]. Bis zu diesem Zeitpunkt besteht eine echte Organstellung.

bb) Nichtigkeit der Organstellung

Bei Verstößen gegen übergeordnete Schutzzwecke, etwa die §§ 104, 105 BGB, kann die fehlerhafte Bestellung ausnahmsweise zur anfänglichen Nichtigkeit der Organstellung führen [217]. In solchen Fällen wird von Anfang an keine Organposition begründet. Hier entstehen keine organschaftlichen Rechte und Pflichten.

2. Faktische Organe

Von den fehlerhaften Organen sind die verschiedenen Erscheinungsformen faktischer Organe zu unterscheiden. Der zentrale Unterschied besteht in der Tatsache, dass ein faktisches Organ zwar die Geschicke der Gesellschaft

---

[213] Fleischer, AG 2004, S. 517 (518); Hartmann, Insolvenzantragspflicht, S. 37; Dinkhoff, faktischer Geschäftsführer, S. 19 f.

[214] Stein, Das faktische Organ, S. 50 ff.; Dinkhoff, faktischer Geschäftsführer, S. 136.

[215] BGHZ 41, S. 282 (287); BGHZ 47, S. 341 (343); MüKo AktG/*Spindler*, § 84 Rn. 225 ff.; Spindler/*Stilz*/*Fleischer*, § 93 Rn. 169; KöKo/*Mertens,* § 84 Rn. 30 ff.; Stein, Das faktische Organ, S. 119 ff.

[216] BGHZ 41, S. 282 (287); BGHZ 47, S. 341 (343); MüKo AktG/*Spindler*, § 84 Rn. 225 ff.; Spindler/*Stilz*/*Fleischer*, § 93 Rn. 169; KöKo/*Mertens,* § 84 Rn. 30 ff.

[217] Stein, Das faktische Organ, S. 139 f.; Hartmann Insolvenzantragspflicht, S. 37 f.; Gross, strafrechtliche Verantwortlichkeit, S. 36.

beeinflusst, jedoch jede Art eines förmlichen Bestellungsaktes fehlt[218]. Innerhalb der Kategorie der faktischen Organe lassen sich zwei Unterfallgruppen bilden: Es existieren faktische Organe, die mit Willensakt der Gesellschaft ihren Einfluss ausüben und solche, die ihren Einfluss ohne oder sogar gegen den Willen der Gesellschaft geltend machen.

a) Faktische Organe mit Willensakt der Gesellschaft[219]

Faktische Organe mit Willensakt der Gesellschaft sind Personen, die organschaftliche Funktionen in der Gesellschaft mit deren Einverständnis abseits eines förmlichen Bestellungsaktes ausüben[220]. Innerhalb dieser Kategorie ist nochmals nach faktischer Organschaft aufgrund interner oder externer Einflussnahme zu unterscheiden:

aa) Einflussnahme im Innenverhältnis

Im Falle der rein internen Einflussnahme nimmt das faktische Organ ausschließlich Aufgaben der Geschäftsführung im Sinne des § 77 AktG im Einverständnis der Gesellschaft war[221]. Solche Personen werden im Schrifttum mitunter in Anlehnung an den englischen Begriff des „shadow directors“ als Schattendirektoren bezeichnet[222].

bb) Einflussnahme im Außenverhältnis

Wenn die Einflussnahme im Außenverhältnis das Gegenstück zur internen Einflussnahme ist, setzt sie die Möglichkeit zum Abschluss von Rechtsgeschäften für und gegen die Gesellschaft voraus. Mithin handelt es sich

---

[218] BGHZ 104, S. 44 ff.; BGHZ 150, S. 61 ff.; BGHSt 3, S. 33 ff.; BGHSt 21, S. 101 ff.; Fleischer, AG 2004, S. 517 (518).
[219] Zur Problematik des Willensaktes vgl.: 2. Kapitel, C. II.
[220] BGHZ 41, S. 282 ff.; KöKo/*Mertens*, § 93 Rn. 12; Hartmann, Insolvenzantragspflicht, S. 39.
[221] Zum Kriterium der Außenwirkung siehe: 2. Kapitel, C. III.
[222] Schultheiß, Haftung des „shadow directors“, S. 33 ff.; Hartmann, Insolvenzantragspflicht, S. 104 f.

um Akte der Stellvertretung im Sinne der §§ 164 ff. BGB i. V. m. § 78 AktG. Da einem faktischen Organwalter die echte organschaftliche Vertretungsmacht fehlt, muss sie durch rechtsgeschäftliche Vollmachten ersetzt werden. Dies kann in Form einer schlichten Vollmachterteilung nach den §§ 167 ff. BGB geschehen. Denkbar sind aber auch Konstruktionen unter Heranziehung der Institute von Anscheins- und Duldungsvollmacht[223]. In derartigen Fällen ist eine Person in der Lage, die Gesellschaft rechtsgeschäftlich zu binden und auf diese Weise Einfluss auf die Gesellschaft auszuüben.

b) Faktische Organe ohne Willensakt der Gesellschaft

Möglich ist auch, dass Personen tatsächlich Organfunktionen wahrnehmen, ohne dass sich die Gesellschaft hiermit einverstanden erklärt. Unter Umständen hat sie hiervon keine Kenntnis. Die wichtigste Konstellation betrifft Strohmanngeschäfte[224], in denen ein echter Organwalter wortgetreu die Weisungen eines außenstehenden Dritten ausführt, der faktisch die unternehmerischen Entscheidungen trifft[225]. Diese Ausprägung faktischer Organschaft betrifft vorrangig die interne Einflussnahme. Außer in den zuvor beschriebenen Fällen der Vertretung ohne Vertretungsmacht ist die Begründung einer faktischen Organstellung im Außenverhältnis ohne den Willen der Gesellschaft nur schwer vorstellbar.

3. Organe kraft tatsächlichen und rechtlichen Scheins

Eine Dritte, bzw. vierte Kategorie bilden Organe kraft rechtlichen[226] und tatsächlichen Scheins. Diese geben im Verhältnis zu Dritten lediglich vor, eine Organstellung innezuhaben. Tatsächlich üben sie aber keinen Einfluss auf die Gesellschaft, weder im Innen- noch im Außenverhältnis, aus. Diesen

[223] Siehe hierzu: BGH, NJW 1981, S. 1728; BGH, NJW 1998, S. 1854; BGH, NJW 2002, S. 2325; BGH, NJW-RR 2004, S. 1275 ff.; Hartmann, Insolvenzantragspflicht, S. 102; Dinkhoff, faktischer Geschäftsführer, S. 153.
[224] Hartmann, Insolvenzantragspflicht, S. 39 ff.; Stein, Das faktische Organ, S. 152 f.
[225] Stein, Das faktische Organ, S. 152 f.
[226] Dinkhoff, faktischer Geschäftsführer, S. 173; Fleischer, AG 2004, S. 517 (518).

Personenkreis bezeichnet *Fleischer* als Organ kraft Rechtsscheins[227]. Ausgehend von dieser Einordnung lässt sich noch zwischen einem tatsächlichen und einem rechtlichen Schein unterscheiden. Die schlichte Behauptung gegenüber Dritten, Organ einer juristischen Person zu sein, löst allein noch keine rechtlichen Konsequenzen aus. Nimmt eine Person jedoch rechtlich bedeutsame Handlungen bis hin zum Rechtsgeschäft vor, so entsteht ein schutzwürdiger Rechtsschein zugunsten gutgläubiger Dritter. Der wichtigste Fall ist hier die Vertretung ohne Vertretungsmacht mit ihren haftungsrechtlichen Konsequenzen. Als Organe kraft Rechtsscheins werden hier folglich nur Personen eingeordnet, welche die Schwelle zum rechtserheblichen Handeln überschreiten. Von Organen kraft tatsächlichen Scheins soll ausschließlich die Rede sein, wenn die betreffende Person keine Handlungen vornimmt, denen auch nur im entfernten Sinne rechtliche Relevanz zukommen könnte.

4. Zusammenfassung

Aufgrund dieser Erkenntnisse soll hier von vier relevanten Fallgruppen ausgegangen werden, namentlich echten Organen, faktischen Organen, Organen kraft tatsächlichen Scheins und Organen kraft rechtlichen Scheins.

B. Erklärungsansätze zur Haftung faktischer Organe

Nachdem die einzelnen Fallgruppen faktischer Organe gebildet sind, stellt sich unabhängig von möglichen Anspruchsgrundlagen zunächst die Frage, warum ein faktisches Organ überhaupt für sein Handeln gegenüber der beeinflussten Gesellschaft oder gegenüber Dritten haften soll.

I. Die Haftung für faktische Verantwortungsübernahme im Zivilrecht

Richtet man den Blick auf das allgemeine Zivilrecht, so stellt man fest, dass an einigen Stellen Personen für die faktische Übernahme von Verantwortung für

[227] Fleischer, AG 2004, S. 517 (518).

fremde Rechtsgüter im Falle von Verletzungen dieser haften. Solche Ansätze finden sich vor allem in den Vorschriften des Deliktsrechts[228].

II. Dogmatische Grundsätze zur Haftung faktischer Organe

Zunächst stellt sich, wie eingangs erwähnt[229], die Frage, warum ein faktisches Organ überhaupt für sein Handeln gegenüber der Gesellschaft verantwortlich sein soll.

1. Das Prinzip der Übernahmeverantwortung im Gesellschaftsrecht

Im zweiten Schritt geht es um die Herausarbeitung von Kriterien zur Begründung einer faktischen Organstellung im Gesellschaftsrecht. In Literatur und Rechtsprechung werden hierzu verschiedene Ansätze vertreten. Einer davon ist das Prinzip der Übernahmeverantwortung im Gesellschaftsrecht. Wer ohne Bestellung Organfunktionen wahrnehme, müsse auch die Verantwortung eines Organs tragen und wie ein solches haften[230]. Hier wird eine spiegelbildliche Betrachtung zwischen echtem und faktischem Organ vorgenommen. Der Einmischer wird gleich dem ordnungsgemäß berufenem Organ behandelt. Dem Dritten ist schließlich bewusst, dass er eine Funktion ausübt, die ihm nicht zusteht. Lässt er sich dennoch darauf ein, muss er auch für seine Fehler einstehen.

2. Die Okkupierung der Organstellung als haftungsauslösendes Moment

In der Literatur ist an einigen Stellen die Rede von einer haftungsauslösenden „Okkupierung“[231] der Organstellung. In diesem Zusammenhang stellt sich die Frage, worin sich eine okkupierte und eine in sonstiger Weise übernommene Organstellung unterscheiden. Unter einer Okkupierung versteht man gemeinhin ein rechtswidriges Ansichziehen von Macht und Einfluss unter vollständiger

[228] MüKo/*Wagner,* § 823 Rn. 288, 289; § 831 Rn. 44, 45.
[229] Siehe 2. Kapitel.
[230] BGHZ 104, S. 44 ff.
[231] MüKo AktG/*Spindler,* § 93, Rn. 17; Großkomm. AktG/*Hopt,* § 93, Rn. 49.

Verdrängung des Berechtigten. Diese Machtstellung kann sich auf gesamte Staaten oder eben auch auf Gesellschaften beziehen. In objektiver Hinsicht gleichen sich Okkupierung und Übernahmeverantwortung zunächst. In beiden Fällen übt jemand eine Machtstellung anstatt des Berechtigten aus. Eine Okkupierung ist ihrem Wesen nach jedoch stets ein feindseliger Akt. In Zusammenhang mit der Begründung einer faktischen Organstellung ist sie mit einer Verdrängung der echten Organe zwecks Durchsetzung der eigenen Interessen verbunden. Kurz gesagt, eine Okkupierung findet gegen den Willen der Gesellschaft statt.

3. Okkupierung und Übernahmeverantwortung im Vergleich

Das Prinzip der Übernahmeverantwortung knüpft allein an die tatsächliche Übernahme von Organfunktionen an. Es ist eine rein objektive Betrachtung. Dabei ist es unerheblich, ob die Übernahme der Organstellung in feindseliger Willensrichtung geschieht. Mitunter kann die Gesellschaft auch mit der Ausübung der Organfunktion durch eine nicht hierfür bestellte Person einverstanden sein. In diesen Fällen entfällt gerade das zwanghafte Element, das der Okkupierung innewohnt. Mit dem Begriff der Okkupierung lässt sich also nicht eine faktische Organschaft mit Willensakt der Gesellschaft erklären. Dies leistet nur das Prinzip der Übernahmeverantwortung, das allein an die objektive Übernahme der Organgeschäfte anknüpft und auf subjektive Elemente verzichtet.

4. Auswertung und Stellungnahme

Vorzugswürdig erscheint eine Lösung über das Prinzip der Übernahmeverantwortung im Gesellschaftsrecht. Dieser Ansatz ist praktisch sehr gut nachvollziehbar. Denn es ist relativ unkompliziert festzustellen, ob jemand tatsächlich und ohne wirksamen Bestellungsakt Organaufgaben wahrnimmt. Wesentlich schwieriger ist eine Okkupierung mit ihren subjektiven Umständen festzustellen. Eine feindselige Willensrichtung lässt sich nur mühsam mit Indizien ausmachen. Beispielhaft seien die Herbeiführung zahlreicher und hoher Schäden oder offenkundige Kollisionen der Interessen von Gesellschaft und faktischem Organwalter genannt. Auch hinsichtlich des Haftungszwecks ist der Rückgriff auf das Prinzip der Übernahmeverantwortung sinnvoller. Sanktioniert werden soll die unbefugte Wahrnehmung von Organaufgaben entgegen der förmlichen Bestellungsregeln des § 84 AktG. Der Grund der Umgehung der gesetzlichen Maßstäbe ist dabei irrelevant. Es macht keinen Unterschied, ob der Gesellschaft und ihren Aktionären ein Schaden aufgrund feindseliger oder vermeintlich gut gemeinter faktischer Leitung entsteht. Auch vermeintlich freundliche Eingriffe will das Gesetz mit dem förmlichen Bestellungsverfahren verhindern. Daher sind auch solche mit der Auslösung einer organgleichen Haftung zu ahnden. Den weiteren Überlegungen soll daher das Prinzip der Übernahmeverantwortung im Gesellschaftsrecht zugrunde gelegt werden.

C. Die Begründung allgemeiner Kriterien zur Feststellung faktischer Organschaft

Nach Auswertung der bisherigen Literatur und Rechtsprechung lassen sich drei Merkmale zur Feststellung einer faktischen Organstellung ausmachen: Erstens die Einflussnahme auf die Gesellschaft, zweitens der Wille der AG, dass die Person Organfunktionen ausüben soll und drittens das organtypische Verhalten nach außen. Diese schlagwortartigen Begriffe bedürfen jedoch einer Konkretisierung. Auch muss hinterfragt werden, ob heutzutage diese Kriterien nach wie vor uneingeschränkt gelten oder ob Modifizierungen aufgrund der jüngsten Entwicklung angezeigt sind. Auch stellt sich die Frage, ob diese Kriterien kumulativ vorliegen müssen oder ob bereits einzelne Aspekte zur Begründung einer faktischen Organstellung ausreichen.

I. Die Einflussnahme auf die AG durch faktische Organwalter

Ein maßgebliches Kriterium ist die Intensität der Einflussnahme außenstehender Personen auf die AG. Denkbar ist, dass jemand nur gelegentlich die rechtmäßigen Organe, aus welchen Gründen auch immer, beeinflusst. Möglich erscheint jedoch auch eine völlige Verdrängung der ordnungsgemäß bestellten

Organe durch Dritte. Es fragt sich daher, wie intensiv der Einfluss einer Person sein muss, um als faktisches Organ zu gelten[232].

1. Organverdrängung und Organokkupierung

Erstes Merkmal ist die Ersetzung des echten Organwalters oder der echten Organwalter durch gesellschaftsfremde Personen.

a) Die vollständige Verdrängung des rechtmäßigen Organs

Die Rechtsprechung Ende der 70er Jahre des 20. Jahrhunderts[233] und Teile des Schrifttums [234] verlangen die vollständige Verdrängung des wahren Geschäftsleiters aus seiner Position. Dies bedeutet, dass sich ein faktischer Geschäftsleiter an die Stelle des rechtmäßigen Organwalters setzt. Dies bedeutet in letzter Konsequenz die Entmachtung des rechtmäßigen Geschäftsleiters.

b) Die lediglich „maßgebliche" Verdrängung des rechtmäßigen Organs

Die Rechtsprechung bis zum Jahre 2005 verlangt lediglich eine maßgebliche Übernahme von Organfunktionen[235]. Hierzu käme es vorrangig auf das Gesamterscheinungsbild des Auftretens an[236]. Von faktischer Geschäftsleitung sei auszugehen, wenn der Betreffende durch sein Handeln die Geschicke der Gesellschaft maßgeblich präge[237].

---

[232] Vgl. hierzu: Fleischer, AG 2004, S. 517 (523 ff.).
[233] BGHZ 75, S. 96 (106) „Herstatt".
[234] Stein, Das faktische Organ, S. 184 ff; KöKo/*Mertens*, § 93 Rn. 12.
[235] BGHZ 104, S. 44 (48); BGHZ 150, S. 61 (69); BGH NZG 2005, S. 755; BGH NZG 2005, S. 816.
[236] BGH, NZG 2005, S. 755; BGH, NZG 2005, S. 816.
[237] BGHZ 150, S. 61 (69 f.); BGH NZG 2005, S. 755; BGH, NZG 2005, S. 816.

c) Die Organverdrängung im Lichte der spezifisch aktienrechtlichen Regelung des § 76 Abs. 2 S. 2 AktG

Die bisherige Literatur und Rechtsprechung muss im Hinblick auf die besonderen Strukturen der Aktiengesellschaft betrachtet werden. Insbesondere § 76 Abs. 2 S. 2 AktG ordnet an, dass bei Gesellschaften mit einem höheren Grundkapital als drei Millionen Euro der Vorstand aus mindestens zwei Personen bestehen muss. Diese Norm wirft hinsichtlich der Figur des faktischen Organs erhebliche Fragen auf. Eine vollständige Organvedrängung ist hier nur noch in Konstellationen denkbar, in denen sämtliche Vorstandsmitglieder faktischer Natur sind. Verlangt man die vollständige Organverdrängung, so sind im Umkehrschluss zu obigen Überlegungen faktische Organstellungen eigentlich nicht mehr möglich, sobald noch ordnungsgemäß bestellte Organteile vorhanden sind. Aber auch hier lassen sich wieder zwei Konstellationen unterscheiden:

Zunächst ist denkbar, dass in einem Vorstand der nach § 76 Abs. 2 S. 2 AktG zwei Mitglieder erfordert, auch tatsächlich zwei ordnungsgemäß bestellte Organwalter vorhanden sind. Verlangt man die vollständige Organverdrängung, so ist die faktische Organschaft eines Dritten grundsätzlich ausgeschlossen. Solange noch ein ordnungsgemäß bestellter und handlungsfähiger Vorstand eingerichtet ist, ist im Hinblick auf die Unabhängigkeit desselben von Dritten nach § 76 Abs. 1 AktG die Beeinflussung der Leitung der Aktiengesellschaft nur schwer möglich. Die Figur faktischer Organschaft beschränkt sich dann auf Fälle, in denen ein Dritter oder mehrere Dritte konzertiert auf sämtliche echten Vorstandsmitglieder einwirken und deren Handeln kontrollieren.

Anders ist die Sachlage zu beurteilen, wenn nur noch ein ordnungsgemäß bestelltes Vorstandsmitglied vorhanden ist. Hier kann zumindest ein isolierbarer, selbst handlungsfähiger Organteil in Form des zweiten vorgeschriebenen Vorstandsmitglieds verdrängt werden. Hier ist die Beeinflussung der Geschicke der Gesellschaft auch ohne Kontrolle über das verbleibende echte Vorstandsmitglied möglich.

Ziel der Figur des faktischen Organs ist jedoch, jede äußere Beeinflussung der Geschäftsführung abzuwehren. Die vollständige Organverdrängung als „entweder oder Lösung“ ist zwar konsequent, lässt aber ihrerseits neue Haftungs- und Rechtslücken entstehen. Wie ist etwa in Fällen zu verfahren, in denen ein kollektiver Vorstand ordnungsgemäß besetzt ist, ein Dritter aber auf einzelne echte Vorstände Einfluss ausübt oder sogar einvernehmlich Leitungsfunktionen gleich dem Vorstand wahrnimmt? Bei der GmbH ist diese Problematik von untergeordneter Bedeutung, da hier Einzelgeschäftsführung die Regel ist. Die kollektive Struktur des Vorstands einer Aktiengesellschaft verlangt jedoch eine differenziertere Betrachtung. Für die kollektiv geführte GmbH hat der BGH jedoch eine faktische Organstellung einer nicht hierzu bestellten Person angenommen, da sie eine überragende Stellung in der Geschäftsleitung einnahm[238]. Mithin lassen sich hier nur abgestufte Lösungen finden.

Im Grundmodell ist daher dem BGH[239] beizutreten, soweit er eine maßgebliche Beeinflussung der Geschäftsleitung verlangt. Eine vollständige Organverdrängung ist hierfür nicht erforderlich. Die Stellung eines faktischen Organs in der Aktiengesellschaft knüpft demnach nicht daran an, ob neben einem faktischen Organwalter noch ordnungsgemäß bestellte Organmitglieder vorhanden sind, sondern allein dessen Einfluss auf die Gesellschaft. Im Ergebnis kommt es nicht auf die Anzahl beeinflussender und beeinflusster Personen an.

2. Die zeitliche Dimension der Einflussnahme

Aufgrund obiger Ergebnisse kommt der zeitlichen Dimension der Einflussnahme besondere Bedeutung zu. Die kontinuierliche Beeinflussung durch Dritte über einen langen Zeitraum kann zur Begründung faktischer Organschaft führen[240]. Wie sind aber Fälle zu behandeln, in denen unter

---

[238] BGHSt 31, S. 118 (122).

[239] BGHZ 75, S. 96 (06) „Herstatt“.

[240] Schmidt, JZ 1978, S. 661 (666); U. Schneider, BB 1981, S. 249 (257); J. Schneider, ZVglRWiss. 2003 (102), S. 387 (393) m. w. N.; Immenga, ZGR 1978, S. 269 ff.; Gross, strafrechtliche Verantwortlichkeit, S. 154.

Umständen nur kurzzeitig oder gar nur einmalig außenstehende Personen Organfunktionen faktisch, aber intensiv wahrnehmen und dabei einen Schaden großen Ausmaßes herbeiführen? In solchen Situationen entsteht ein Konflikt zwischen den Kriterien der Eingriffsintensität und der Eingriffsdauer, den es zu lösen gilt. Hierzu bietet das bisherige Schrifttum verschiedene Lösungen an:

a) Dauernde Einflussnahme als Begründungskriterium

Mitunter wird eine dauernde Einflussnahme auf die Gesellschaft gefordert[241]. *U. Schneider* knüpft an dieser Stelle an die Verhältnisse in einer GmbH an, in der beispielsweise ein Mehrheitsgesellschafter regelmäßig tatsächlich die Leitung der Gesellschaft ausführt, obwohl dieser nicht zum Geschäftsführer berufen ist[242]. Die schlichte Mitwirkung eines Gesellschafters an der Festlegung der Unternehmenspolitik sei grundsätzlich legal und dürfe nicht mit den Sanktionen des § 43 GmbHG sanktioniert werden, auch wenn sie sich stark der Geschäftsführung annähert[243]. Mit den gleichen Argumenten verneint *Schmidt* unter Hinweis auf die Rechtssprechung des BGH[244] die Insolvenzantragspflicht faktischer Geschäftsführer nach § 64 GmbHG[245].

Gross kombiniert die Ansätze von Eingriffsintensität und Eingriffsdauer[246]. Nach dessen Lösung soll der Akzent zur Begründung einer faktischen Organstellung im strafrechtlichen Sinne eher auf der Eingriffsintensität und weniger auf dem zeitlichen Aspekt liegen[247]. Daraus folgt aber dennoch, dass ein Einzelakt nicht zur Begründung einer Stellung als faktischer Organwalter genügt.

---

241 Schmidt, JZ 1978, S. 661 (666); U. Schneider, BB 1981, S. 249 (257); J. Schneider, ZVglRWiss. 2003 (102), S. 387 (393) m. w. N.; Immenga, ZGR 1978, S. 269 ff.; Hartmann, Insolvenzantragspflicht, S. 105.
242 U. Schneider, aaO.
243 U. Schneider, aaO.
244 BGH, DB 1973, S. 2240.
245 Schmidt, JZ 1978, S. 661 (666).
246 Gross, strafrechtliche Verantwortlichkeit, S. 154.
247 Gross, strafrechtliche Verantwortlichkeit, S. 154.

Zentraler Anknüpfungspunkt für diese Sichtweisen ist die Überschneidung legalen Verhaltens in Form der Ausübung der Rechte aus einer Gesellschafterstellung mit dem unbefugten Eingriff in die Geschäftsführung.

b) Prinzip der Einzelanweisung

Nicht wenige Stimmen lassen einzelne Weisungen schon genügen[248]. Nach *Rehbinder* kommt es allein darauf an, ob eine Person, insbesondere ein Gesellschafter, tatsächlich in der Lage ist, mit faktischen Weisungen, unter Umgehung des ordnungsgemäßen Geschäftsführers, die Leitung des Unternehmens an sich zu ziehen[249]. In dieser Hinsicht hält es *Fleischer* allein in Krisensituationen der Gesellschaft für möglich, dass sich eine nicht befugte Person zu Sanierungszwecken die Leitung der Gesellschaft an sich zieht[250].

c) Einzelmaßnahme und zeitliches Element unter Berücksichtigung der Struktur der Aktiengesellschaft

Bei ihren Argumenten haben die zuvor genannten Autoren eine GmbH vor Augen. Im Mittelpunkt steht dabei stets die Umgehung der ordnungsgemäßen Geschäftsführung. Diese Bedenken bestehen bei der Aktiengesellschaft grundsätzlich nicht. Nach § 76 Abs. 1 AktG leitet der Vorstand die Gesellschaft unter eigener Verantwortung. Eigene Verantwortung bedeutet konkret die Weisungsunabhängigkeit gegenüber Dritten, insbesondere dem Aktionär. Dieser übt seine Rechte gemäß § 118 AktG ausschließlich in der Hauptversammlung aus, während § 37 GmbHG Weisungen gegenüber dem Geschäftsführer durch die Gesellschafter ausdrücklich gestattet. Die Gefahr der regelmäßigen und dauernden Beeinflussung, wie *U. Schneider* sie für die GmbH befürchtet[251], besteht somit für die AG nicht. Das Bedürfnis der Abgrenzung zwischen einer noch legalen Beeinflussung der Geschäftsführung in der

---

248 Rehbinder, ZGR 1977, S. 581 (641); Rehbinder, ZGR 1976, S. 386 (392); FS Hefermehl/*Schilling*, S. 383 (385).
249 Rehbinder, aaO.
250 Spindler/*Stilz*/*Fleischer*, AktG, § 93 Rn. 180.
251 U. Schneider, BB 1981, S. 249 (257).

Gesellschafterversammlung kraft eines Stimmenübergewichts und des perpetuierten Okkupierens der Geschäftsführerstellung stellt sich bei der Aktiengesellschaft somit nicht.

Somit muss ein anderer Ansatz gefunden werden. Anknüpfungspunkt ist letztlich die konkrete Einzelhandlung einer Person. Ziel der Rechtsfigur des faktischen Organs ist letztlich die haftungsrechtliche Gleichstellung mit einem echten Organwalter. Dies wiederum soll letztlich zur Anwendbarkeit des § 93 Abs. 2 AktG führen. Bevor man sich jedoch die Frage der Anwendbarkeit dieser Norm auf faktische Organe stellt, ist festzuhalten, dass die Haftung des § 93 Abs. 2 AktG nur für Handlungen ausgelöst werden kann, die auch zur Inanspruchnahme eines echten Organs führen würde. Schließlich ist das faktische Organ das Spiegelbild zum ordnungsgemäß bestellten Organ. Zu betrachten ist daher, welche Handlungen die Haftungsfolgen des § 93 Abs. 2 AktG auslösen.

Der Wortlaut der Norm spricht von Vorstandsmitgliedern, die ihre Pflichten verletzen. Der Begriff der Pflichten ist dabei freilich mannigfaltig und kann an dieser Stelle nicht umfassend erörtert werden. Im Vordergrund steht dabei die Pflicht zur ordnungsgemäßen Geschäftsführung nach den §§ 76, 77 AktG. Geschäftsführung ist grundsätzlich jede Tätigkeit für die Gesellschaft, auch ein Einzelakt.

Damit ist Geschäftsführung die Summe jeder einzelnen Handlung, die ein Organwalter in Ausübung der ihm übertragenen Funktion ausführt. In diesem Zusammenhang lässt sich der Ansatz *Isers*[252] zur Begründung einer faktischen Organstellung in der schweizerischen Aktiengesellschaft aufgreifen: Je häufiger und folglich intensiver die Eingriffe erfolgen, desto kürzer ist die erforderliche Zeitspanne[253]. Führt man diesen Gedankengang konsequent zu Ende, so ist jeder Einzelakt bei entsprechender Intensität in der Lage, die Haftung des § 93 Abs. 2 AktG auszulösen. Zum selben Ergebnis gelangt man, wenn man dem

[252] FS Zobl/*Iser*, S. 294.
[253] FS Zobl/*Iser*, aaO.

kombinierten Ansatz von Eingriffsintensität und Eingriffsdauer folgt[254]. Denn auch hier kann bei einem Eingriff von überragender Intensität die zeitliche Dimension vollständig in den Hintergrund treten. *Gross* spricht in diesem Zusammenhang von der Ersetzung des Kriteriums der Dauer der Einflussnahme durch Merkmale der Eingriffsintensität [255]. Bei der zuvor erörterten spiegelbildlichen Betrachtung zwischen echten und faktischen Organen muss es für die Begründung einer faktischen Organstellung daher auch auf einzelne Handlungen ankommen.

3. Objektive und subjektive Anforderungen an die Beeinflussung durch faktische Organe

Im folgenden Abschnitt geht es um die objektiven und subjektiven Anforderungen hinsichtlich der Einflussnahme auf die jeweilige Gesellschaft:

a) Objektive Anforderungen

Zunächst ist zu der Problematik, ob das rechtmäßige Organ vollständig verdrängt werden muss oder ob die lediglich maßgebliche Beeinflussung der Gesellschaft zur Begründung einer faktischen Organstellung ausreicht, Stellung zu nehmen:

Für das Argument der vollständigen Verdrängung spricht die Praktikabilität des Ansatzes. Es ist leicht zu erkennen, ob jemand allein in rechtmäßiger oder faktischer Weise das Unternehmen leitet. Dies gilt vor allem für die Verhältnisse in der GmbH. Diese werden häufig durch Einzelgeschäftsführer geleitet.

Dieser Ansatz versagt aber gerade bei der Beurteilung der Sachlage in den Kollegialorganen der AG, dem Vorstand und dem Aufsichtsrat. Hier ist es wahrscheinlich, dass lediglich Teile des Kollegiums faktisch Organfunktionen wahrnehmen, andere wiederum ordnungsgemäß bestellt sind. Hier kann

[254] Gross, strafrechtliche Verantwortlichkeit, S. 154.
[255] Gross, strafrechtliche Verantwortlichkeit, S. 155.

niemand das rechtmäßige Organ vollständig verdrängen, da schließlich die ordnungsgemäß bestellten Organmitglieder parallel zu den faktischen Organwaltern ihre rechtmäßige Tätigkeit ausüben. Anders ist die Sachlage nur in Konstellationen zu beurteilen, wenn sämtliche Mitglieder des Organs faktischer Natur sind. Auf diese Weise ist es fast unmöglich, einzelne Personen als faktische Organwalter einzustufen, um sie so letztlich für ihr Fehlverhalten haftbar machen zu können. Zu einzig praktikablen Ergebnissen kann man gelangen, wenn man auf eine maßgebliche Beeinflussung der Gesellschaft abstellt. Dies ist in der Praxis zwar schwieriger, jedoch wird nur dieser Ansatz der Komplexität und Vielschichtigkeit der Vorgänge in Kollegialorganen gerecht. Damit ist die maßgebliche Beeinflussung der AG das zuverlässigere Kriterium als die vollständige Organverdrängung.

Mit der Aufnahme dieses Erfordernisses stellt sich nun die Frage, was eigentlich unter einer maßgeblichen Beeinflussung zu verstehen ist.

Auch hier lässt sich wieder an Tatbestand und Rechtsfolge des § 93 Abs. 2 AktG anknüpfen. Wie zuvor dargelegt, reicht unter Umständen eine einzelne Handlung eines Dritten aus, um eine faktische Organstellung zu begründen. Es bleibt daher die Frage nach der Eingriffsintensität. Grundsätzlich ist die Intensität des Eingriffs nicht von Bedeutung. Schließlich enthält § 93 Abs. 2 AktG auch keine Haftungsbeschränkungen. Es gelten die §§ 249 ff. BGB[256]. Mitunter wird die Haftung nur auf solche Schäden beschränkt, die aus einer nur dem Unternehmenszweck zuwiderhandelnden Handlung resultieren[257]. Dem ist jedoch zu widersprechen, da der Begriff des Unternehmenszwecks zu konturlos und dieser bereits auf der Ebene der Pflichtverletzung zwecks Bestimmung der Organpflichten zu berücksichtigen ist[258]. Auch beinhaltet diese Vorschrift keinen Mindestschaden, der zur Haftungsbegründung erreicht sein muss. Daher ist letztlich jede Einflussnahme geeignet, eine faktische Organstellung zu begründen.

---

[256] OLG Düsseldorf, AG 1997, S. 231 (237); Hüffer, AktG, § 93 Rn. 15.
[257] KöKo/*Mertens*, § 93 Rn. 23.
[258] MüKo AktG/*Spindler,* § 93 Rn. 155; Hüffer, AktG, § 93 Rn. 15.

Zu erörtern bleibt daher nur, ob diese Grundannahme eines Korrektivs bedarf. Zu denken ist in diesem Zusammenhang an Bagatellfälle, die zwar einen illegalen Eingriff in die Leitung der Aktiengesellschaft darstellen, aber lediglich zu untergeordneten Schäden führen. Dies ist im Ergebnis aus systematischen Gründen aber abzulehnen. Das gesamte Zivilrecht kennt eine solche Begrenzung nicht. So ordnen die §§ 249 ff. BGB eine umfassende Wiedergutmachung eines Schadens an. Leitbild ist hierbei die Naturalrestitution als die vollständige Wiederherstellung des Ursprungszustands. Wenn ein Rechtsinstitut der Schließung von Haftungslücken dient, so muss es sich auch dem Haftungsregime der Gesetze unterwerfen, deren Lücken es schließen soll. Es besteht somit kein Anlass, die dogmatische Figur des faktischen Organs auf besondere schwerwiegende Eingriffe zu beschränken. Dies wäre auch rechtspolitisch verfehlt. Man stelle sich vor, jeder wisse, dass er erst ab einer bestimmten Schadenssumme für seine Handlungen einstehen müsse. Dies würde das Sanktionspotential zum Schadensersatz verpflichtender Normen erheblich reduzieren.

b) Subjektive Anforderungen

Es fragt sich, ob die Einflussnahme auch an subjektive Kriterien geknüpft ist. Hierbei handelt es sich namentlich um die Frage der erforderlichen Form des Vertretenmüssens im Sinne des § 276 BGB, Vorsatz und Fahrlässigkeit. Diese Frage lässt sich anhand des Tatbestandes des § 93 Abs. 2 AktG beantworten. Diese Vorschrift knüpft an die Leitung der Gesellschaft an. Das wiederum bedeutet im wesentlichen Geschäftsführung und Vertretung nach §§ 76 ff. BGB. Diese Aspekte setzten jeweils die zielgerichtete Umsetzung organschaftlicher Rechte und Pflichten voraus. Daher kann der zufällige, fahrlässige Eingriff in die Unternehmensleitung nicht zur Begründung einer faktischen Organstellung führen. Gleich einem Organ soll schließlich nur haften, wer sich auch wie eines handelt. Die subjektive Komponente stellt gleichzeitig das gegen eine ausufernde Anwendung der Figur des faktischen Organs vor dem Hintergrund des Prinzips der Übernahmeverantwortung im Gesellschaftsrecht [259]

[259] BGHZ 104, S. 44 ff.

erforderliche Korrektiv dar. Man stelle sich etwa vor, jemand äußert gegenüber einem organschaftlichen Entscheidungsträger beiläufig seine Auffassung zu Aspekten der Unternehmensleitung und beeinflusst so die Tätigkeit dieses Organwalters. Dies war seitens der betreffenden Person nicht beabsichtigt. Es ist nicht angezeigt, diese Person dennoch als faktisches Organ einzustufen. Daher ist zur Begründung einer Stellung als faktisches Organ die vorsätzliche Beeinflussung der Gesellschaft zwingend notwendig.

Mit dem Erfordernis der vorsätzlichen Beeinflussung ist jedoch noch keine Aussage darüber getroffen, ob sich der Vorsatz auch auf die Schadensverursachung erstrecken muss. Wäre dies der Fall, so ist die Figur des faktischen Organs in der Aktiengesellschaft überflüssig, da diese Fälle schon von § 117 AktG erfasst sind[260]. In Anlehnung an den Haftungstatbestand des § 93 Abs. 2 AktG reicht jedoch die fahrlässige Schadensverursachung aus. Letztlich handelt es sich bei der Haftung kraft faktischer Organschaft in der Aktiengesellschaft um eine Haftung für Vorsatz-Fahrlässigkeits-Kombinationen.

4. Zusammenfassung der Ergebnisse

Hinsichtlich der Beeinflussung der Gesellschaft ist bereits eine einzige Handlung tauglich, eine faktische Organstellung zu begründen. Um Ausuferungen der Inanspruchnahme aufgrund faktischer Organschaft zu vermeiden, bleibt diese Rechtsfigur auf Fälle vorsätzlicher Beeinflussung bei mindestens fahrlässiger Schadensverursachung begrenzt. Auch ist keine vollständige Verdrängung des ordnungsgemäßen Organs erforderlich.

II. Der Willensakt der Gesellschaft

Vielfach wird in der Literatur zur Begründung einer faktischen Organstellung der Wille der Gesellschaft verlangt, dass eine Person Organaufgaben

---

[260] Voigt, Haftung aus Einfluss, S. 201; Großkomm. AktG/*Ehricke*, § 42 Rn. 50.

wahrnehmen soll[261]. Die an dieser Stelle zu hinterfragenden Gründe hierfür wurden bereits dargestellt[262].

Vorrangig ist die nach *Stein*[263] scheinbare Notwendigkeit einer fehlerhaften Bestellung zu untersuchen. Ihr zentrales Argument ist die zwischen Vorstand und AG herzustellende Vertrauensbasis[264]. Es fragt sich jedoch, warum zwischen faktischem Organwalter und Gesellschaft ein Vertrauensverhältnis bestehen muss. Im Ergebnis ist es bedeutungslos, ob jemand unberechtigter Weise die Geschicke der Gesellschaft mit oder ohne besonderes Vertrauen dieser leitet. Es kann allein darauf ankommen, ob jemand - aus welchen Gründen auch immer - wie ein Organ die Gesellschaft beeinflussen kann. Die Rechtsfigur des faktischen Organs dient der Vorbereitung der Haftung eines unberechtigten Organwalters für seine Fehler. Gerade in dieser Hinsicht ist die Gesellschaft besonders schutzbedürftig, wenn Personen handeln, zu denen gerade kein Vertrauensverhältnis besteht oder die die AG nicht einmal kennt.

Ein Beispiel hierfür sind die so genannten „Strohmannfälle"[265]. Ein Dritter beeinflusst die Gesellschaft im Hintergrund durch eine Person im Leitungsorgan der Gesellschaft. Dieser setzt wortgetreu die Weisungen des Hintermannes um[266]. Hier weiß die Gesellschaft in der Regel nichts von derartigen Vorgängen. Es ist nicht gerechtfertigt, der Gesellschaft den Schutz der Figur des faktischen Organs zu versagen, nur weil keine gesonderte Beziehung zwischen dem Hintermann als faktischem Organmitglied und der AG besteht. Diese Ausnahme erkennt auch *Stein* ausdrücklich an[267]. Die Einführung derartiger Ausnahmen kann jedoch leicht in Inkonsequenz und weitere, unkontrollierte Ausdehnungen des Begriffs faktischer Organschaft führen. Daher muss die besondere Schutzbedürftigkeit der Gesellschaft in Fällen der maßgeblichen Beeinflussung

---

[261] KöKo/*Mertens,* § 93, Rn. 12; Hüffer, AktG, § 93 Rn. 12; MüHdb/*Wiesner,* § 20 Rn. 34 ff., § 26 Rn. 2; Stein, Das faktische Organ, S. 121 ff.
[262] Siehe 2. Kapitel, A. I. 2.
[263] Stein, Das faktische Organ, S. 121 ff.
[264] Stein, Das faktische Organ, S. 121.
[265] Fleischer, AG 2004, S. 517 (528); Dinkhoff, faktischer Geschäftsführer, S. 20.
[266] Baumbach/Hueck/*Hueck/Fastrich*, GmbHG, § 1 Rn. 40; Roth/Altmeppen/*Roth*, GmbHG, § 1 Rn. 35 ff.
[267] Stein, Das faktische Organ, S. 152 ff., S. 186.

durch Unbekannte Vorrang vor den Überlegungen bezüglich eines Vertrauensverhältnisses zwischen faktischem Organ und Gesellschaft haben.

In diesem Zusammenhang ist auch das von *Hüffer* vorgetragene Argument, nur eine fehlgeschlagene Bestellung begründe die für eine Haftung des faktischen Organwalters notwendige rechtliche Sonderverbindung zwischen diesem und der Gesellschaft[268], näher zu beleuchten. An dieser Stelle sind jedoch zwei Fragestellungen strikt voneinander zu trennen, die hier miteinander vermengt wurden. Die erste betrifft die Begründung einer faktischen Organstellung. Erst die zweite befasst sich mit einer möglichen Haftung des faktischen Organwalters. Mit der Feststellung einer faktischen Organstellung ist noch nicht zwangsläufig eine Aussage über die Haftung des faktischen Organmitglieds ausgesagt. Diese beiden Fragestellungen sind unabhängig voneinander zu beantworten. Die Frage der besonderen rechtlichen Sonderverbindung betrifft, wie auch *Hüffer* einräumt[269], erst die Frage nach der möglichen Haftbarmachung des faktischen Organwalters nach § 93 AktG. Daher ist die geforderte rechtliche Sonderverbindung für die schlichte Begründung einer faktischen Organstellung nicht erforderlich. Anders zu beurteilen ist die Sachlage sicherlich hinsichtlich der möglichen Haftung faktischer Organwalter. Dort geht es aber um das Problem, ob die bloße faktische Leitungsmacht einer Person ohne fehlgeschlagene Bestellung eine für die Haftung erforderliche Sonderverbindung zu begründen vermag[270]. Darauf ist an dieser Stelle noch nicht einzugehen[271]. Daher kann auch in dieser Hinsicht eine fehlgeschlagene Bestellung und damit ein Willensakt der Gesellschaft kein Kriterium zur Begründung einer faktischen Organstellung sein.

Diese Argumente finden auch auf die von *Mertens*[272] angeführten Varianten des gesellschaftlichen Willensakts Anwendung.

---

[268] Hüffer, AktG, § 93 Rn. 12.
[269] Hüffer, AktG, § 93 Rn. 12.
[270] Krebs, Sonderverbindungen, S. 119; Schmidt, GesR, S. 1219; Hüffer, AktG, § 93 Rn. 12.
[271] Siehe hierzu: 2. Kapitel, D. I. 2.
[272] KöKo/*Mertens,* § 93, Rn. 12.

Als Ergebnis ist festzuhalten, dass ein Willensakt der Gesellschaft grundsätzlich nicht zur Begründung einer faktischen Organstellung erforderlich ist[273]. Damit ist jedoch noch keine Aussage über die Haftung faktischer Organe ausgesagt. In diesem Zusammenhang wird der Unterscheidung zwischen faktischen Organen mit und ohne Willensakt der Gesellschaft noch Bedeutung zukommen[274].

III. Das organgleiche Verhalten im Außenverhältnis[275]

In Rechtsprechung und Teilen des Schrifttums wird auch ein organgleiches Verhalten im Außenverhältnis zur Begründung einer faktischen Organstellung verlangt[276]. Der BGH betont, dass gerade das Handeln für die Gesellschaft im Außenverhältnis die Tätigkeit eines Geschäftsführers nachhaltig präge[277]. Insbesondere verlangt *Hartmann* für die Begründung einer faktischen Organstellung auch innerhalb der Aktiengesellschaft die Inanspruchnahme von Vertrauen durch Dritte aufgrund eines durch das faktische Organ gesetzten Rechtsscheins[278]. Hier stellt sich die Frage, ob ein nach außen gerichtetes Auftreten einer Person im Hinblick auf den Schutzzweck aktienrechtlicher Normen tatsächlich erforderlich ist.

Zu bedenken ist, dass die genannte Rechtsprechung den faktischen Geschäftsführer der GmbH betraf. Bei dieser Gesellschaftsform stellt sich vorrangig die Frage der Abgrenzung zwischen faktischer Organschaft und zulässiger Beeinflussung der Geschäftsführung nach § 37 GmbHG. Nach dieser Vorschrift ist der Geschäftsführer an die Beschlüsse der Gesellschafter gebunden. Im Innenverhältnis sind die Gesellschafter daher in der Lage, durch enge Vorgaben an den Geschäftsführer die Geschäftsführung faktisch an sich zu

---

[273] So im Ergebnis auch: Müko AktG/*Spindler,* § 93 Rn. 17; Fleischer, AG 2004, S. 517 (528); Hartmann, Insolvenzantragspflicht, S. 32 ff., 109 f.; Weimar, Dinkhoff, faktischer Geschäftsführer, S. 92 ff., 187; Kratzsch, ZGR 1985, S. 506 (526).
[274] Siehe hierzu: 3. Kapitel, A. I. u. II.
[275] Zum Meinungsstand: Fleischer, AG 2004, S. 517 (525).
[276] BGHZ 104, S. 42 (48); BGHZ 150, S. 61 (70); BGH NZG 2005, S. 755; BGH NZG 2005, S. 816; Hartmann, Insolvenzantragspflicht, S. 134 Fn. 429, S. 102 f.; Himmelsbach/Achsnick, NZI 2003, S.355 (359); Gross, strafrechtliche Verantwortlichkeit, S. 152 f.
[277] BGH, NZG 2005, S. 755; BGH, NZG 2005, S. 816.
[278] Hartmann, Insolvenzantragspflicht, S. 102 f.

ziehen. Es bleibt die Frage, ob § 37 GmbHG faktische Geschäftsführung im Innenverhältnis letztlich sogar gestattet. Denn diese Norm enthält keine Beschränkungen der internen Weisungsbefugnis.

Vor dem Hintergrund dieser Vorschrift erscheint es problematisch, allein die Beeinflussung der Geschäftsleitung im Innenverhältnis für die Begründung einer faktischen Organstellung genügen zu lassen. Auf diese Weise würde ein legales Verhalten haftungsrechtlich sanktioniert. Aus diesem Umstand resultieren Wertungsschwierigkeiten. Wie sind beispielsweise Fälle zu behandeln, in denen ein oder mehrere Gesellschafter den Geschäftsführer praktisch durch engste Vorgaben und Kontrollen praktisch entmachten und diesen im Außenverhältnis die Verantwortung allein trifft? Soll den Gesellschafter, der nur im Innenverhältnis agiert und die Geschäftslage der Gesellschaft besonders gut kennt, nicht zur Stellung des Insolvenzantrages nach § 64 Abs. 1 GmbHG, demnächst nach § 15a InsO[279], verpflichtet sein?[280] Es ist zumindest eine Überlegung wert, § 37 GmbHG teleologisch dergestalt zu reduzieren, dass dem echten Geschäftsführer zumindest eine Kernkompetenz innerhalb der Gesellschaft zukommt, die ihm zum Wohle der Gesellschaft nicht genommen werden darf.

Andererseits könnte man zumindest für die Aktiengesellschaft annehmen, dass es nur auf das Handeln nach innen ankommen kann. Zu bedenken ist vor allem, dass die Einforderung des Kriteriums des Auftretens im Außenverhältnis zur Begründung einer faktischen Organstellung zu einer Vermischung mit den Grundsätzen der Rechtsscheinhaftung[281] führen kann[282]. Vor allem im Hinblick auf die organschaftlichen Pflichten und die Haftung nach § 93 Abs. 12 S. 1 AktG, ist dem Kriterium des Auftretens nach außen nicht erforderlich. Denn jedes Organmitglied trifft zwei wesentliche Pflichtenkreise. Der erste ist die Geschäftsführung nach § 77 AktG. Hierbei handelt es sich um sämtliche Maßnahmen, welche die innere Leitung der AG betreffen. Der zweite Bereich

[279] BT-Drs. 16/6140.
[280] Siehe hierzu: Hartmann, Insolvenzantragspflicht, S. 104 f.
[281] Siehe zu dieser Problematik: 3. Kapitel, A. IV.
[282] Fleischer, AG 2004, S. 517 (525).

ist die Vertretung der Gesellschaft im Außenverhältnis gemäß § 78 AktG. Diese beiden Pflichtenkreise sind als gleichwertig anzusehen. Das Ziel der Rechtsfigur des faktischen Organs zielt vor allem auf die Haftbarmachung dieser nach den regulären organschaftlichen Regeln ab. § 93 Abs. 2 S. 1 AktG erfasst jedoch die Haftung für die Verletzung aller denkbaren Pflichten. Es kommt für die Haftungsbegründung nicht darauf an, dass der betreffende Organwalter durch ein nach außen gerichtetes Handeln der Gesellschaft Schaden zugefügt hat. Er muss gleichfalls für Fehler einstehen, die ihm bei der Geschäftsführung nach innen unterlaufen sind. Bei der Aktiengesellschaft stellt sich auch das Problem der legalen Beeinflussung der Geschäftsleitung nicht[283]. Als aktienrechtliche Parallelnormen zu § 37 GmbHG sind § 76 Abs. 1 und § 118 AktG anzusehen.

Nach § 76 Abs. 1 AktG leitet der Vorstand die Gesellschaft unter eigener Verantwortung. § 118 Abs. 1 AktG ordnet an, dass die Aktionäre ihre Rechte in der Hauptversammlung ausüben. Zu bedenken ist, dass dies eine ausschließliche Möglichkeit ist, seine Rechte als Aktionär wahrzunehmen. So ordnet beispielsweise § 131 AktG an, dass Aktionäre nur in der Hauptversammlung ein Recht auf Auskunftserteilung gegen Vorstand und Aufsichtsrat haben. Die gesetzlichen Beeinflussungsmöglichkeiten des Aktionärs sind gegenüber denen eines Gesellschafters einer GmbH deutlich eingeschränkt[284]. In der AG existiert daher kein Konflikt zwischen legalen Einflussmöglichkeiten und faktischer Geschäftsführung. Jede Beeinflussung der Geschäftsleitung außerhalb der engen Grenzen der Hauptversammlung ist unzulässig[285]. Nun könnte man etwa aus § 317 AktG folgern, dass jede Beeinflussung der Gesellschaft gestattet sei, solange nur die daraus resultierenden Nachteile ausgeglichen würden. Die Anwendung dieser Norm erfordert jedoch einen Konzernierungstatbestand im Sinne der §§ 15 ff. AktG[286]. Ratio der Norm ist die Durchsetzung des Verbots der negativen Einflussnahme auf eine beherrschte Gesellschaft nach § 311

---

[283] Vgl. hierzu: Hartmann, Insolvenzantragspflicht, S. 25 f., 117.

[284] Roth/Altmeppen/*Altmeppen*, GmbHG, § 37 Rn. 3 ff.; Hartmann, Insolvenzantragspflicht, S. 25, 117.

[285] Beuthien/Gätsch, ZHR 157 (1993), S. 483 (504) m. w. N.; MüKo AktG/*Spindler*, § 76 Rn. 22 ff. m. w. N.; Hartmann, Insolvenzantragspflicht, S. 26; Hüffer, AktG, § 76 Rn. 10 f.; § 119 Rn. 11 f.

[286] MüKo AktG/*Kropff*, § 311 Rn. 51 ff.; 317 Rn. 12.

AktG[287]. Nicht jede Einflussnahme muss auf konzernrechtlicher Abhängigkeit beruhen. Diese stellt nur einen Teilbereich illegaler Einflussnahme dar.

Diese Grundsätze müssen auch auf faktische Organmitglieder übertragen werden. Für eine Privilegierung gegenüber echten Organmitgliedern mit der Begrenzung auf Fälle, die durch ein Handeln nach außen entstanden sind, besteht jedenfalls in der AG kein Bedürfnis. Ferner handelt es sich bei der organschaftlichen Haftung um eine reine Innenhaftung des Organs gegenüber der Gesellschaft[288]. Das Handeln gegenüber Dritten nach außen ist dabei bedeutungslos. Auch können durch Maßnahmen der Geschäftsführung erhebliche Schäden verursacht werden. Es ist nicht einzusehen, warum gerade der faktische Organwalter nur dann haften soll, wenn er gleichzeitig nach außen gehandelt hat. Unter besonderer Berücksichtigung des Schutzzwecks des § 93 AktG ist das Auftreten nach außen für die Begründung faktischer Organstellungen nicht von Bedeutung.

Damit ist das Handeln nach außen entgegen der Rechtsprechung und teilen des Schrifttums[289] zu anderen Gesellschaftsformen kein Kriterium zur Feststellung faktischer Organschaft in der AG.

Vielmehr betrifft das Auftreten nach außen das Organ kraft Rechtsscheins[290], bzw. das Organ kraft tatsächlichen Scheins. Dies sind Personen, die einerseits nicht förmlich als Organ bestellt oder angestellt wurden, aber dennoch aufgrund ihrer Außendarstellung wie ein Organ wirken[291]. Die Unterscheidung zwischen faktischen Organen, welche die Aktiengesellschaft im Innern beeinflussen und Personen, die lediglich im Außenverhältnis gegenüber Dritten Organeigenschaft

---

287 MüKo AktG/*Kropff*, § 317 Rn. 1.
288 Hüffer, § 93 Rn. 11 ff.
289 BGHZ 104, S. 42 (48); BGHZ 150, S. 61 (70); BGH NZG 2005, S. 755; BGH NZG 2005, S. 816;Hartmann, Insolvenzantragspflicht, S. 102 f.; Gross, strafrechtliche Verantwortlichkeit, S. 152 f.
290 Fleischer, AG 2004, S. 517 (518); Spindler/Stilz/*Fleischer*, AktG, § 93 Rn. 179; Dinkhoff, faktischer Geschäftsführer, S. 153.
291 Fleischer, aaO.

vortäuschen, ist auch der deutschen Literatur nicht fremd[292]. Das schweizerische Recht kenn für letztere den durch *Forstmoser* geprägten Begriff des „Organs durch Kundgabe“ [293]. Hierzu verlangt er die Bekanntmachung einer Organstellung durch andere als registerrechtliche Publizitätsakte oder ein Verhalten einer Person, das konkludent auf eine Organstellung hinweist[294]. Dieser Ansatz ist auch für das deutsche Recht zumindest in Teilen fruchtbar zu machen. Nicht abzustellen ist auf eine außerregisterrechtliche Bekanntmachung der Organstellung. Denn die Eintragung der Bestellung in das Handelsregister hat rein deklaratorische Bedeutung. Eine echte Organstellung gegenüber Dritten kann auch auf anderem Wege, etwa durch persönliche Mitteilung kundgetan werden.

Von zentraler Bedeutung ist aber das konkludente Verhalten im Außenverhältnis, namentlich die Setzung eines Rechtsscheins. Die Frage nach den Voraussetzungen des Rechtsscheins ist dergestalt eng mit Fragen der Rechtsscheinhaftung verknüpft, dass diese Problematik einheitlich an anderer Stelle behandelt werden soll[295].

IV. Die Beeinflussung der Geschäftsführung als einziges maßgebliches Kriterium

Damit existiert nur ein verlässliches Kriterium zur Begründung faktischer Organstellungen, nämlich die maßgebliche Beeinflussung der Geschäftsführung. Auf den Willen der Gesellschaft, der betreffenden Person eine Organstellung einzuräumen, kommt es nicht an. Auch ist es hinsichtlich der zeitlichen Dimension unbeachtlich, wie oft oder wie lang eine Person die Gesellschaft ohne Befugnis beeinflusst. Entscheidend ist allein, dass ein Fall der hinreichend intensiven Beeinflussung vorgelegen hat.

---

[292] Spindler/Stilz/*Fleischer*, AktG, § 93 Rn. 187; Fleischer, AG 2004, S. 517 (518).
[293] FS Meier-Hayoz/*Forstmoser*, S. 125 (131).
[294] FS Meier-Hayoz/*Forstmoser*, aaO.
[295] Siehe 3. Kapitel, A. IV.

V. Zusammenfassung der Ergebnisse

Faktisches Organ ist, wer ohne hierzu ordnungsgemäß bestellt zu sein aufgrund mindestens einer Handlung die Funktion eines echten Organwalters wahrnimmt. Eine vollständige Organverdrängung ist dabei nicht erforderlich und im Hinblick auf § 76 Abs. 2 AktG auch nur schwer möglich. Es gibt faktische Organe, die mit und ohne Willensakt der Gesellschaft tätig sind.

D. Die Haftung des faktischen Organs nach § 93 Abs. 2 S. 1 AktG

Kernfrage der Diskussion ist die Haftung faktischer Organwalter nach § 93 Abs. 2 AktG. Wie bereits erörtert, handelt es sich dabei um ein gesetzlich angeordnetes Schuldverhältnis [296]. Die Haftung wird immer durch Pflichtverletzungen seitens der Organmitglieder ausgelöst. Nun geht es aber um die Anwendbarkeit des § 93 Abs. 2 S. 1 AktG auf Personen, die aus den verschiedensten Gründen keine Organstellung innehaben, jedoch faktisch Organfunktionen wahrnehmen.

I. Die Pflichten faktischer Organe

Zentraler Anknüpfungspunkt für die Haftung aus § 93 Abs. 2 S. 1 AktG ist die Pflichtverletzung. Daher kann nach dieser Vorschrift nur haften, wem die Pflichten aus § 93 Abs. 1 AktG zukommen. Die Konstruktion dieser organschaftlichen Pflichten für faktische Organwalter erfolgt auf zweierlei Wegen. Die jeweilige Vorgehensweise ist vom Vorliegen eines tatsächlichen Willensaktes der Gesellschaft abhängig.

1. Die Pflichten der mit Willensakt der AG tätigen Personen

Zunächst soll die Haftung der mit Willensakt der AG tätigen Personen näher beleuchtet werden. Grundannahme bei diesem Personenkreis ist die Ausübung einer Organtätigkeit aufgrund von Fehlern bei der Bestellung oder Anstellung.

---

[296] Siehe 1. Kapitel, D. I.

Da diese beiden Verhältnisse strikt voneinander zu trennen sind[297], müssen auch die Fehler in den einzelnen Verhältnissen unterschiedlich behandelt werden.

Nach einer weit verbreiteten Auffassung im Schrifttum kommen fehlerhaft bestellten Organmitgliedern dieselben Rechte und Pflichten zu, wie echten Organwaltern[298]. Verlangt wird eine seitens des Aufsichtsrates gerichtete Erklärung auf Bestellung eines Vorstandsmitglieds[299]. Zur Begründung einer faktischen Organstellung sei zumindest das Einverständnis der Beteiligten, eine Organstellung begründen zu wollen, erforderlich[300]. Dabei soll jeder konkludente Akt des Einverständnisses bis hin zur bloßen Duldung ausreichen[301].

Diese Ansätze beziehen sich sämtlich auf die Idee, dass organschaftliche Pflichten auch aufgrund formlosen Einverständnisses entstehen können.

2. Die Pflichten der ohne Willensakt der AG tätigen Personen

Anders wird die Sachlage für Personen beurteilt, die ohne Willensakt der Aktiengesellschaft Organfunktionen faktisch wahrnehmen. Problematisch ist hier, dass die jeweilige Gesellschaft oft gar nicht weiß, dass sie von einem Dritten ohne ihren Willen beeinflusst oder sogar geleitet wird. Das klassische Beispiel hierfür ist der Strohmannfall[302]: Eine Person wird ordnungsgemäß zum Organwalter bestellt, übt seine Organfunktionen aber wortgetreu nach den Anweisungen eines Dritten aus[303]. Auf diese Weise kommt die eigentliche Organfunktion dem außenstehenden Dritten zu[304]. Wie aber stellt man eine rechtliche Beziehung zwischen Rechtssubjekten her, bei denen zumindest einer der Beteiligten keine Kenntnis von der möglichen zwischen ihnen bestehenden Wechselwirkung hat? Zentraler Anknüpfungspunkt für die Begründung

---

[297] Siehe 1. Kapitel, D. I.
[298] KöKo/*Mertens,* § 93 Rn. 12; MüHdb/*Wiesner*, § 20 Rn. 33 ff., § 26 Rn. 3; Stein, Das faktische Organ, S. 128, 129.
[299] Großkomm. AktG/*Kort*, § 84 Rn. 79.
[300] KöKo/*Mertens*, § 93 Rn. 11 ff.
[301] KöKo/*Mertens,* aaO.
[302] Stein, Das faktische Organ, S. 152 ff.
[303] Stein, Das faktische Organ, S. 152.
[304] Stein, Das faktische Organ, S. 152.

gegenseitiger Rechte und Pflichten ist eine schuldrechtliche Sonderverbindung zwischen den Beteiligten.

Zentraler Aspekt der Haftung faktischer Organe ist, wie oben gezeigt, die Frage nach einer speziellen rechtlichen Sonderverbindung zwischen faktischem Organwalter und AG[305]. Während sich die Sonderverbindung zwischen einem fehlerhaft bestelltem Organmitglied und der AG recht unproblematisch feststellen ließ[306], ist die Konstruktion dieser erforderlichen Sonderverbindung zwischen faktischem Organwalter ohne Willen der AG ungemein schwieriger, aber nicht unmöglich.

Im bisherigen Schrifttum wird die Konstruktion einer rechtlichen Sonderverbindung zwischen AG und faktischem Organwalter ohne Willen oder Wissen der Gesellschaft als unmöglich angesehen. Insbesondere *Hüffer* verneint diese Möglichkeit mit der Begründung, durch lediglich tatsächliche Umstände könne keine Sonderverbindung entstehen[307].

Neuere Stimmen in Literatur[308] und Rechtsprechung[309] nehmen von dieser These Abstand. *Krebs* und *Schmidt* bejahen die Sonderverbindung kraft faktischer Leitung auch zwischen faktischen Organwaltern der AG ohne Willensakt der Gesellschaft[310]. *Krebs* hält sie sogar in einigen konzernrechtlichen Normen für rechtlich angelegt[311]. Die Haftung der Muttergesellschaft und deren Organe nach den §§ 317 Abs. 1, 3, 309 Abs. 2 AktG[312] könnten ausschließlich mit einer gesetzlich angeordneten Sonderverbindung zwischen Organen der Muttergesellschaft und der Tochtergesellschaft erklärt werden[313]. *Fleischer* begründet die Existenz der Sonderverbindung mit der allgemeinen

---

305 Krebs, Sonderverbindungen, S. 118 ff.; Fleischer, AG 2004, S. 517 (523 f.).
306 Hüffer, AktG, § 93 Rn. 12.
307 Hüffer, AktG, § 93 Rn. 12.
308 Fleischer, AG 2004, S. 517 (523, 524); Krebs, Sonderverbindungen, S. 118, 119, 166, 167; MüKo AktG/*Spindler*, § 93 Rn. 17.
309 BGHZ 104, S. 44, 45 ff.; BGHZ 150, S. 61 ff.
310 Krebs, Sonderverbindungen, S. 119; Schmidt, GesR, S. 1219.
311 Krebs, Sonderverbindungen, S. 119.
312 Siehe dazu ausführlich: 4. Kapitel, D.
313 Krebs, Sonderverbindungen, S. 119.

zivilrechtlichen Haftung für faktische Verantwortlichkeit[314]. Auch wird darauf verwiesen, dass wenn schon die Ausübung der Organstellung ohne Bestellung, aber mit Wissen des Aufsichtsrates ausreicht, um die Haftung des § 93 Abs, 2 AktG auszulösen[315], so müsse auch das faktische Vorstandsmitglied haften, das nicht mit Willen der Gesellschaft tätig wird[316]. Der Konstruktion einer faktischen Organstellung über einen fehlerhaften Bestellungsakt oder über einen stillschweigend geschlossenen Anstellungsvertrag bedürfe es daher nicht[317].

Geht man nun von diesen Fakten aus, so ist auch *Hüffers* Argument, rein tatsächliche Umstände vermochten keine Sonderverbindung zu begründen[318], mit der Tatsache zu entkräften, dass ein fehlerhafter Bestellungsakt auch nichts weiter ist, als ein solcher tatsächlicher Umstand. Schließlich ist eine fehlerhafte Bestellung nichts anderes als ein unwirksames Rechtsgeschäft und damit ein rechtliches nullum. Auch ist es unerheblich, ob jemand mit oder ohne Willen der Gesellschaft faktischen Einfluss auf sie ausübt. Schutzbedürftig ist sie in beiden fällen. Gerade in Situationen, in denen die Gesellschaft ohne oder gegen ihren Willen beeinflusst wird, muss sie dem Schutz des § 93 AktG unterliegen. Hierfür sprechen insbesondere auch folgende Überlegungen:

Für Personen, die im Einvernehmen mit der Aktiengesellschaft handeln, ist die Situation recht eindeutig: Man ist sich einig, dass eine Person Organfunktionen wahrnehmen soll. Nach dem bereits erörterten Prinzip der Übernahmeverantwortung im Zivilrecht muss der Übernehmer des Amtes sich auch vollständig dem Pflichtenkreis des echten Organwalters unterwerfen. Alles andere wäre ein Fall des widersprüchlichen Verhaltens: Man kann nicht einerseits ein Amt faktisch ausführen und sich im Gegenzug auf die formale Unwirksamkeit eines Bestellungsaktes berufen. Dies gilt selbstverständlich genauso umgekehrt im Verhältnis der Gesellschaft zu ihrem faktischen

[314] Fleischer, AG 2004, S. 517 (524); Spindler/*Stilz/Fleischer,* AktG, § 93 Rn. 175.
[315] BGHZ 41, S. 282 (287); BGHZ 65, S. 190 (194); Reich, DB 1967, S. 1663 (1666),
[316] MüKo AktG/*Spindler*, § 93 Rn. 17.
[317] MüKo AktG/*Spindler*, § 93 Rn. 17.
[318] Hüffer, AktG, § 93, Rn. 12.

Organwalter. Dem gegenüber muss sie ihre Pflichten genauso erfüllen, wie gegenüber ordnungsgemäß bestellten Organmitgliedern.

Es besteht kein Anlass, die Sachlage anders zu beurteilen, wenn jemand ohne Willen der Gesellschaft die Leitung dieser übernimmt. Man stelle sich vor, der faktische Organwalter wisse genau, dass er nicht der Haftung aus § 93 Abs. 2 AktG unterworfen wird, wenn er nicht zumindest dem Anschein nach bestellt wurde oder nicht mit Wissen der Gesellschaft handelt. Dies animiert letztlich nur Personen, ihren Einfluss auf die Leitung der Gesellschaft möglichst heimlich auszuüben und sich nicht zu erkennen zu geben. Denn auf diese Weise begründet er unter Umständen die unter anderem von *Mertens*[319] geforderte haftungsrechtliche Sonderverbindung durch sein eigenes Verhalten. Folglich muss klargestellt werden, dass jede faktische Beeinflussung mit den Konsequenzen des § 93 Abs. 2 AktG geahndet werden kann. Nur auf diese Weise sind mögliche Beeinflusser und Schädiger der Gesellschaft im Vorfeld ihrer faktischen Tätigkeit gewarnt.

Neben diesen Gedanken sprechen aber auch zahlreiche systematische Aspekte für die Ausdehnung der Verantwortlichkeit der organschaftlichen Verantwortlichkeit auf Personen, die ohne Willen der Gesellschaft Organfunktionen ausfüllen. Das Zivilrecht kennt zahlreiche Normen, in denen eine schuldrechtliche Sonderverbindung aufgrund schlichter Tätigkeit begründet wird[320]. Prägnantestes Beispiel ist die Geschäftsführung ohne Auftrag nach den §§ 677 ff. BGB. § 677 BGB ordnet ausdrücklich an, dass jemand der ein Geschäft für einen Dritten ohne Auftrag führt, die tatsächlichen Interessen des vermeintlichen Geschäftsherrn zu beachten hat. Wird das Interesse des Geschäftsherrn in zu vertretener Weise verletzt, so droht dem Geschäftsführer die Haftung aus § 678 BGB. Wer sich ohne Willen eines anderen in dessen Angelegenheiten einmischt, muss auch für die dadurch verursachten Schäden haften[321]. Entscheidendes Wesensmerkmal ist, dass der Geschäftsführer zum Zeitpunkt der Geschäftsführung diese nicht kennt, sie nicht einmal vermutet.

---

[319] KöKo/*Mertens*, § 93 Rn. 12.
[320] Fleischer, AG 2004, S. 518 (524, 525).
[321] Fleischer, AG 2004, S. 517 (524); Spindler/*Stilz/Fleischer,* AktG, § 93 Rn. 175.

Durch dieses schlichte Handeln ohne rechtsgeschäftliche Erklärung wird ein gesetzliches Schuldverhältnis begründet[322].

Nichts anderes passiert bei der faktischen Übernahme einer Organfunktion ohne Willensakt der Gesellschaft.

Auch im Deliktsrecht wird das Prinzip der Übernahmeverantwortung deutlich[323]. So werden etwa deliktische Pflichten zur Abwehr von Gefahren aus der Übernahme einer Aufgabe gefolgert[324]. Wer zum Beispiel als Architekt oder Bauleiter ein Gebäude errichte, ist nicht nur aufgrund des Vertrages gegenüber dem Bauherrn verantwortlich, sondern es entstünden automatische Schutz- und Verkehrssicherungspflichten gegenüber Dritten [325]. Dieses Prinzip der Übernahmehaftung wird auch in den §§ 831 II, 832 II, 834, 838 BGB deutlich[326]. Diese Normen zielen zunächst auf die vertragliche Übernahme von Pflichten ab. Zu bedenken ist allerdings, dass diese nicht konstitutiv für die deliktische Haftung wirken. Angeknüpft wird neutral gesprochen an die Übernahme einer Aufgabe[327]. Setzt man diesen Gedanken fort, so entsteht mit der Übernahme einer Aufgabe gleichzeitig eine Schutzpflicht gegenüber jedem Dritten, der mit dem Übernehmenden in Kontakt gerät. Wenn beispielsweise eine Person aufgrund eines Vertrages die Pflege eines Tieres übernimmt, ist er dem Eigentümer zur Betreuung und Versorgung desselben verpflichtet. Gleichzeitig begründet § 834 BGB die Pflicht, von Dritten Schäden, die durch das Tier verursacht werden können, abzuwenden. Hieraus folgt, dass unabhängig vom konkreten Schadenseintritt durch die Übernahme der Verantwortung für das Tier eine abstrakte Schutz- und Verkehrssicherungspflicht gegenüber jedermann entsteht.

---

[322] Palandt/*Sprau*, BGB, vor § 677 Rn. 2.
[323] MüKo/*Wagner*, § 823 Rn. 288 ff.; Larenz/Canaris, SchR, S. 411; Dinkhoff, faktischer Geschäftsführer, S. 168.
[324] Larenz/Canaris, SchR, S. 408.
[325] Larenz/Canaris, SchR, S. 408 f.
[326] Larenz/Canaris, SchR, S. 411.
[327] Larenz/Canaris, SchR, aaO.

Diese Überlegungen lassen sich auch auf faktische Organmitglieder übertragen. Auch sie übernehmen rechtlich neutral ausgedrückt eine Aufgabe, namentlich die Leitung eines Unternehmens. Warum sie das tun, ist für die Begründung von Schutz- und Verkehrspflichten zunächst einmal unerheblich. Somit ist auch das faktische Organ für sein Handeln im Rahmen der gesetzlichen Ordnung im vollen Umfang verantwortlich. An dieser Stelle kumulieren die Intentionen von Geschäftsführung ohne Auftrag und deliktischer Schutz- und Verkehrssicherungspflichten. Die Geschäftsführung ohne Auftrag soll einerseits die Vornahme notwendiger Handlungen für einen Dritten im Eilfall ermöglichen, andererseits den Geschäftsherrn auch vor unerwünschten Eingriffen in seine Rechtssphäre schützen. Die angeführten deliktsrechtlichen Normen schützen schließlich die Interessen Dritter gegenüber dem Ausführer der übernommenen Aufgabe.

Ähnliche Tendenzen zeigt im Ergebnis der oben beschriebene Ansatz zur Begründung von Pflichten kraft faktischer Leitung über die §§ 309, 317 AktG[328]. Besondere Aufmerksamkeit ist dabei der Anordnung des § 317 Abs. 1, 2 AktG zu widmen. Diese Normen betrifft die Verantwortlichkeit der Organmitglieder eines Mutterunternehmens gegenüber dem beherrschten Unternehmen ohne Beherrschungsvertrag, sprich die Haftungsverhältnisse im faktischen Konzern[329]. In diesen Konstellationen übt ein Unternehmen Einfluss aufgrund seiner Mehrheitsbeteiligung auf ein anderes Unternehmen aus. § 311 Abs. 1 AktG ordnet dabei an, dass dieser Einfluss nicht zum Nachteil des beherrschten Unternehmens eingesetzt werden darf. Auch hier stellt sich die Frage nach der Begründung der Pflicht. Eine vertragliche Grundlage scheidet ausdrücklich aus. Die beherrschende Gesellschaft handelt dabei auch ohne oder sogar gegen den Willen des beherrschten Unternehmens. Das Gesetz verlangt in § 311 AktG die Rücksichtnahme auf die Belange der beherrschten Gesellschaft allein aufgrund der tatsächlichen, nicht der rechtlichen Beherrschung. Diese ist allein von § 309 AktG erfasst. Die Verantwortung des Mutterunternehmens entsteht kraft faktischer Leitung.

---

[328] Krebs, Sonderverbindungen, S. 119.

[329] MüKo AktG/*Spindler*, § 317 Rn. 1 ff; KöKo/*koppensteiner*, § 317 Rn. 1 ff.; Hüffer, AktG, § 317 Rn. 1 ff.

Zusammenfassend stellt man folgendes fest: Der faktische Organwalter ohne Willensakt der Gesellschaft hat dieselben Pflichten, wie ein ordnungsgemäß bestelltes Organmitglied. Die hierzu erforderliche schuldrechtliche Sonderverbindung wird allein aufgrund faktischer Leitung hergestellt[330]. Die Begründung derartiger Sonderverbindungen aufgrund tatsächlicher Übernahme einer Aufgabe ist dem Zivilrecht nicht fremd, wie der Vergleich zur Geschäftsführung ohne Auftrag, zu Normen des Deliktsrecht und den §§ 311, 317 AktG zeigt.

Insofern hat die Unterscheidung zwischen faktischen Organen mit und ohne Willensakt der AG zumindest für die Begründung aktienrechtlicher Pflichten nicht die herausgehobene Bedeutung, wie sie in der Vergangenheit angenommen wurde. Relevant wird sie jedoch im Hinblick auf allgemeine zivilrechtliche Haftungsgrundlagen[331].

3. Zusammenfassung der Ergebnisse

Faktische Organmitglieder haben allein aufgrund der tatsächlichen Übernahme der Leitung eines Unternehmens dieselben Pflichten, wie echte Organmitglieder. Dies ergibt sich aus dem Prinzip der Übernahmeverantwortung im Zivilrecht. Wer eine Aufgabe formlos übernimmt, diese aber voll ausführt, muss auch für die Konsequenzen gleich einem ordnungsgemäß bestellten Organwalter einstehen. Dabei ist die Unterscheidung zwischen faktischen Organen mit und ohne Willensakt ohne Bedeutung. Es kommt allein auf die faktische Übernahme der Organstellung an. Die Anknüpfung an einen formlosen Willensakt ist in rechtlicher Hinsicht nicht aussagekräftig, wenn nicht sogar widersprüchlich. Wenn das Gesetz einerseits in § 84 AktG für die Begründung der Organstellung einen förmlichen Bestellungsakt vorsieht, so kann eine fehlgeschlagene Bestellung nicht dieselben haftungsrechtlichen Konsequenzen auslösen, wie die echte Bestellung. Allein die tatsächliche Ausübung der Organtätigkeit löst daher die Haftung aus. Diese begründet gleichzeitig die erforderliche schuldrechtliche

[330] Krebs, Sonderverbindungen, S. 118 ff.; Fleischer, AG 2004, S. 517 (523 f.).
[331] Siehe hierzu 5. Kapitel.

Sonderverbindung zwischen faktischem Organ und Gesellschaft. Entscheidende Argumente für die aktienrechtliche Gleichstellung von faktischen Organmitgliedern mit und ohne Willensakt sind das rechtspolitische Bedürfnis nach deren Gleichbehandlung und die dogmatische Begründung der Haftung kraft faktischer Übernahme der Leitung. Anders mag die Rechtslage hinsichtlich der allgemeinen zivilrechtlichen Haftung faktischer Organwalter liegen[332].

II. Konsequenzen für die Haftung aus § 93 Abs. 2 S. 1 AktG

Zwar steht nun fest, dass allen faktischen Organen dieselben Pflichten gegenüber der AG zukommen, jedoch ist damit noch keine Aussage über die Art und Weise der Anwendbarkeit des § 93 Abs. 2 S. 1 AktG gesagt. Der Wortlaut der Norm geht von der Haftung des Vorstands aus. Grundsätzlich versteht das Gesetz hierunter ausschließlich den ordnungsgemäß bestellten Vorstand. Zwangsläufig ist daher nach der Möglichkeit der direkten oder analogen Anwendung des § 93 Abs. 2 S. 1 AktG zu fragen. Auch hier ist wieder zwischen fehlerhaft bestellten und sonstigen faktischen Organen zu unterscheiden.

1. Die Anwendung des § 93 Abs. 2 S. 1 AktG auf fehlerhaft bestellte Organe

a) Die Stimmen im Schrifttum

Hefermehl, *Reich* und *Stein* befürworten uneingeschränkt die direkte Anwendung der Norm auf fehlerhafte Organe[333]. Diese Sichtweise rechtfertigt *Reich* mit der inneren Struktur der Gesellschaft und verdeutlicht dies mit dem Extremfall: Angenommen, die Bestellung sämtlicher Organmitglieder sei fehlerhaft, so sei niemand gegenüber der Gesellschaft verantwortlich[334]. Der Pflichtenkreis von fehlerhaft bestellten Organwaltern und echten Organmitgliedern sei daher identisch[335]. Daraus folgert *Reich* die unmittelbare

---

[332] Siehe hierzu 5. Kapitel.

[333] Reich, DB 1967, S. 1663 (1666); Stein, das faktische Organ, S. 128, 129; Geßler/Hefermehl/*Hefermehl,* § 93 Rn. 8.

[334] Reich, DB 1967, S. 1663 (1666).

[335] Reich, DB 1967, S. 1663 (1666).

Anwendbarkeit der Norm[336]. Der Ansatz *Steins* geht dabei insbesondere von einem gegenseitigen Vertrauen zwischen AG und faktischem Organ aus[337]. Grundsätzlich entstünde durch die Bestellung ein spezielles Vertrauensverhältnis zwischen AG und Organ bezüglich der gegenseitigen Rechte und Pflichten[338]. Diese Vertrauensbasis sei trotz fehlerhafter Bestellung genauso ausgeprägt, wie im Falle wirksamer Bestellung[339].

Hefermehl nimmt sogar die aktienrechtliche Verantwortung von Personen an, die schlicht mit Wissen des Aufsichtsrats Vorstandsfunktionen ausfüllen[340]. Einen tatsächlichen, wenn auch fehlerhaften Bestellungsakt verlangt er nicht[341].

b) Auswertung und Stellungnahme

Die dargestellten Sichtweisen unterscheiden sich nur im Detail. Im Grundsatz ist man sich einig, dass ein fehlerhaft bestelltes Organmitglied im vollen Umfang einem ordnungsgemäß bestellten gleichzustellen ist. Der Bestellungsfehler soll demnach schlicht ignoriert werden. Dies ist zunächst im Hinblick auf den Wortlaut des § 93 Abs. 2 AktG bedenklich. Nach dieser Vorschrift haften schließlich nur Vorstandsmitglieder und in Verbindung mit § 116 AktG auch Aufsichtsräte. Die Behandlung fehlerhaft bestellter Organwalter ist dabei völlig ausgeklammert. Diese Tatsache verleitet zu dem Schluss, dass hier § 93 Abs. 2 AktG bestenfalls analog auf fehlerhaft bestellte Organwalter angewandt werden kann. Vor allem das Argument, dass bei Kollegialorganen im Falle der fehlerhaften Bestellung des gesamten Organs niemand gegenüber der Gesellschaft hafte, beantwortet nicht die Frage nach der direkten oder analogen Anwendung der Norm. Es konstatiert lediglich, dass die Verantwortlichkeit dieser Personen gegenüber der Gesellschaft hergestellt werden muss. Dies kann aber auch durch eine analoge Anwendung des § 93 Abs. 2 AktG geschehen.

---

336 Reich, DB 1967, S. 1663 (1666).
337 Stein, Das faktische Organ, S. 115, 116.
338 Stein, Das faktische Organ, S. 115, 116.
339 Stein, Das faktische Organ, S. 116.
340 Geßler/Hefermehl/*Hefermehl,* § 93 Rn. 8.
341 Geßler/Hefermehl/*Hefermehl,* § 93 Rn. 8.

Ein anderes Bild ergibt sich aber, wenn man sich die rechtliche Stellung eines fehlerhaft bestellten Organmitglieds vor Augen führt. Insbesondere geht es um die Fehlerfolgen.

Die zivilrechtliche Grundannahme, dass ein unwirksames Rechtsgeschäft schlicht nichtig ist, erfährt hier einige Ausnahmen. Der unwirksame Bestellungsakt führt nicht per se zur Nichtigkeit der Organstellung[342]. Vielfach wird in solchen Fällen von einer „fehlerhaften Organstellung"[343] gesprochen, die lediglich durch den Aufsichtsrat ex nunc vernichtbar ist[344]. Nur im Falle außergewöhnlich schwerer Fehler ist die Organstellung als von Anfang an nichtig anzusehen. Damit ist zumindest der lediglich fehlerhaft bestellte Organwalter dem echten Organmitglied hinsichtlich seiner organschaftlichen Rechte und Pflichten gleichzustellen. Dies hat konsequenterweise auch die direkte Anwendung des § 93 Abs. 2 AktG auf das fehlerhaft bestellte Organmitglied zur Folge.

2. Die Anwendung des § 93 Abs. 2 S. 1 AktG auf faktische Organe

Die direkte Anwendung des § 93 Abs. 2 S. 1 AktG auf faktische Organe ohne oder eines sonstigen Willensaktes der AG, der nicht eine fehlerhafte Organstellung begründet, ist aufgrund des klaren Wortlauts der Norm ausgeschlossen. Die Rede ist dort ausschließlich von Organen. Faktische Organe sind jedoch keine echten Organe. Allerdings ist die grundsätzliche Problematik mit der eines fehlerhaft bestellten Organwalters vergleichbar: Eine Person soll für seine Fehler bei der Leitung des Unternehmens geradestehen müssen. Dieser Gedanke legt die analoge Anwendung des § 93 Abs. 2 AktG auf echte faktische Organmitglieder nahe.

---

342 BGHZ 41, S. 282 (291); KöKo/*Mertens,* § 84, Rn. 29.
343 KöKo/*Mertens,* § 84 Rn. 29; Stein, Das faktische Organ, S. 126 ff.
344 KöKo/*Mertens,* § 84 Rn. 29 m. w. N.

Eine Analogie erfordert eine Regelungslücke im Gesetz, deren Planwidrigkeit und die Gleichwertigkeit zweier Tatbestände, deren unterschiedliche Behandlung unsachgemäß wäre[345].

Das AktG kennt den Begriff des faktischen Organs nicht. Damit besteht aber nicht zwingend eine Regelungslücke. Dies wird für faktische Organe im Bereich der Aktiengesellschaft aufgrund der Haftungsnorm des § 117 AktG bezweifelt[346]. Insbesondere soll eine analoge Anwendung des § 93 AktG in den Fällen ausscheiden, in denen Personen auf Vorstand und Aufsichtsrat Einfluss nehmen, aber selbst nicht unmittelbar Organfunktion wahrnehmen[347]. Aber auch bei unmittelbarer Übernahme von Organaufgaben soll § 117 AktG anwendbar sein, da die echten Organmitglieder den Eingriff in die Leitung der Gesellschaft dulden und somit eigene, gebotene Maßnahmen unterlassen[348]. Diese Überlegungen berücksichtigen jedoch nicht die unterschiedlichen Erscheinungsformen faktischer Organschaft. Zur Feststellung einer Regelungslücke mit dem Bedürfnis einer analogen Anwendung des § 93 Abs. 2 AktG auf faktische Organmitglieder dient zunächst ein Vergleich der Haftungstatbestände des § 93 Abs. 2 AktG und des § 117 AktG.

a) Die Organhaftung nach § 93 Abs. 2 AktG

Wie bereits dargelegt[349], handelt es sich bei § 93 Abs. 2 AktG um ein gesetzliches Schuldverhältnis. Dieses knüpft an die Verletzung der spezifischen organschaftlichen Pflichten an. § 93 Abs. 2 AktG setzt ein Verschulden voraus, wobei bereits leichte Fahrlässigkeit ausreicht[350]. Damit findet der Verschuldensmaßstab des § 276 Abs. 2 BGB Anwendung.

---

345 Larenz, Methodenlehre, S. 381 ff.
346 Voigt, Haftung aus Einfluss, S. 201; Großkomm. AktG/*Ehricke*, § 42 Rn. 50.
347 Voigt, Haftung aus Einfluss, S. 201.
348 Stein, Das faktische Organ, S. 175, 188; Voigt, Haftung aus Einfluss, S. 202.
349 Siehe 1. Kapitel, D. I.
350 Semler, AG 2005, S. 321 (327); KöKo/*Mertens*, § 93 Rn. 98 f.

b) Die Haftung nach § 117 AktG

§ 117 AktG ist ein Sondertatbestand des Deliktsrechts[351]. Der objektive Tatbestand verlangt Einflussnahme auf die Gesellschaft. Einfluss ist die faktische Machtstellung zwecks Durchsetzung gesellschaftsfremder Anliegen[352]. Erfasst ist dabei jede Form der Abhängigkeit[353]. § 117 AktG ist vom Wortlaut her als Form der Anstiftung konzipiert[354]. Es geht zunächst nicht um die Schädigung der Gesellschaft durch eigenes Handeln. Der Tatbestand ist erfüllt, wenn eine Person echte Organmitglieder zu einem Handeln zuungunsten der Gesellschaft veranlasst. In subjektiver Hinsicht verlangt § 117 AktG einen Doppelvorsatz bezüglich der beeinflussenden Maßnahme und der daraus resultierenden Schädigung der Gesellschaft[355]. Für beide Aspekte ist bedingter Vorsatz ausreichend[356]. Insbesondere die Herbeiführung des Schadens muss nur billigend in Kauf genommen werden[357]. Inhalt und Umfang des Schadens müssen hingegen nicht vorhergesehen werden[358]. Allerdings reicht es aus, dass der Handelnde die schädigende Wirkung seines Tuns erahnen kann und dennoch nicht davon ablässt[359]. Ferner verlangt § 117 AktG die Rechtswidrigkeit des Eingriffs[360].

c) Gemeinsamkeiten und Unterschiede der Normen

Gemeinsam ist beiden Normen die deliktische Ausgestaltung des Tatbestandes. Sie unterscheiden sich erheblich hinsichtlich des Verschuldensmaßstabes. § 93 Abs. 2 AktG erfasst jeden Fall der Fahrlässigkeit, während § 117 AktG

[351] BGH WM 1992, S. 1812 (1819); Hüffer, AktG, § 117,Rn. 2.
[352] Brüggemeier, AG 1988, S. 93 (96); Heidel/*Walchner*, AktG, § 117 Rn. 5; Hüffer, AktG, § 117 Rn. 3 ff.
[353] Heidel/*Walchner*, AktG, § 117 Rn. 5; MüKo AktG/*Spindler*, § 117 Rn. 16 ff.
[354] MüKo AktG/*Spindler*, § 117 Rn. 21 f.
[355] Heidel/*Walchner*, AktG, § 117, Rn. 10; Brüggemeier, AG 1988, S. 93 (98); MüKo AktG/*Kropff*, § 117 Rn. 33 ff.
[356] BGHZ 129, S. 141 (162).
[357] BGHZ 129, S. 136 (162); Brüggemeier, AG 1988, S. 93 (98); Heidel/*Walchner*, AktG, § 117 Rn. 10; MüKo AktG/*Spindler*, § 117 Rn. 42; Hüffer, AktG, § 117 Rn. 7.
[358] Brüggemeier, aaO.; KöKo/*Mertens,* § 117 Rn. 23.
[359] Hüffer, AktG, § 117 Rn. 7; BGHZ 129, 141 (162).
[360] KöKo/*Mertens,* § 117 Rn. 22; MüHdb/*Wiesner*, § 27, Rn. 5. m. w. N.

zumindest bedingt vorsätzliches Handeln bezüglich Beeinflussung und der Herbeiführung eines Schadens voraussetzt. Hierbei handelt es sich letztlich um einen Doppelvorsatz hinsichtlich Beeinflussung und Schadensverursachung.

d) Konsequenzen für faktische Organe

Diese unterschiedlichen Haftungsvoraussetzungen zeigen ihre Konsequenzen bei der Übertragung auf faktische Organe in ihren verschiedenen Erscheinungsformen. Hier kommt es maßgeblich wieder auf die Unterscheidung zwischen faktischen Organen mit und ohne Willensakt an.

aa) Faktische Organe mit Willensakt der Gesellschaft

Zunächst soll der Blick auf das fehlerhafte Organ und faktische Organe mit Willensakt der Gesellschaft gerichtet werden. Wie schon dargelegt, haftet das fehlerhaft bestellte Organ gleich dem ordnungsgemäß bestellten direkt aus § 93 Abs. 2 AktG. Denn bis zur Vernichtung der fehlerhaften Organstellung ist es als echtes Organ mit allen Rechten und Pflichten zu behandeln[361]. Wie aber sind Fälle zu behandeln, in denen eine Person mit Einverständnis der Gesellschaft faktisch Organaufgaben wahrnimmt? Unterstellt, eine Person erfüllt grundsätzlich den objektiven und subjektiven Tatbestand des § 117 AktG, so ist deren Haftung nach dieser Norm zumindest in Frage zu stellen. Wie zuvor beschrieben, erfasst § 117 AktG ausschließlich rechtswidrige Eingriffe[362]. Aus diesem Grunde kommt der Willensakt der Gesellschaft als tatbestandsausschließendes Einverständnis oder als Einwilligung auf der Ebene der Rechtswidrigkeit in Betracht.

---

[361] Spindler/*Stilz*/*Fleischer*, AktG, § 93 Rn. 169; Großkomm. AktG/*Hopt*, § 93 Rn. 44; KöKo/*Mertens*, § 93 Rn. 11; MüKo AktG/Spindler, § 93 Rn. 16; Hüffer, AktG, § 93 Rn. 12.
[362] Hüffer, AktG, § 117 Rn. 6; MüKo AktG/*Spindler*, § 117 Rn. 31.

(1) Die haftungsrechtlichen Auswirkungen von Einverständnis und Einwilligung

Das Einverständnis lässt bereits den Tatbestand einer verletzenden Norm entfallen[363]. Wenn der Willensakt der Gesellschaft als solches einzuordnen ist, so gilt schon der Tatbestand des § 117 AktG als nicht verwirklicht. Folglich entfiele schon deshalb eine entsprechende Handlung. Allerdings fragt sich im Hinblick auf die spezifischen Verhältnisse in der Aktiengesellschaft, welche Anforderungen an ein solches Einverständnis zu stellen sind.

Die Einwilligung ist die Zustimmung vor der Vornahme eines Eingriffs in die eigenen Rechtsgüter[364]. Sie beseitigt die Rechtswidrigkeit einer Handlung[365]. Auch hier müssen Voraussetzungen und Umfang einer möglichen Einwilligung näher untersucht werden. Jeder Willensakt der Gesellschaft bedeutet letztlich, einer Person, obwohl sie keine echte Organstellung innehat, dieselben Rechte und Pflichten aufzuerlegen, wie einem echten Organmitglied. Auch der faktische Organwalter mit Willensakt der Gesellschaft soll den Sorgfaltsmaßstab des § 93 Abs. 1 AktG bei der Ausübung seiner Tätigkeit anwenden. Daher willigt die Gesellschaft in die Tätigkeit des faktischen Organs nur im Rahmen echter organschaftlichen Rechte und Pflichten ein.
Das faktische Organ soll nicht mehr, aber auch nicht weniger Pflichten haben. Dies wirft einige Fragen hinsichtlich der Anwendbarkeit des § 117 AktG auf faktische Organe mit Willensakt der Gesellschaft auf. Soweit sich ein faktischer Organwalter im Rahmen der Sorgfaltspflichten echter Organe bewegt, deckt die Einwilligung dessen Handeln ab. Konsequenter Weise gilt dies auch für Schäden, die bei dieser Tätigkeit auftreten. Anders ausgedrückt, haftet das faktische Organmitglied keinesfalls aufgrund äußerer Einflussnahme nach § 117 AktG, für die ein ordnungsgemäß bestelltes Organmitglied auch nicht haften würde. Ein solches Verhalten ist schon dem Wortlaut nach nicht von § 117 Abs. 1 AktG erfasst. Diese Norm verlangt vorsätzliche Beeinflussung der

[363] Sch/Sch/*Cramer/Heine*, vor § 32 Rn. 31 ff.
[364] Palandt/*Heinrichs*, vor § 182 Rn. 1.
[365] Palandt/*Heinrichs*, § 276 Rn. 40.

Gesellschaft bei gleichzeitiger vorsätzlicher Schadensverursachung[366]. Wer sich aber im Rahmen der geforderten organschaftlichen Pflichten bewegt, mag zwar vorsätzlich die Geschicke der Gesellschaft beeinflussen, aber nicht vorsätzlich einen Schaden herbeiführen. Denkbar ist, dass Personen ihren Einfluss guten Gewissens, aber dennoch nachteilig für die Gesellschaft ausüben[367]. Die Schadensverursachung erfolgt dann höchstens fahrlässig. Im Rahmen des § 117 AktG soll auf solche Personen gerade nicht der Sorgfaltsmaßstab eines Organwalters angewendet werden[368]. *Spindler* will alternativ in solchen Fällen auf der Ebene der Rechtswidrigkeit die entlastende Regelung des § 317 Abs. 2 AktG anwenden[369].

Der Interessenkonflikt im Falle von Vorsatz-Fahrlässigkeits-Kombinationen lässt sich jedoch vorrangig mit der Figur des faktischen Organs lösen, indem man von Anfang an eine organschaftliche Betrachtungsweise vornimmt. Diese liegt systematisch näher, als die Heranziehung spezifisch konzernrechtlicher Normen. Auf diese Weise wird die beeinflussende Person dem Sorgfaltsmaßstab des § 93 Abs. 1 AktG und der parallelen Haftung aus § 93 Abs. 2 AktG unterworfen. Anknüpfungspunkt ist dann nicht eine schädliche Beeinflussung der Gesellschaft, sondern die Ausübung organgleicher Tätigkeiten.

Weitaus problematischer sind jedoch Situationen, in denen das faktische Organ den Bereich der Einwilligung verlässt. Dies können ausschließlich Konstellationen sein, in denen der faktische Organwalter tatsächlich vorsätzlich handelt und vorsätzlich einen Schaden herbeiführt. Eine schlicht fahrlässige Beeinflussung der Gesellschaft bei faktischer Organschaft mit Willensakt der Gesellschaft ist schon aus Gründen der Logik ausgeschlossen[370]. Der Willensakt der Gesellschaft ist das Ergebnis einer Übereinkunft zwischen einer Person und der jeweiligen Gesellschaft, dass diese rein tatsächlich Organfunktionen wahrnehmen soll. Dies ist daher allen Beteiligten bewusst. Wenn Vorsatz

[366] Brüggemeier, AG 1988, S. 93 (98); Heidel/*Walchner*, AktG, § 117 Rn. 10; MüKo AktG/*Spindler*, § 117 Rn. 40 ff.; Hüffer, AktG, § 117 Rn. 7.
[367] MüKo AktG/*Spindler*, § 117 Rn. 33.
[368] MüKo AktG/*Spindler*, § 117 Rn. 34; Voigt, Haftung aus Einfluss, S. 239.
[369] MüKo AktG/*Spindler*, § 117 Rn. 36.
[370] Vgl. hierzu auch: 2. Kapitel, D. II. 2. d) bb) (3).

allgemein hin die willentliche Verwirklichung eines Tatbestandes in Kenntnis seiner objektiven Umstände ist[371], dann sind diese Voraussetzungen hier erfüllt. Der faktische Organwalter kennt seine Stellung und übt seine Tätigkeit bewusst und final aus.

Dieses Verhalten lässt sich haftungsrechtlich in zwei Richtungen einordnen. Die erste Möglichkeit betrifft § 117 AktG. Wenn der faktische Organwalter den Bereich der Einwilligung verlässt, so ist er im Übrigen wieder der Haftung nach dieser Vorschrift unterworfen. Die vorsätzliche Herbeiführung eines Schadens deckt in der Regel nicht die Einwilligung in die Ausübung organschaftlicher Tätigkeit. Der Tatbestand des § 117 Abs. 1 AktG ist dann erfüllt.
Eine andere Möglichkeit besteht in einem Rückgriff auf § 93 Abs. 2 AktG. Für ein echtes Organ erfasst diese Norm auch vorsätzliche Schädigungen der Gesellschaft[372]. Wenn man die faktische Organstellung als Spiegelbild zur echten Organschaft versteht, so könnte man den vorsätzlichen Eingriff des faktischen Organs mit Willensakt der Gesellschaft analog zu § 93 Abs. 2 AktG sanktionieren. Dies führt zu einer haftungsrechtlichen Gleichstellung des faktischen mit dem ordnungsgemäß bestellten Organ.

(2) Das Konkurrenzverhältnis zwischen § 93 und § 117 AktG

Die Frage des richtigen Ansatzes lässt sich anhand des Konkurrenzverhältnisses der beiden Normen beantworten. Nach § 117 AktG haften auch Organmitglieder, die ihren Einfluss in vorsätzlicher Weise auf andere Organwalter missbrauchen[373]. Damit ist der Tatbestand des § 117 AktG keineswegs nur auf äußere Einflussnahme begrenzt. Vielmehr sind § 93 AktG und § 117 AktG idealkonkurrierend[374]. Wenn auch ein echter Organwalter gegenüber seiner Gesellschaft aus § 117 AktG haften kann, so besteht kein Anlass, das faktische Organ mit Willensakt der Gesellschaft von dieser Haftung freizustellen. Die

---

[371] RGSt 58, S. 247; RGSt 70, S. 257; Fischer, StGB, § 15 Rn. 3.
[372] Hüffer, AktG, § 93 Rn. 4, 14; MüKo AktG/*Spindler*, § 93 Rn. 158.
[373] MüKo AktG/*Spindler*, § 117 Rn. 18; Hüffer, AktG, § 117 Rn. 3; KöKo/*Mertens*, § 117 Rn.13.
[374] Brüggemeier, AG 1988, S. 93 (95); Schäfer/Missling, NZG 1998, S. 441 (444); KöKo/*Mertens*, § 117 Rn. 13.

Haftung setzt bei Überschreitung der Einwilligung ein. Ist ein Handeln von § 117 AktG erfasst, so bedarf es mangels Regelungslücke keinen Rückgriff auf eine Analogie zu § 93 Abs. 2 AktG.

(3) Die Analogiefähigkeit des § 93 AktG

Damit steht fest, dass faktische Organwalter mit Willensakt der Gesellschaft nach § 117 AktG haften, wenn sie den Rahmen der Einwilligung oder des Einverständnisses verlassen. Wesentlich schwieriger ist die Frage zu beantworten, wenn das faktische Organ mit Willensakt der Gesellschaft lediglich fahrlässig einen Schaden verursacht. Dieses Verhalten erfüllt gerade nicht den Tatbestand des § 117 AktG, unter Umständen aber den des § 93 Abs. 2 AktG. An dieser Stelle wird eine Regelungslücke deutlich. Das echte Organ würde nun nach § 93 Abs. 2 AktG zur Verantwortung gezogen. Der faktische Organwalter nicht, obwohl er dieselbe Tätigkeit im Einvernehmen mit der Gesellschaft ausübt. Hier ist es interessengerecht, die Haftungslücke mit einer Analogie zu § 93 Abs. 2 AktG zu schließen. Dies ergibt sich zunächst aus dem Prinzip der Übernahmeverantwortung im Gesellschaftsrecht[375]. Wer sich wie ein Organ benimmt, soll auch wie eines haften.

Wie oben dargelegt, erfordert die Begründung einer faktischen Organstellung eine besonders intensive Einwirkung auf die Geschicke der Gesellschaft[376]. Dies können Einzelakte von besonderer Schwere, aber auch Maßnahmenbündel sein[377]. Letztere können unter Umständen so ausgestaltet sein, dass einzelne Beeinflussungstatbestände im Sinne des § 117 AktG nicht mehr isoliert betrachtet werden können. Auf diese Weise entstehen Situationen, die der früheren Figur des qualifiziert faktischen Konzerns oder der qualifizierten Nachteilszufügung sehr ähnlich sind[378], obwohl gerade kein Konzernierungstatbestand vorliegt. Besonders in dieser Situation ist es

[375] Siehe 2. Kapitel, B. II. 1.
[376] Siehe 2. Kapitel, C. I. 2.
[377] Siehe 2. Kapitel, C. I. 2.
[378] Vgl. hierzu: 4. Kapitel, A. II. 2. b); 4. Kapitel, D. II. 2.; KonzernR/*Habersack*, Anh. § 317 AktG Rn. 5, 23 ff.; Müko AktG/*Spindler*, § 117 Rn. 36.

interessengerecht, die beeinflussende Person gleich einem echten Organ zu behandeln.

Eine weitere Konstellation betrifft Fälle, in denen die Gesellschaft nicht über ein Organ oder sonstige Personen im Sinne des § 117 AktG verfügt, die beeinflusst werden könnten. Zu erinnern ist an den Fall, den das Reichsoberhandelsgericht im Jahre 1876 zu entscheiden hatte[379]. Mangels ordnungsgemäß bestellter Organe ließ es den faktischen Geschäftsleitern der Gesellschaft Organersetzungsfunktion zukommen[380]. Wenn hier die faktischen Geschäftsleiter die Geschicke der Gesellschaft unmittelbar ohne Einschaltung der in § 117 AktG aufgelisteten Personen beeinflusst, so ist diese Norm schon vom Wortlaut her unanwendbar. Diese hat nämlich grundsätzlich eine Gesellschaft mit geordneten Verhältnissen vor Augen, die illegal beeinflusst wird. An dieser Stelle bleibt nur ein Rückgriff auf eine Analogie zu § 93 Abs. 2 AktG, um ggf. die faktischen Organwalter in die Pflicht zu nehmen. Dies gilt dann auch bei vorsätzlicher Einflussnahme und vorsätzlicher Schadensverursachung. Mithin gilt § 93 Abs. 2 AktG dann auch in Fällen, die ansonsten von § 117 AktG erfasst würden.

(4) Zusammenfassung

Für das faktische Organ mit Willensakt der Gesellschaft sind folgende Ergebnisse festzustellen: Es haftet nach § 117 AktG, soweit es vorsätzlich handelt und dabei vorsätzlich einen Schaden herbeiführt. Schließlich haften dann auch echte Organmitglieder nach dieser Norm. Mangels Haftungs- und Regelungslücke findet an dieser Stelle kein Rückgriff aus § 93 Abs. 2 AktG statt. Im Falle der fahrlässigen Schadensverursachung ist die Haftungslücke mit einer Analogie zu § 93 Abs. 2 AktG zu schießen. Gleiches gilt für Fälle, in denen die in § 117 AktG genannten Personen nicht vorhanden sind.

---

[379] ROHGE 20, S. 207.
[380] ROHGE 20, S. 207.

bb) Faktische Organe ohne Willensakt der Gesellschaft

Die Haftung des faktischen Organs ohne Willensakt der Gesellschaft bestimmt sich nach der Art und Weise der Einflussnahme. Wenn § 117 AktG hier die maßgebliche Haftungsnorm sein soll[381], so sind dabei konsequent Tatbestand und Verschuldensmaßstab anzuwenden. Dies führt zu unterschiedlichen Ergebnissen:

(1) Vorsätzliche Beeinflussung und vorsätzliche Schadensverursachung

Die unproblematischste, aber zugleich deutlichste Erscheinungsform faktischer Organschaft betrifft Fälle, in denen eine Person vorsätzlich Einfluss ausübt und vorsätzlich einen Schaden herbeiführt. Hier erfüllt der faktische Organwalter den objektiven und subjektiven Tatbestand des § 117 AktG. Besondere Aufmerksamkeit ist dabei auf das Verschulden zu richten. In der angeführten Konstellation liegt der erforderliche Doppelvorsatz vor. Der faktische Organwalter beeinflusst und schädigt die Gesellschaft vorsätzlich. § 117 AktG findet hier unmittelbar Anwendung. Eine analoge Heranziehung des § 93 Abs. 2 AktG ist mangels Regelungslücke nicht geboten, wenn nicht sogar unzulässig.

(2) Vorsätzliche Einflussnahme und fahrlässige Schadensverursachung

Schwieriger ist die Sachlage, in denen ein faktisches Organmitglied zwar vorsätzlich seinen Einfluss ohne Willensakt der Gesellschaft ausübt, jedoch lediglich fahrlässig einen Schaden für die Gesellschaft herbeiführt. Diese Variante kommt, wie bereits für das faktische Organ mit Willensakt dargestellt [382], der echten Organschaft sehr nahe. Das ordnungsgemäße Organmitglied ist sich seiner Aufgabe im vollen Umfange bewusst und führt entsprechend die ihm obliegenden Geschäfte. Im eigenen und im Interesse der Gesellschaft handelt er im Idealfall gewissenhaft und ist bestrebt, Fehler und Schäden zu vermeiden. Die Parallele im Falle faktischer Organschaft stellt die

---

[381] Stein, Das faktische Organ, S. 175, 188; Voigt, Haftung aus Einfluss, S. 202.
[382] Vgl. 2. Kapitel, D. II. 2. d) aa).

bewusste und damit vorsätzliche Einflussnahme dar. Damit ist aber noch keine Aussage über einen Vorsatz zur Herbeiführung eines Schadens auf Seiten der beeinflussten Gesellschaft getroffen. Auch der faktische Organwalter hat nicht zwingend ein Interesse, der Gesellschaft Schaden zuzufügen. Unter Umständen hält er sein Handeln für sinnvoll und positiv[383]. Verursacht er dennoch einen kausal auf seiner Einflussnahme beruhenden Schaden, so liegt gerade nicht der erforderliche Doppelvorsatz [384] hinsichtlich Einflussnahme und Schadensverursachung vor. In Betracht kommt allein eine fahrlässige Schadensherbeiführung. Die Wechselwirkung zwischen Einflussnahme und Schadensverursachung erfordert wiederum eine genaue Differenzierung zwischen den Abstufungen unterschiedlichen fahrlässigen Handelns bis hin zum bedingten Vorsatz.

Das Zivilrecht kennt zunächst die Unterscheidung zwischen einfacher und grober Fahrlässigkeit. Nach § 276 Abs. 2 BGB handelt fahrlässig, wer die im Verkehr erforderliche Sorgfalt außer Acht lässt. Von grober Fahrlässigkeit spricht man, wenn die im Verkehr erforderliche Sorgfalt im gesteigerten, besonders zu missbilligender Weise missachtet wird[385]. Die strafrechtliche Lehre kennt darüber hinaus noch die bewusste Fahrlässigkeit. Bewusst fahrlässig handelt, wer im Verkehr das Risiko eines Schadenseintritts kennt, aber dennoch die potentiell gefährliche Handlung vornimmt [386]. Dennoch vertraut der Handelnde jedoch darauf, dass sein Handeln gerade keinen Schaden herbeiführt[387]. Er handelt nach dem Motto: „Es wird schon gut gehen“. Anders ist es bei bedingt vorsätzlichem Tun. Auch hier kennt der Handelnde die Gefahr seines Handelns, ihm ist es aber gleichgültig, ob er dadurch einen Schaden verursacht[388]. Diese Form der Fahrlässigkeit wird in der zivilrechtlichen Lehre

---

[383] MüKo AktG/*Spindler*, § 117 Rn. 33.
[384] Brüggemeier, AG 1988, S. 93 (98); Heidel/*Walchner*, AktG, § 117 Rn. 10; MüKo AktG/*Spindler*, § 117 Rn. 42; Hüffer, AktG, § 117 Rn. 7.
[385] BGHZ 10, S. 16; BGHZ 89, S. 161; BGH, NJW 1992, S. 3236; BGH, NJW 2005, S. 981.
[386] Palandt/*Heinrichs*, BGB, § 276 Rn. 13.
[387] Schönke/Schröder/*Cramer/Sternberg-Lieben*, StGB, § 15 Rn. 203; OLG Stuttgart, NJW 1976, S. 1852.
[388] Schönke/Schröder/*Cramer/Sternberg-Lieben,* StGB, § 15 Rn. 72 ff., 82.

mitunter als „bewusste Gefährdung“[389] bezeichnet und als Variante der groben Fahrlässigkeit angesehen[390].

Ausschließlich letztere Verschuldensform ist von § 117 AktG erfasst[391]. Dabei genügt, dass der Handelnde die schadensverursachende Wirkung seines Tuns vorhersehen kann, aber es dennoch fortsetzt[392]. Der Wortlaut der Norm erfasst ausschließlich vorsätzliches Handeln. Schon die bewusst fahrlässige Herbeiführung eines Schadens führt zur Unanwendbarkeit des § 117 AktG.

An dieser Stelle wird eine erhebliche Regelungslücke deutlich: Eine Person, die gleich einem echten Organmitglied ihren Einfluss auf die Gesellschaft ausübt, dabei denselben Sorgfaltsmaßstab anwendet und einen Schaden verursacht, ist haftungsrechtlich nicht von § 117 AktG erfasst. Diese Lücke entsteht auch, bzw. gerade dann, wenn man den objektiven Tatbestand des § 117 AktG auch auf unmittelbare Beeinflussung ausdehnen will, so wie von *Voigt* vorgeschlagen[393]. Mit dieser Erweiterung des Tatbestands des § 117 AktG über den Wortlaut hinaus erreicht man zwar die objektive Gleichstellung faktischer Organe mit sonstigen Einflussnehmern, sie überwindet aber nicht das Erfordernis des Doppelvorsatzes bezüglich Einflussnahme und Schadensverursachung. Wollte man § 117 AktG auch auf diese Fälle ausdehnen, so müsste man den subjektiven Tatbestand der Norm entgegen des Wortlauts auf fahrlässige Schadensverursachung erweitern. Bei der Eindeutigkeit des Wortlauts ist dies aber ausgeschlossen. Jede Erweiterung wäre eine Aushebelung des gesetzgeberischen Willens. Dabei zeigt sich, dass § 117 AktG nicht auf die Figur des faktischen Organs zugeschnitten ist. Für Fälle dieser Konstellation stellt sich die Frage nach der analogen Anwendbarkeit des § 93 Abs. 2 AktG. Dafür spricht insbesondere die Parallele zu den ordnungsgemäß bestellten Organmitgliedern, die bewusst ihre Geschäfte wahrnehmen und im Regelfall lediglich fahrlässig Schäden herbeiführen.

---

[389] MüKo/*Grundmann*, § 276 Rn. 98.
[390] MüKo/*Grundmann*, § 276 Rn. 97 ff. m. w. N.
[391] Heidel/*Walchner*, AktG, § 117 Rn. 10; KöKo/*Mertens,* § 117 Rn. 23.
[392] Hüffer, AktG, § 117 Rn. 7; Heidel/*Walchner*, AktG, aaO.
[393] Voigt, Haftung aus Einfluss, S. 202.

(3) Fahrlässige Einflussnahme und fahrlässige Schadensverursachung

Kein Fall faktischer Organschaft betrifft Fälle fahrlässiger Beeinflussung der Gesellschaft bei gleichzeitiger fahrlässiger Schadensherbeiführung. Hier ist die Anwendung des § 117 AktG in jedem Fall ausgeschlossen. Der Gesetzgeber hat eindeutig den Wortlaut auf vorsätzliche Einflussnahme und vorsätzliche Schadensverursachung begrenzt. Zu fragen bleibt nach einer analogen Anwendung des § 93 Abs. 2 AktG. Die Rechtsfigur des faktischen Organs soll die Gesellschaft vor unerwünschten Eingriffen von außen schützen, die nicht schon von § 117 AktG erfasst werden. Gleichzeitig soll der potentielle Einmischer vor haftungsrechtlichen Sanktionen gewarnt werden. Zweck ist die haftungsrechtliche Gleichstellung des faktischen Organwalters mit dem ordnungsgemäß bestellten Organmitglied. Aus diesem Grunde müssen auch die Tatbestandsmerkmale des § 93 AktG konsequent auf das faktische Organ übertragen werden. Diese Vorschrift knüpft an die Leitung der Gesellschaft an. Dies wiederum bedeutet im wesentlichen Geschäftsführung und Vertretung nach §§ 76 ff. BGB. Diese Aspekte setzten jeweils die bewusste Umsetzung von organschaftlichen Rechten und Pflichten voraus. Daher kann der zufällige, fahrlässige Eingriff in die Unternehmensleitung nicht zur Begründung einer faktischen Organstellung führen. Wie ein Organ soll nur in Anspruch genommen werden, wer sich auch wie ein Organ geriert. Auch rechtspolitisch ist es bedenklich, jede zufällige Form der Einflussnahme als faktische Organschaft zu qualifizieren. Dies würde zu einer Ausuferung der Haftung für vergleichsweise unbedeutende Eingriffe führen. Auch würde es echte Organmitglieder dazu verleiten, allzu schnell die Verantwortung auf vermeintliche faktische Organteile zu lenken. Schließlich lenkt dies von eigenen Fehlverhalten und Versäumnissen ab.

(4) Die Analogiefähigkeit des § 93 AktG

Schwieriger ist die Frage nach deren Planwidrigkeit der Regelungslücke zu beantworten. Die erste zivilrechtliche reichsgerichtliche Entscheidung zum

Problemkreis des faktischen Organs erging bereits im Jahre 1909[394]. Das Reichsoberhandelsgericht beschäftigte sich schon 1876 mit diesem Phänomen[395]. Dem modernen Gesetzgeber ist daher das Problem bekannt. Dennoch wurde nie eine gesetzliche Regelung hierzu getroffen. Dies lässt zunächst auf einen absichtsvollen Regelungsverzicht des Gesetzgebers schließen, zumal mit § 117 AktG eine Haftungsnorm für externe Einflussnahme auf die Organe der Aktiengesellschaft vorhanden ist.

Letztlich kommt es auf die Gleichwertigkeit der zu regelnden Sachverhalte an. Gemeinsam ist dem faktischen Organwalter mit und ohne Willensakt der Gesellschaft die tatsächliche Leitung des Unternehmens. Diese ist von irgendeinem Willensakt der Gesellschaft unabhängig. Insofern sind beide Gruppen faktischer Organe auch gleich zu behandeln. Sie unterscheiden sich allein in dem Umstand, dass der faktische Organwalter mit Willensakt der Gesellschaft auch für ein echtes Organmitglied gehalten wird. Im Ergebnis ist es aber unerheblich, ob ein Organwalter mit vorigem Einverständnis der Gesellschaft dieser durch seine Tätigkeit Schaden zufügt oder ob die Einflüsse vollständig von außerhalb der AG kommen. Vor allem der Schutzzweck der Norm des § 93 Abs. 2 AktG gebietet eine analoge Anwendung dieser Vorschrift auf faktische Organwalter, die ohne Willen der AG tätig sind. § 93 AktG dient dem Schutz des Gesellschaftsvermögens[396]. Dieses ist aber mindestens gleichermaßen gefährdet, wenn Maßnahmen der Unternehmensführung durch Dritte und vielleicht sogar unbekannte Personen faktisch ergriffen werden. Handeln unbekannte, so ist die Gefahr für die AG deutlich erhöht. Dies gilt insbesondere für Fälle, in denen die faktische Unternehmensleitung das Ausmaß nicht oder nur schwer isolierbarer Einzelmaßnahmen erreicht[397].

Damit sprechen zwei entscheidende Argumente für die analoge Anwendung des § 93 Abs. 2 AktG auf faktische Organwalter, die ohne Willen der AG tätig sind: Erstens die Tatsache, dass es unerheblich ist, ob der Schädiger mit oder ohne

---

[394] RG, Warneyers Rspr d. RG (Ergbd.) 1909, S. 485 f. Nr. 504.
[395] ROHGE 20, S. 207.
[396] Hüffer, AktG, § 93 Rn. 1.
[397] Siehe hierzu: 2. Kapitel, D. II. 2. d) aa) (3).

Willen der Gesellschaft für diese tätig ist und zweitens, der Schutz des Gesellschaftsvermögens vor Fehlern eines faktischen Organwalters.

Für das faktische Organ ohne Willensakt gilt zusammengefasst Folgendes: Übt ein faktischer Organwalter vorsätzlich Einfluss aus und verursacht vorsätzlich einen Schaden, so haftet er aus § 117 AktG. Handelt das faktische Organ vorsätzlich und verursacht fahrlässig einen Schaden, so findet § 117 AktG keine Anwendung. Die Haftungslücke wird mit einer Analogie zu § 93 Abs. 2 AktG geschlossen. Wer fahrlässig handelt und fahrlässig einen Schaden verursacht, haftet auch nicht analog zu § 93 Abs. 2 AktG. Dies ist mit dem Prinzip der Übernahmeverantwortung im Gesellschaftsrecht nicht vereinbar.

3. Ergebnis zur Anwendbarkeit des § 93 Abs. 2 S. 1 AktG

Lediglich fehlerhaft bestellte Organmitglieder haften bis zum Widerruf ihrer Organstellung direkt aus § 93 Abs. 2 AktG. Bei faktischen Organwaltern ist zu differenzieren: Das faktische Organ, das vorsätzlich seinen Einfluss ausübt und vorsätzlich einen Schaden verursacht, haftet regulär nach § 117 AktG. Dies gilt auch für faktische Organwalter, die mit Willensakt der Gesellschaft handeln. Denn Einverständnis und Einwilligung in die faktische Organtätigkeit enden spätestens mit der Überschreitung der Befugnisse echter Organwalter. Auch diese würden dann nach § 117 AktG haften[398]. Faktische Organwalter, die zwar vorsätzlich ihren Einfluss ausnutzen, aber lediglich fahrlässig einen Schaden verursachen, haften analog zu § 93 Abs. 2 AktG. Nicht haftbar nach § 93 Abs. 2 AktG hingegen sind Personen, die lediglich fahrlässig handeln und dabei fahrlässig einen Schaden herbeiführen. Bei lediglich fahrlässiger Beeinflussung kann nicht von einer faktischen Organstellung gesprochen werden.

[398] MüKo AktG/*Spindler*, § 117 Rn 18 m. w. N.

3. Kapitel: Einzel- und Grenzfälle faktischer Organschaft und Haftung

Im Anschluss an die Darlegung obiger abstrakter Kriterien und Indikatoren zur Feststellung faktischer Organschaft sollen nun konkrete Fallbeispiele gesucht und rechtlich insbesondere unter Haftungsgesichtspunkten erläutert werden. Gegenstand der Untersuchung ist sowohl der Vorstand als auch der Aufsichtsrat. Ferner besteht im Hinblick auf § 117 AktG, faktische Organschaft von allgemeiner Beeinflussung der Gesellschaft abzugrenzen. Ferner stellt sich bei unterschiedlichsten Personengruppen, beispielsweise leitenden Angestellten oder Vertretern von Banken, die Frage, ob diese unter Umständen ungeachtet ihrer eigentlichen Sonderbeziehung zur Gesellschaft als faktische Organwalter in Betracht kommen.

A. Der faktische Vorstand

Die meisten Fragen wirft der faktische Vorstand der AG auf. Es handelt sich um Personen, die ohne rechtlich zum Vorstand bestellt zu sein, Vorstandsfunktionen wahrnehmen. Die Gründe für solche Konstellationen sind mannigfaltig. Dabei ist grundsätzlich zwischen zwei übergeordneten Fallgruppen zu differenzieren, nämlich zwischen Personen, die mit oder ohne Willensakt der AG tätig werden.

I. Das fehlerhaft bestellte Vorstandsmitglied in Abgrenzung zum faktischen Vorstand mit Willensakt der Gesellschaft

Die erste Kategorie stellen Personen dar, die zwar mit Willen des Aufsichtsrats Vorstandsfunktionen ausüben, deren Bestellung jedoch mangelhaft war[399]. Ferner ist auch denkbar, dass Personen mit Willen der Gesellschaft Vorstandsfunktionen wahrnehmen, jedoch jeglicher formelle Bestellungsakt fehlt. Die erste Personengruppe betrifft das fehlerhafte Vorstandsmitglied, die zweite das faktische Organ mit Willensakt der Gesellschaft[400]. Zunächst soll der Blick auf das fehlerhafte Vorstandsmitglied gerichtet werden:

---

[399] Hierzu einführend: Köhler, NZG 2008, S. 161 ff.
[400] Siehe zur Fallgruppenbildung: 2. Kapitel, A. III.

1. Fehlerquellen und Konsequenzen für die Organstellung

Um das Problem zu veranschaulichen, sollen zunächst mögliche Fehlerquellen gefunden und näher erklärt werden. Insbesondere ist dabei zwischen zivilrechtlichen und öffentlichrechtlichen Mängeln zu differenzieren. Anschließend ist zu klären, inwieweit die Fehler beim Bestellungsakt die Wirksamkeit der Bestellung hindern.

a) Zivilrechtliche Mängel

Als erstes wird der Blick auf mögliche zivilrechtliche Mängel gerichtet. Die Fehlerquellen sind zahlreich und finden sich im allgemeinen Privatrecht und im speziellen Recht der Aktiengesellschaft. Es ist dabei zwischen Gesetzesverstößen, Satzungsverstößen und verfahrensrechtlichen Defiziten zu unterscheiden[401].

aa) Gesetzesverstöße

Zu Beginn ist sich nochmals ins Gedächtnis zu rufen, dass nach § 76 Abs. 3 S. 1 AktG nur eine uneingeschränkt geschäftsfähige Person zum Vorstand bestellt werden kann. Nun kann es passieren, dass - aus welchen Gründen auch immer - eine geschäftsunfähige oder beschränkt geschäftsfähige Person im Sinne der §§ 104 ff. BGB zum Vorstand bestellt wird.

Die Norm des § 76 Abs. 3 AktG enthält noch weitere Ausschlüsse bestimmter Personenkreise. So kann auch ein Betreuter, der einem Einwilligungsvorbehalt nach § 1903 BGB unterliegt, ebenfalls nicht zum Vorstand bestellt werden. § 76 Abs. 3 S. 4 AktG enthält eine besondere Regel zur Bestellung von nach den §§ 283 ff. StGB straffällig gewordenen Personen. Dabei handelt es sich um den besonders sensiblen Bereich der Insolvenzstraftaten. Erst fünf Jahre nach Erlass eines rechtskräftigen Urteils darf ein Verurteilter wieder zum Vorstand bestellt werden. Eine weitere Einschränkung des bestellbaren Personenkreises enthält §

[401] Großkomm. AktG/*Kort*, § 84 Rn. 79.

76 Abs. 3 S. 4 AktG. Ist einer Person gerichtlich oder behördlich eine bestimmte Tätigkeit oder die Ausübung eines Gewerbes untersagt, so kann diese freilich nicht Mitglied des Vorstands einer Gesellschaft sein, die ein entsprechendes Gewerbe betreibt.

Es stellt sich nun die Frage nach den Konsequenzen derartiger Verstöße. Sie können unbeachtlich, fehlerhaft oder nichtig sein. Im Falle der Unbeachtlichkeit drohen keine Folgen. Die Organstellung ist nicht ordnungsgemäß. Probleme faktischer Organschaft treten dann nicht auf. Ähnlich sieht es bei lediglich fehlerhaften Bestellungen aus. Diese Bestellungen sind zwar mangelhaft, begründen dennoch alle Rechte und Pflichten eines ordnungsgemäß bestellten Organs[402]. Diese Quasiorganstellung kann ausschließlich mit einem die Unwirksamkeit der Bestellung feststellenden Aufsichtsratsbeschluss herbeigeführt werden[403]. *Mertens* spricht in diesem Zusammenhang von einem Widerruf der fehlerhaften Organstellung[404]. Diese Formulierung zeigt die deutliche Annäherung an eine ordnungsgemäße Organstellung, die nach § 84 Abs. 3 AktG ebenfalls nur aus wichtigem Grund widerrufen werden kann. Führt der Gesetzesverstoß zur Nichtigkeit der Bestellung, so liegt zu keinem Zeitpunkt echte Organschaft vor. Hier entsteht ein Fall faktischer Organschaft.

Im Falle der Bestellung eines Geschäftsunfähigen ist diese nichtig[405]. Dies ergibt sich aus den allgemeinen zivilrechtlichen Überlegungen des übergeordneten Schutzes dieses Personenkreises. Dasselbe gilt für sämtliche in § 76 AktG genannten Voraussetzungen. Sie sind zwingendes Recht und dürfen nicht unterlaufen werden. Für die aufgezählten Verstöße gilt uneingeschränkt § 134 BGB[406].

---

[402] BGHZ 41, S. 282 (287); BGHZ 47, S. 341 (343); MüKo AktG/*Spindler*, § 84 Rn. 225 ff.; Spindler/*Stilz*/*Fleischer*, § 93 Rn. 169; KöKo/*Mertens*, § 84 Rn. 30 ff.

[403] Baums, Geschäftsleitervertrag, S. 204 ff.; MüKo AktG/*Spindler*, § 84 Rn. 233; MüHdb/*Wiesner*, § 20 Rn. 36.

[404] KöKo/*Mertens*, § 84 Rn. 30.

[405] BayObLG BB 1991, S. 1729 (1730); MüKo AktG/*Spindler*, § 84 Rn. 26.

[406] Hüffer, AktG, § 76 Rn. 27.

bb) Beschlussfehler

Beschlussfehler betreffen den eigentlichen Akt der Bestellung durch den Aufsichtsrat. Hier ist darauf zu achten, dass der Aufsichtsrat bei der Bestellung beschlussfähig ist. Nach § 108 Abs. 2 S. 1 AktG kann die Beschlussfähigkeit des Aufsichtsrates durch die Satzung geregelt werden, wenn das Gesetz nicht etwas anderes anordnet. § 84 AktG, die Zentralnorm für den Bestellungsvorgang, trifft hierzu keine spezielle Regelung. Daher steht einer Regelung der Beschlussfähigkeit durch Satzung nichts im Wege. Verzichtet die Satzung auf eine spezielle Regelung, so gilt der Aufsichtsrat gemäß § 108 Abs. 2 S. 2 AktG als beschlussfähig, wenn mindestens die Hälfte der gesetzlichen oder satzungsmäßigen Mitglieder an der Abstimmung teilnimmt.

Die Fehlerfolgen sind unterschiedlich. Bei wesentlichen Verfahrensfehlern und gleichzeitigen Gesetzesverstößen ist der Beschluss nichtig[407]. Ein Verstoß gegen die Bestellungsverbote aus § 76 Abs. 3 AktG ist damit gleichzeitig ein wesentlicher Beschlussfehler, der damit auch den Beschluss als von Anfang an nichtig gelten lässt. Keine Nichtigkeit und damit lediglich Vernichtbarkeit tritt bei leichten Verfahrensverstößen, wie etwa bei unzulässiger Teilnahme eines Dritten an der Aufsichtsratssitzung[408], ein.

Eine feste Regel zur Abgrenzung von nichtigen und nur fehlerhaften Beschlüssen existiert somit nicht. Es ist stets eine konkrete Betrachtung des Einzelfalls vorzunehmen. Gesicherte Erkenntnis ist aber, dass der Bestellungsbeschluss in jedem Fall bei einem gleichzeitigen Verstoß gegen § 76 Abs. 3 AktG nichtig ist. Denn hier wird gegen Verbotsgesetze im Sinne des § 134 BGB verstoßen[409]. In diesen Fällen liegt wieder echte faktische Organschaft vor, in den übrigen eine lediglich fehlerhafte Organstellung.

---

[407] BGHZ 122, S. 342 (351); BGHZ 135, S. 344 (347).
[408] BGHZ 47, S. 341 (349); Hüffer, AktG, § 108 Rn. 18.
[409] Hüffer, AktG, § 76 Rn. 27.

cc) Satzungsverstöße

Da Satzungen die Qualität von Rechtsnormen haben, gleicht die Problematik hier die der Gesetzesverstöße. Insbesondere stellt sich die Frage nach den Konsequenzen eines Satzungsverstoßes. Umstritten ist, welche Regelungen die Satzung bezüglich der Bestellung und Auswahl eines Vorstandsmitglieds enthalten darf. Im Schrifttum wird überwiegend davon ausgegangen, dass die Satzung persönliche Eignungsvoraussetzungen festlegen darf, solange dem Aufsichtsrat ein Auswahlermessen erhalten bleibt[410]. Diese Möglichkeit will die Gegenansicht aufweichen, indem sie dem Aufsichtsrat die Möglichkeit einräumt, sich über diese Bestimmungen nach pflichtgemäßer Ermessensausübung hinwegzusetzen[411]. Jedoch ist an dieser Stelle *Hüffer* zuzustimmen, dass eine derartige Ausdehnung der Kompetenzen des Aufsichtsrates die Satzung unnötig relativiere[412].

Satzungsverstöße sind wie Gesetzesverstöße zu behandeln[413]. Wenn die Satzung bestimmte Auswahlkriterien für Vorstandsmitglieder enthält, so sind sie vom Aufsichtsrat zu beachten. Im Extremfall kann so ein Satzungsverstoß dieselben Konsequenzen auslösen, wie ein Verstoß gegen § 76 Abs. 3 AktG. Die Bestellung ist dann nichtig und es wird eine faktische Organstellung begründet.

dd) Zusammenfassung der Ergebnisse

Gesetzesverstöße, insbesondere gegen § 76 Abs. 3 AktG, führen wegen § 134 AktG zur anfänglichen Nichtigkeit der Organstellung. Es wird dann eine faktische Organstellung begründet. Gleiches gilt für Satzungsverstöße. Bei Beschlussfehlern ist zu differenzieren. Bei schwerwiegenden Fehlern sind sie ebenfalls nichtig, leichte Fehler führen zur Fehlerhaftigkeit und Vernichtbarkeit. Hier wird eine lediglich fehlerhafte Organstellung begründet.

---

[410] MüKo AktG/*Spindler*, § 84 Rn. 27; MüHdb/*Wiesner*, § 20 Rn. 5; Hüffer, AktG, § 76 Rn. 26; FS Lutter/*Geßler*, S. 69 (82).

[411] Hommelhoff, BB 1977, S. 322 (324, 325); KöKo/*Mertens*, § 76 Rn. 117; Lutter/Krieger, Aufsichtsrat, § 7 Rn. 340.

[412] Hüffer, AktG, § 76 Rn. 26.

[413] Hüffer, AktG, § 108 Rn.17 ff.

b) Öffentlich-rechtliche Mängel

Die Mängel können aber auch öffentlich-rechtlicher Natur sein. Zentraler Aspekt in diesem Bereich ist die Inkompatibilität eines Beamten oder Mitgliedern von Verfassungsorganen. Für die Bestellung zum Vorstand existieren auch zahlreiche öffentlich rechtliche Einschränkungen. Verbote für die Mitgliedschaft in Vorständen finden sich schon unmittelbar im GG. So ist es dem Bundespräsidenten nach Art. 55 Abs. 1 GG untersagt, ein Unternehmen zu leiten oder zu betreiben. Dies gilt nach Art. 66 GG auch für Bundeskanzler und Bundesminister. Dasselbe Verbot findet sich in § 51 Abs. 5 GWB für Beamte des Bundeskartellamtes. Bundesbeamte benötigen nach § 65 BBG für die Ausübung einer Nebentätigkeit die Genehmigung ihres Dienstherrn[414]. Es fragt sich, wie sich Verstöße gegen diese Normen auf die Organstellung auswirken.

Verstöße gegen Art. 55 Abs. 1, 66 GG zeigen gesellschaftsrechtlich keine Auswirkungen[415]. Bei diesen Normen handelt es sich jeweils um eine lex imperfecta, die keine verfassungsrechtlichen oder sonstigen Sanktionen auslöst[416]. Daher führen Verstöße gegen diese Normen nicht zu einer Unwirksamkeit der Wahl nach aktienrechtlichen Vorschriften. Es entsteht eine zivilrechtlich betrachtet ordnungsgemäße Organstellung. Das Problem faktischer Organschaft entsteht hier nicht. Auch das Fehlen einer beamtenrechtlichen Genehmigung führt nicht zur Unwirksamkeit der Bestellung, sie zieht lediglich beamtenrechtliche Konsequenzen nach sich[417].

---

414 MüKo AktG/*Habersack*, § 100 Rn. 35.
415 Großkomm. AktG/*Hopt/Roth*, § 100 Rn. 66; Sachs/*Oldgies*, GG, Art. 66 Rn. 16 ff.; Dreier/*Hermes*, GG, Art. 66 Rn. 16.
416 Dreier/*Hermes*, GG, aaO.; Sachs/*Oldgies*, GG, aaO.
417 Großkomm. AktG/*Hopt/Roth,* § 100 Rn. 68; Battis, BBG, § 65 n. 1 ff.

2. Die Anwendung des § 93 AktG auf den faktischen Vorstand mit Willensakt der Gesellschaft und fehlerhaft bestellte Vorstände

Nach Erörterung der Figur des faktischen Vorstands geht es jetzt um die Haftung nach § 93 AktG. Es stellt sich die Frage, ob diese Norm auf den faktischen Vorstand überhaupt und wenn ja, direkt oder analog Anwendung finden kann. Dazu ist vorrangig zu klären, ob faktischen Organen überhaupt Rechte und Pflichten im Sinne des § 93 AktG zukommen. Schließlich kann wegen der Verletzung organschaftlicher Pflichten nur haften, wer solche auch trägt.

Die erste Gruppe betrifft Personen, deren Bestellung zwar fehlerhaft, jedoch nicht nichtig ist. Deren fehlerhafte Organstellung kann lediglich durch den Aufsichtsrat ex nunc vernichtet werden[418]. Die zweite sind Personen, deren Bestellung entweder von Anfang an nichtig war oder die mit sonstigem Willen der Gesellschaft tätig sind. Diese Unterscheidung zeigt ihre Bedeutung im Zusammenhang mit der Anwendbarkeit des § 93 Abs. 2 auf den jeweiligen Personenkreis.

a) Der fehlerhaft bestellte Vorstand

Für die Frage nach den organschaftlichen Pflichten eines fehlerhaft bestellten Vorstandes haben diese Ergebnisse unterschiedliche Konsequenzen. Den unkomplizierten Fall stellen die fehlerhaft bestellten Organwalter dar, deren Stellung nur ex nunc unter Beachtung des § 84 III AktG vernichtbar ist[419]. Die Angehörigen dieses Personenkreises sind daher echte Organwalter. Sie tragen folglich dieselben Rechte und Pflichten[420]. Wer Pflichten trägt, kann sie auch durch sein Verhalten verletzen. Daher findet auf diese Personen auch § 93 AktG unmittelbar und uneingeschränkt Anwendung. Einer Analogie bedarf es hier nicht. Dies resultiert aus der Tatsache, dass der fehlerhaft bestellte Organwalter

---

[418] MüKo AktG/*Spindler,* § 84 Rn. 233; KöKo/*Mertens*, § 84 Rn. 29 f.; Stein, Das faktische Organ, S. 119 ff.
[419] Köhler, NZG 2008, S. 161 (166).
[420] KöKo/*Mertens,* § 84, Rn. 29.

bis zum Widerruf seiner Bestellung durch den Aufsichtsrat trotz der Bestellungsfehler über alle Rechte und Pflichten eines Organmitglieds verfügt[421]. Er ist echtes Organmitglied. Daher haftet der nur fehlerhaft bestellte Vorstand direkt nach § 93 Abs. 2 AktG.

b) Fälle nichtiger Bestellung und faktische Vorstände mit Willensakt der Gesellschaft

Schwieriger ist die Sachlage in Fällen einzuordnen, in denen der Bestellungsfehler zur anfänglichen Nichtigkeit der Organstellung führt oder die betreffenden Personen kraft eines sonstigen Willensaktes der AG tätig sind. Hier kann eine Gleichstellung zwischen echten Organmitgliedern und Personen, deren Organstellung nichtig ist, nicht ohne weiteres erfolgen. Denn letztgenannte Personen haben im Gegensatz zur oben erörterten Fallgruppe zu keinem Zeitpunkt echte organschaftliche Rechte und Pflichten inne gehabt. Daher erscheint es widersinnig, § 93 AktG auf diesen Personenkreis anzuwenden, da dieser keine organschaftlichen Pflichten verletzen kann. In Betracht kommt daher ausschließlich eine analoge Anwendung der Norm. Eine Analogie erfordert bekanntermaßen eine Regelungslücke im Gesetz, deren Planwidrigkeit und die Vergleichbarkeit der direkten Anwendungssituation mit dem Analogiefall[422].

aa) Der nichtige Bestellungsakt

Wie bereits erörtert, kennt das AktG nur eine Regelung für echte Organmitglieder. Wie im Falle der Nichtigkeit der Bestellung zu verfahren ist, ordnet das Gesetz nicht an. Damit liegt eine Regelungslücke vor. Auch an deren Planwidrigkeit bestehen keine Zweifel. Ungleich schwieriger ist die Frage nach der Gleichwertigkeit der Lebenssachverhalte zu beantworten. Zwar war es vergleichsweise unkompliziert, die organrechtliche Verantwortung eines lediglich fehlerhaft bestellten Vorstands zu bejahen, jedoch im Falle der

---

[421] MüKo AktG/*Spindler,* § 84 Rn. 225 ff.; KöKo/*Mertens*, § 84 Rn. 29 f.; Stein, Das faktische Organ, S. 119 ff.

[422] Larenz, Methodenlehre, S. 381 ff.

nichtigen Bestellung ist die Ausgangssituation eine andere. Die Nichtigkeit der Bestellung setzt einen besonders erheblichen Fehler voraus, der einen speziellen, allen anderen Interessen übergeordneten Schutzzweck nach sich zieht, wie etwa die §§ 104, 105 BGB[423].

Wenn man aufgrund eines solch schwerwiegenden Fehlers die anfängliche Nichtigkeit der Bestellung anerkennt, so muss sich dies auch auf die aktienrechtliche Verantwortlichkeit der betreffenden Person auswirken. Hält man die Person für übergeordnet schutzwürdig, so ist die Entlassung aus der Organhaftung die logische Konsequenz. Damit sind die Interessenlagen zwischen einem echten Organwalter und der Gesellschaft und innerhalb eines anfänglich nichtigen Bestellungsverhältnisses höchst unterschiedlich. Während bei ersterem das Interesse an der Haftung seitens der AG höher zu bewerten ist, so verhält es sich im zweiten Falle zumindest teilweise genau umgekehrt. Hier überwiegt zumeist das Interesse des vermeintlichen Vorstandsmitglieds, von der Auferlegung organschaftlicher Rechte und Pflichten verschont zu bleiben. Dies gilt insbesondere für den geschäftsunfähigen Organwalter nach den § 104, 105 BGB[424]. Wem das Gesetz die Fähigkeit abspricht, Rechtsgeschäfte zu tätigen, dem dürfen auch keine organschaftlichen Pflichten kraft faktischer Leitung auferlegt werden. Gleiches gilt auch für deliktsunfähige Personen nach den §§ 827 ff. BGB. Die Haftung faktischer Vorstandsmitglieder nach den Prinzipien der Übernahmeverantwortung ist mithin deliktsähnlich ausgestaltet, so dass auch die Haftungserleichterungen des Deliktsrechts mit einbezogen werden müssen. Mithin kann in diesem Falle § 93 Abs. 2 AktG auf diesen Personenkreis nicht analog herangezogen werden.

Aus den genannten Gründen spricht aber nichts dagegen, § 93 Abs. 2 AktG auf Fälle nichtiger Bestellung anzuwenden, in denen die vermeintlich bestellten Organwalter kein übergeordnetes Schutzinteresse, wie Geschäfts- oder Deliktsunfähigkeit, nachweisen. Wenn faktische Organwalter ihre Tätigkeit

[423] Hartmann, Insolvenzantragspflicht, S. 38.
[424] Hartmann, Insolvenzantragspflicht, S. 38.

ausüben, so müssen sie aufgrund der für die Gesellschaft tatsächlich übernommenen Verantwortung auch für ihr Handeln einstehen.

bb) Willensakte der AG abseits nichtiger Bestellungen

In ähnlicher Weise ist zu verfahren, wenn eine Person ohne jeden Bestellungsakt, aber mit Willen der AG gleich einem Vorstandsmitglied agiert. Es ist konsequent das Prinzip der Übernahmeverantwortung im Gesellschaftsrecht anzuwenden. Wer wie ein Organ handelt, soll auch wie eines haften. Auch verhindert die haftungsrechtliche Gleichstellung faktischer Vorstände mit echten Organmitgliedern mögliche Umgehungsgeschäfte. Müssten faktische Vorstände nicht dieselben Haftungsrisiken fürchten, wie ordnungsgemäß bestellte Organwalter, so bestünde ein tatsächlicher Anreiz, Vorstandsaufgaben zu übernehmen, ohne echtes Vorstandsmitglied zu werden. Dies rechtfertigt die analoge Anwendung des § 93 Abs. 2 AktG auf sonstige faktische Organwalter mit Willensakt der Gesellschaft. Ausnahmen sind hier wieder nur im Falle der Geschäfts- oder Deliktsunfähigkeit zu machen. In diesen Sachlagen überwiegt das Interesse des faktischen Organs an der Schadlosstellung gegen die Ersatzinteressen der betroffenen Aktiengesellschaft.

c) Ergebnis

Das fehlerhaft bestellte Organ haftet unmittelbar aus § 93 Abs. 2 AktG. Denn die Organstellung ist bis zu ihrer Vernichtung mit Wirkung ex nunc wirksam und begründet alle organschaftlichen Rechte und Pflichten. In den Fällen nichtiger Bestellung ist nach der Schutzbedürftigkeit der Beteiligten zu differenzieren. Faktische Organwalter, die voll geschäfts- und deliktsfähig sind, haften analog zu § 93 Abs. 2 AktG. Alle anderen sind von der organschaftlichen Haftung freigestellt. Genauso verhält es sich bei faktischen Organen, die in sonstiger Weise mit Willensakt der Gesellschaft tätig werden. Insgesamt ist daher der Begriff des Willensaktes in zwei Varianten zu unterscheiden: Die erste Variante betrifft die fehlerhafte Organstellung. Hier handeln alle Beteiligten guten Gewissens hinsichtlich der Wirksamkeit der Bestellung zum

Organmitglied. Sie gehen von deren Ordnungsgemäßheit aus und verkennen die Fehlerhaftigkeit. Anders ist bei faktischen Organwaltern außerhalb einer fehlgeschlagenen Bestellung. Hier kennen die Beteiligten in jedem Fall den Mangel der nicht ordnungsgemäßen Bestellung. Das förmliche Bestellungsverfahren wird bewusst umgangen. Würde nämlich ein Bestellungsverfahren durchgeführt, könnte auch nur eine lediglich fehlerhafte Organstellung entstehen. Fehlerhafte Organe handeln daher aufgrund eines guten Willensaktes und faktische Organe aufgrund eines sich gegen die gesetzlichen Vorgaben auflehnenden Willensaktes.

II. Einzelfälle faktischer Organschaft in Abgrenzung zu Fällen der Einflussnahme nach § 117 AktG

Die zweite übergeordnete Fallgruppe betrifft Fälle, in denen Personen ohne jeden Willensakt der AG, sprich ohne jeglichen Bestellungswillen des Aufsichtsrats, Vorstandsfunktionen wahrnehmen. Mitunter gestaltet sich die Abgrenzung zum faktischen Vorstand mit Willensakt der Gesellschaft schwierig. In den folgenden Abschnitten werden Beispiele beider Kategorien aus der Praxis hinsichtlich ihrer möglichen Einordnung als faktische Organe näher dargestellt:

1. Strohmannfälle und Umgehungsgeschäfte

Eine gewichtige Unterfallgruppe stellen sogenannte Strohmänner dar[425]. Dabei handelt es sich in diesem Zusammenhang um Personen, die als ordentliche Vorstände bestellt sind, jedoch ihre Tätigkeit nach strikten Anweisungen eines Hintermanns ausüben[426]. Dieser Hintermann kann oder will aus verschiedensten Gründen nicht selbst als Vorstand tätig werden und bedient sich zur Durchsetzung seiner Interessen eines Strohmanns[427]. Beispielhaft sei die Umgehung von Bestellungsverboten aus § 76 Abs. 3 AktG genannt. Fraglich ist,

[425] Hierzu ausführlich: Stein, Das faktische Organ, S. 152 ff.; Hartmann, Insolvenzantragspflicht, S. 103, 115 f.; zur strafrechtlichen Problematik vgl. Gross, strafrechtliche Verantwortlichkeit, S. 173 ff.
[426] Stein, Das faktische Organ, S. 152; Hartmann, Insolvenzantragspflicht, S. 115.
[427] Stein, Das faktische Organ, S. 152; Hartmann, Insolvenzantragspflicht, S. 115.

inwieweit dieser Hintermann als faktischer Vorstand anzusehen ist. Die Tätigkeit des Hintermannes ist zunächst als vorsätzliche Einflussnahme auf den echten Vorstand einzustufen. Denn wer sich eines Strohmanns bedient, will stets seine eigenen Interessen verdeckt und unerkannt durchsetzen. Dies geschieht in finaler und bewusster Weise. Wird durch diese Art der Einflussnahme auch zumindest bedingt vorsätzlich ein Schaden herbeigeführt, so ist der Tatbestand nach § 117 AktG erfüllt. Hier ist kein Rückgriff auf eine analoge Anwendung des § 93 Abs. 2 AktG geboten.

Anders ist zu verfahren, wenn der Strohmann zwar bewusst eingesetzt, die ihm erteilten Weisungen aber nur fahrlässig zu einem Schaden führen. § 117 AktG findet hier mangels Doppelvorsatzes bezüglich Einflussnahme und Schadensverursachung keine Anwendung. Hier ist ein Rückgriff aus § 93 Abs. 2 AktG angezeigt. Denn der Hintermann übernimmt kraft seiner Weisungen gegenüber seinem Strohmann die tatsächliche Verantwortung für die Unternehmensleitung. Wer diese Verantwortung übernimmt, muss sie spiegelbildlich auch in haftungsrechtlicher Hinsicht tragen.

2. Arbeitnehmer als faktische Organe?

Die Problematik faktischer Organschaft kann auch im Zusammenhang mit Arbeitnehmern der Gesellschaft auftreten[428]. Dies ist immer dann der Fall, wenn Angestellte Vorstandsaufgaben faktisch ausführen, ohne aktienrechtlich bestellt zu sein. Dies kann vor allem bei Prokuristen und Generalbevollmächtigten vorkommen, da sie kraft ihrer Vollmachten im besonderen Maße die Geschicke der Gesellschaft mitgestalten können. Diesen Einfluss können diese Personen mit und ohne Willensakt der Gesellschaft ausüben. Denn es ist möglich, dass sich die Gesellschaft mit dem organgleichen Handeln eines Arbeitnehmers einverstanden erklärt. Denkbar ist aber auch, dass ein Arbeitnehmer stetig aufgrund seiner Tätigkeit in eine organgleiche, bzw. vorstandsgleiche Stellung kontinuierlich hineinwächst[429].

---

[428] Dinkhoff, faktischer Geschäftsführer, S. 109.
[429] BGE 117 II 432; Hartmann, Insolvenzantragspflicht, S. 39.

Das schweizerische Bundesgericht hat bereits die organschaftliche Haftung nach Art. 754 OR einer Prokuristin bejaht[430]. Zwangsläufig stellt sich daher auch bei diesen Personen die Frage nach einer faktischen Organstellung und ob sie nach deutschem Recht gefahrlaufen, gleich einem Organ in Anspruch genommen zu werden.

a) Die Rolle von Prokuristen

Zunächst soll der Blick auf die Stellung von Prokuristen gerichtet werden.

aa) Rechtsnatur und Umfang der Prokura

Rechtsdogmatisch handelt es sich bei der Prokura um eine rechtsgeschäftliche Vertretungsmacht[431]. Nach § 49 Abs. 1 HGB berechtigt die Prokura zu allen gerichtlichen und außergerichtlichen Geschäften und Rechtshandlungen, die der Betrieb eines Handelsgewerbes mit sich bringt. Eine Einschränkung sieht das Gesetz jedoch für Grundstücksgeschäfte vor. § 49 Abs. 2 HGB schreibt vor, dass der Prokurist zur Belastung und Veräußerung von Grundstücken nur mit einer besonderen Befugnis berechtigt ist. Ausgenommen sind dabei sogenannte Grundlagengeschäfte, wie Veräußerung, Verpachtung oder Einstellung des Geschäftsbetriebs[432]. Diese Einschränkung ergibt sich aus dem Wortlaut des § 48 Abs. 1 HGB. Derartige Handlungen gehören nicht zum „Betrieb" eines Handelsgewerbes[433]. Besonders zu erwähnen ist an dieser Stelle, dass der Prokurist zu allen Geschäften ermächtigt ist, die „ein Handelsgewerbe" mit sich bringt. Das Gesetz verlangt nicht, dass das jeweilige Geschäft auch tatsächlich zum Tätigkeitskreis des Prinzipals gehört.

---

[430] BGE 117 II 432.
[431] Brox, NJW 1967, S. 801; Canaris, HandelsR, § 12 Rn. 1.
[432] Canaris, HandelsR, § 12 Rn. 13.
[433] Canaris, HandelsR, § 12 Rn. 13.

Wie bei allen rechtsgeschäftlichen Vollmachten [434] ist auch bei der Prokuraerteilung zwischen Grundverhältnis und Prokura zu unterscheiden. Diese wirken abstrakt voneinander[435].

bb) Die rechtliche Stellung des Prokuristen im Unternehmen

In der Regel sind zwischen einem Prokuristen und dem Prinzipal zwei Rechtsverhältnisse zu unterscheiden. Meistens handelt es sich bei Prokuristen um Arbeitnehmer des Prinzipals im Sinne der §§ 611 ff. BGB[436]. Parallel wird diesem seitens des Unternehmens die Prokura nach Maßgabe der §§ 48 ff. eingeräumt. Wie jede rechtsgeschäftliche Vertretungsmacht, ist auch die Prokura von anderen Rechtsverhältnissen zwischen Bevollmächtigten und Vollmachtgeber abstrakt[437]. Prokura und Arbeitsverhältnis bedingen sich nicht in ihrer Wirksamkeit[438].

cc) Konsequenzen für die Stellung als faktisches Organ

Die Konsequenzen für eine mögliche faktische Organschaft des Prokuristen werden anhand eines Vergleichs mit der rechtlichen Stellung eines echten Organwalters deutlich. Ob der umfassenden Vertretungsmacht und der Unwirksamkeit von Beschränkungen im Außenverhältnis nach § 50 HGB ist der Prokurist im Innenverhältnis an die Weisungen des Prinzipals gebunden und diesem für seine Handlungen Rechenschaft schuldig[439].

Die Funktion des Prinzipals übt in der AG der Vorstand kraft seiner umfassenden Leitungsfunktion aus. Das Weisungsrecht gegenüber dem Prokuristen als Arbeitnehmer ergibt sich aus § 106 GewO. Zu bedenken ist auch, dass die Prokura zwar die umfassendste aller Vollmachten ist, sie aber nicht zu Grundlagengeschäften ermächtigt. Ferner stehen echte Organe an der Spitze der

[434] Palandt/*Heinrichs*, BGB, vor § 164 Rn. 2.
[435] Palandt/*Heinrichs*, BGB, vor § 164 Rn. 2.
[436] Ebenroth/Boujong/Joost/*Weber*, HGB, § 48 Rn. 30 f.
[437] Ebenroth/Boujong/Joost/*Weber*, HGB, § 48 Rn. 32.
[438] Ebenroth/Boujong/Joost/*Weber*, HGB, § 48 Rn. 32.
[439] Baumbach/Hopt/*Hopt*, HGB, § 48 Rn. 7; § 50 Rn. 1.

Unternehmensverwaltung. Sie sind nur in äußerst begrenztem Umfange an Weisungen der Aktionäre oder des Aufsichtsrats gebunden. Aufgrund der Weisungsabhängigkeit des Prokuristen gegenüber dem Prinzipal fehlt es dem Prokuristen trotz seiner Vertretungsmacht an der Möglichkeit zur maßgeblichen Beeinflussung des Unternehmens. Ferner kann einem Prokuristen auch jederzeit die Prokura gemäß § 52 Abs. 1 HGB ohne Angaben von Gründen wieder entzogen werden. Auch dies reduziert den Einfluss eines Prokuristen erheblich.

Ein weiterer Aspekt ist dabei die Korrigierbarkeit der Entscheidungen des Prokuristen. Aufgrund der Weisungsgebundenheit des Prokuristen im Innenverhältnis sind dessen Entscheidungen durch die echten Organe jederzeit veränderbar und korrigierbar, es sei denn, der Prokurist hat im Außenverhältnis im Rahmen seiner Befugnisse nach den §§ 49, 50 HGB gehandelt. Wesen des Organs ist jedoch die absolute Autonomie in den Entscheidungen, es sei denn, das Gesetz ordnet diese in irgendeiner Form an.

Als Gegenargument könnte man jedoch die Tatsache anführen, dass die Handlungen eines Prokuristen nach außen den Prinzipal grundsätzlich binden, dieser daher nicht die Maßnahme korrigieren kann. Dem ist jedoch entgegenzuhalten, dass ein Auftreten nach außen entgegen der Rechtsprechung kein Kriterium zur Begründung einer faktischen Organstellung sein kann[440]. Anders ist die Sachlage zu beurteilen, wenn der Prokurist eine überragende Stellung im Unternehmen einnimmt, die einer Organfunktion gleichkommt. Das Bundesarbeitsgericht hat betont, dass sich ein Prokurist hinsichtlich seiner Verantwortlichkeit gegenüber dem Arbeitgeber in einer derartigen Situation gerade nicht auf seine Weisungsabhängigkeit und der einseitigen Risikolast auf Seiten des Arbeitgebers berufen kann[441]. Ein Arbeitnehmer und Prokurist, der die Stellung eines alleinigen Geschäftsführers innehabe, müsse dafür Sorgen, das die Vermögenswerte des Arbeitgebers ohne vermeidbare Schädigung

[440] Siehe 2. Kapitel, C. III. u. IV.
[441] BAG AP Nr. 60 zu § 611 BGB.

behandelt werden[442]. Bei Verletzungen dieser Pflicht soll der betreffende Prokurist aus Verletzung des Anstellungsvertrages haften[443].

Der Ansatz des Bundesarbeitsgerichts[444] kommt dem Grundgedanken der faktischen Organschaft sehr nahe, ohne ihn explizit auszusprechen. Der Fall betraf einen Prokuristen, der das Unternehmen des Arbeitgebers nahezu allein und selbständig führte. Auf diese Weise übte der Prokurist massiven Einfluss auf die Gesellschaft durch Maßnahmen der Geschäftsführung aus. Damit ist das entscheidende Kriterium zur Begründung einer faktischen Organstellung, die erhebliche Einflussnahme auf die Gesellschaft, erfüllt. Es bleibt die Frage nach den haftungsrechtlichen Konsequenzen. Das Bundesarbeitsgericht geht davon aus, dass der Prokurist aufgrund seiner überragenden Stellung im Unternehmen das wirtschaftliche Risiko seines Handelns nicht einseitig auf den Arbeitgeber übertragen kann[445]. Im Umkehrschluss bedeutet das, dass der Prokurist am wirtschaftlichen Risiko zu beteiligen ist. Die Beteiligung fällt umso höher aus, desto stärker der Einfluss des Prokuristen ist. Ist dieser nun allein faktischer Geschäftsführer, so trägt er auch maßgeblich das wirtschaftliche Risiko seiner Entscheidungen. In diesem Zusammenhang ist es fraglich, ob allein der Rückgriff auf eine Schadensersatzpflicht wegen Verletzung des Arbeitsvertrages interessengerecht ist. Diese zielt konkret auf die Pflichten als Arbeitnehmer ab. Das Haftungsrecht des Arbeitnehmers ist jedoch insbesondere durch die Rechtsprechung des Bundesarbeitsgerichts gegenüber den üblichen zivilrechtlichen Gepflogenheiten hinsichtlich der Risikoverteilung stark modifiziert worden. Zu nennen ist hier die Regelung über den innerbetrieblichen Schadensausgleich[446].

Diese Arbeitnehmerhaftung ist bei Prokuristen mit überragendem Einfluss auf die Gesellschaft nicht interessengerecht. Hier können Haftungslücken entstehen. Bei der vorsätzlichen Schädigung der Gesellschaft greift die Haftung aus § 117

[442] BAG AP Nr. 60 zu § 611 BGB.
[443] Großkomm. HGB/*Joost,* § 48 Rn. 145; Spitzbarth, Vollmacht, S. 102.
[444] BAG AP Nr. 60 zu § 611 BGB.
[445] BAG AP Nr. 60 zu § 611 BGB.
[446] BAG, NJW 1995, S. 210; BGH, NJW 1969, S. 1380; Dütz, ArbR, Rn. 198 f; Hromadka/Maschmann, ArbR I, § 9 Rn. 25 ff.; Wollenschläger, ArbR, Rn. 299.

AktG. Problematisch sind aber hier wieder die Kombinationen aus vorsätzlicher Beeinflussung und fahrlässiger Schädigung. Zumindest bei einfacher und mittlerer Fahrlässigkeit trägt der Arbeitgeber, sprich die Gesellschaft, entweder den gesamten Schaden oder zumindest große Teile desselben[447]. Führt man den Gedankengang des Bundesarbeitsgerichts konsequent zu Ende, so entsteht eine organgleiche Einstandspflicht des Prokuristen für sein Handeln. So hat es, wie eingangs erwähnt, das schweizerische Bundesgericht entschieden[448]. Somit ist auch in Deutschland ein Prokurist in überragender Stellung ein faktisches Organ mit der haftungsrechtlichen Konsequenz des § 93 Abs. 2 AktG.

b) Der Generalbevollmächtigte

Es ist auch möglich, einer Person eine umfassende Vollmacht für alle gerichtlichen und außergerichtlichen Geschäfte zu erteilen. Man spricht dabei von einer Generalvollmacht[449]. Diese unterliegt den einfachen Regeln für eine rechtgeschäftliche Vollmacht nach den §§ 164 ff. BGB. Sie darf allerdings nicht die unübertragbare organschaftliche Vertretungsmacht beinhalten[450]. Sie soll in der betriebsinternen Hierarchie höher als die Prokura stehen[451]. Einige Stimmen verlangen sogar die Eintragung der Generalvollmacht in das Handelsregister analog zu § 53 HGB[452], was jedoch von der herrschenden Lehre abgelehnt wird[453]. Die Probleme sind hier aufgrund des Umfangs der Vertretungsmacht ähnlich gelagert, wie beim Prokuristen. Die Vollmacht ist grundsätzlich jederzeit nach § 168 BGB widerruflich[454]. Auch der Generalbevollmächtigte ist im Innenverhältnis an Weisungen der Unternehmensleitung gebunden. Daher kommt, wie im Falle von Prokuristen, eine faktische Organstellung immer dann

[447] BAG NJW 1995, S. 210; Dütz, ArbR, Rn. 198 f; Hromadka/Maschmann, ArbR I, § 9 Rn. 25 ff.; Wollenschläger, ArbR, Rn. 299.
[448] BGE 117 II 432.
[449] Ebenroth/Boujong/Joost/*Weber*, vor § 48 Rn 4 ff.; Spitzbarth, Vollmacht, S. 111; MüKo HGB/*Lieb/Krebs*, vor § 48 Rn. 78 ff.
[450] BGHZ, 36, S. 295; BGH, NJW 1977, S. 199.
[451] Baumbach/Hopt/*H*opt, HGB, vor § 48 Rn. 2.
[452] Baumbach/Hopt/*Hopt*, HGB, § 8 Rn. 5, vor § 48 Rn. 2.
[453] Spitzbarth, BB 1962, S. 851; Hübner ZHR 143 (1979), S. 1; Joussen, WM 1994, S. 273.
[454] Palandt/*Heinrichs*, § 168 Rn. 5.

in Betracht, wenn der Generalbevollmächtigte wesentliche Teile der Leitung des Unternehmens an sich zieht.

c) Leitende Angestellte im arbeitsrechtlichen Sinne

Eine Zwischenstellung zwischen Arbeitgebern und Arbeitnehmern nehmen leitende Angestellte in einem Unternehmen war[455]. Bei ihnen besteht deshalb die Gefahr, dass sie bei der Ausübung bestimmter Tätigkeiten den Bereich des Arbeitnehmers verlassen und bei der Wahrnehmung arbeitgebertypischer Aufgaben faktisch zu Organwaltern werden. Um diese Problematik erörtern zu können soll, zunächst der Begriff des leitenden Angestellten näher beleuchtet werden. Der Begriff des leitenden Angestellten ist dabei sehr facettenreich und wird höchst unterschiedlich verwendet[456].

aa) Der betriebsverfassungsrechtliche Ansatz

Eine gesetzliche Definition des leitenden Angestellten findet sich in § 5 Abs. 3 S. BetrVG. Diese Norm stellt einen Katalog von Einzelmerkmalen auf. Als besonders bedeutend sind die selbständige Einstellung und Entlassung von Arbeitnehmern, umfangreiche Vollmachten in Form von Prokura oder Generalvollmacht und die wesentliche Freiheit von Weisungen zu nennen.

bb) Der leitende Angestellte im Schrifttum

Der Begriff des leitenden Angestellten wird auch im Schrifttum uneinheitlich beantwortet[457]. Nach *Hromadka* ist leitender Angestellter, wer als Arbeitnehmer für Bestand und Entwicklung des Unternehmens bedeutende Aufgaben ausführt[458]. *Schaub* hingegen stellt unmittelbar auf die Wahrnehmung typischer

---

455 Sandmann, Arbeitnehmerhaftung, S. 500 ff.; Martens, leitende Angestellte, S. 17 ff.
456 BAG AP Nr. 1 zu § 5 BetrVG; Sandmann, Arbeitnehmerhaftung, S. 500.
457 Hromadka, leitende Angestellte, S. 336; Schaub, ArbR, § 14 III 1, Rn. 30; Sandmann, Arbeitnehmerhaftung, S. 500 ff.
458 Hromadka, leitende Angestellte, S. 336.

Unternehmerfunktionen mit eigenem großem Entscheidungsermessen ab[459]. *Loritz* hält Personalhoheit für notwendig, sprich der leitende Angestellte darf Arbeitnehmer einstellen oder entlassen[460].

cc) Auswirkungen auf eine faktische Organstellung

Unabhängig davon, welche Definition des leitenden Angestellten man zugrunde legt. Allen ist eines gemeinsam: Die finale Weisungsgebundenheit gegenüber dem Arbeitgeber. Auf diese Weise ist er Erfüllungsgehilfe nach § 278 BGB hinsichtlich der Pflichten der Gesellschaft gegenüber Dritten. Im Innenverhältnis obliegt es dem echten Organ, in der Aktiengesellschaft dem Vorstand, die leitenden Angestellten zu lenken und zu überwachen. Wie oben dargelegt, ist das einzige Kriterium zur Begründung einer faktischen Organstellung die spiegelbildliche Einflussnahme auf die Aktiengesellschaft gleich einem echten Organ. Dies ist aufgrund des Vorhandenseins gegenüber dem leitenden Angestellten übergeordneter Stellen in Form des Vorstands grundsätzlich nicht möglich. Delegiert beispielsweise ein Vorstandsmitglied erhebliche Teile seines Geschäftsbereichs an einen leitenden Angestellten, so handelt es sich möglicherweise um ein Fehlverhalten des jeweiligen Organwalters, nicht aber des leitenden Angestellten. Denn dieser führt in diesen Fällen lediglich dessen Anweisungen aus, wozu er aufgrund seiner Arbeitnehmerstellung verpflichtet ist. Faktische Organschaft kann hier nur in Verbindung mit einer Generalvollmacht oder Prokura in Verbindung mit einer überragenden, organgleichen Stellung im Unternehmen entstehen.

d) Die Auswirkungen sonstiger rechtsgeschäftlicher Vertretungsmacht

Daneben kommen noch andere Vollmachtsarten in Betracht. Eine Person kann für einzelne oder für eine bestimmte Gattung von Geschäften bevollmächtigt werden. Der einzeln Bevollmächtigte kommt nicht als faktisches Organ in

[459] Schaub, ArbR, § 14 III 1, Rn. 30.
[460] Zöllner/Loritz/*Loritz*, ArbR, § 5 III 4.

Betracht. Ihm fehlt in jedem Fall die Möglichkeit zur maßgeblichen Beeinflussung der Gesellschaft.

e) Zusammenfassung zur Stellung von Arbeitnehmern

Sämtliche Arbeitnehmer einer AG sind grundsätzlich keine faktischen Organe dieser. Aufgrund des Weisungsrechts des Arbeitgebers aus § 106 GewO sind die Entscheidungen und Maßnahmen des Arbeitnehmers stets durch den Arbeitgeber, hier die AG, korrigierbar. Dies gilt auch für leitende Angestellte. Auch, wenn sie in einzelnen Bereichen Arbeitgeberfunktionen wahrnehmen, so reicht dies nicht aus, um ihnen faktische Organeigenschaften zuzusprechen. Denn auch sie sind letztlich aufgrund ihres Arbeitsvertrages und des allgemeinen Weisungsrecht des Arbeitgebers dessen Willen unterworfen, der wiederum durch ihre echten Organe ausgeübt wird. Dem Arbeitnehmer fehlt es an der für Organwalter typischen Weisungsungebundenheit des § 76 Abs. 1 AktG. An dieser grundsätzlichen Einstufung ändern auch Prokura oder sonstige rechtsgeschäftliche Vollmachten nichts. Etwas anderes gilt jedoch, sobald ein Arbeitnehmer eine derart überragende Stellung im Unternehmen einnimmt, dass er die Geschicke der Gesellschaft organgleich bestimmt. Dann sind ausnahmsweise die Grundsätze der faktischen Organschaft anzuwenden, um arbeitnehmeruntypische Haftungslücken zu schließen. Unter diesen qualifizierten Umständen läuft gegenwärtig auch ein Arbeitnehmer Gefahr, als faktisches Organ zu haften.

3. Die aktienrechtliche Verantwortung außenstehender Personen und Unternehmen

Näher zu beleuchten ist auch die Rolle von Personen und Organisationen, welche die AG von außen beeinflussen[461].

[461] Vgl. hierzu: Fleischer, AG 2004, S. 517 (526 ff.); Hartmann, Insolvenzantragspflicht, S. 40 m. w. N., 131 ff.; zur strafrechtlichen Problematik siehe: Gross, strafrechtliche Verantwortlichkeit, S. 169.

a) Die Rolle von Banken

Banken knüpfen an die Vergabe von Darlehen häufig die Erfüllung bestimmter Auflagen. Dadurch wird der Vorstand in seiner Leitungsmacht deutlich eingeschränkt. Er ist nicht mehr unabhängiger Leiter der AG, da er sich die Erfüllung von Drittinteressen, hier der Bank, zur Aufgabe machen muss. Daher wird im Schrifttum diskutiert, ob auf diese Weise der Kreditgeber eine faktische Organstellung erlangt[462].

Der Einfluss, den eine Bank auf diese Weise auf ein Unternehmen ausübt, kann sehr hoch sein. Dies wird deutlich, wenn man sich die wirtschaftlichen Folgen eines verweigerten Darlehens vor Augen führt. Kredite sind erforderlich, um Investitionen zu tätigen, um so mittel- bis langfristig die Existenz des Unternehmens zu sichern. Nicht selten werden Darlehen aber auch dringend benötigt, um die drohende Insolvenz abzuwenden oder das Unternehmen zu sanieren [463]. Es fragt sich jedoch, ob dieser Einfluss ausreicht, die Unternehmensleitung in ihrer Autonomie derart einzuschränken, dass die Bank im maßgeblichen Sinne die Kontrolle über das Unternehmen ausübt. Darlehen werden nach den §§ 488 ff. BGB im Wege des Vertrages vergeben.

Ein Vertrag setzt dabei bekanntlich mindestens zwei übereinstimmende Willenserklärungen voraus[464]. Die Rechte und Pflichten der Parteien ergeben sich allein aus dem Inhalt des Vertrages. Dieser kann unter Umständen auch Klauseln hinsichtlich der zukünftigen Gestaltung des Unternehmens beinhalten. An dieser Stelle kommt es darauf an, wie intensiv die Beziehung zwischen Bank und der darlehensnehmenden Gesellschaft ausgestaltet ist. Es ist nicht ausgeschlossen, dass der unternehmerische Spielraum aufgrund der Darlehensabrede dergestalt eingeengt wird, dass faktisch die Bank bzw. deren Vertreter organähnlichen Einfluss ausüben. Übt ein Kreditgeber vorsätzlich

[462] Hartmann, Insolvenzantragspflicht, S. 40 f. m. w. N., 134 f.; Himmelsbach/Achsnick, NZI 2003, S. 355 ff.; Fleischer, AG 2004, S. 517 (527).
[463] Himmelsbach/Achsnick, NZI 2003, S. 355 ff.; Hartmann, Insolvenzantragspflicht, S. 131; Fleischer, AG 2004, S. 517 (527).
[464] Larenz/Wolf, BGB AT, § 29 Rn. 8 ff.; Bork, BGB AT, Rn. 700 ff.

Einfluss aus und verursacht dadurch vorsätzlich auch einen Schaden, so greift § 117 AktG unmittelbar ein[465]. Es ist aber nicht ausgeschlossen, dass die Bank aufgrund ihres Handelns fahrlässig einen Schaden verursacht. Allerdings ist es eine wesentliche vertragliche Nebenpflicht einer Bank im Sinne des § 241 Abs. 2 BGB, bei der Ausgestaltung eines Darlehens auf die Belange des Darlehensnehmers Rücksicht zu nehmen. Hierzu gehört es auch, nicht die faktische Leitung der Gesellschaft an sich zu reißen. Ein Verstoß hiergegen würde zu einem Schadensersatzanspruch wegen der Verletzung vertraglicher Nebenpflichten aus § 280 Abs. 1 BGB führen. Diese Haftung erfasst Vorsatz und Fahrlässigkeit[466]. Das Handeln der Vertreter der Bank, namentlich deren Organe und Angestellte, wird der Bank über § 278 BGB zugerechnet. Die Rechte und Pflichten aus dem Darlehensvertrag gehen in diesem Fall der Figur der faktischen Organschaft vor. Hinzu kommt, dass eine Bank als solche schon technisch kein faktisches Organ sein kann. Wie die §§ 76 Abs. 3, 100 AktG und § 6 Abs. 2 GmbHG zeigen, kann Organ nur eine natürliche Person sein[467]. Wenn das faktische Organ spiegelbildlich zum echten Organ zu betrachten ist, so muss dieses Erfordernis auch auf faktische Organe übertragen werden. Insofern ist der Rechtsprechung[468] zuzustimmen. Ist die betreffende Bank selbst eine juristische Person, so kann sie kein faktisches Organ sein. Hier kommen wiederum mittelbar nur deren Organe als faktische Organe der darlehensnehmenden Gesellschaft in Betracht. Bei einzelkaufmännisch oder in Form der OHG geführten Banken mag dies anders zu beurteilen sein.

Ferner kann es zu Spannungen zwischen öffentlich-rechtlichen Pflichten der Bank und unbefugter Einflussnahme kommen. *Himmelsbach* und *Achsnick* verweisen in diesem Zusammenhang auf die Beobachtungspflichten der Bank aus § 18 KWG[469]. Wenn eine Bank nach dieser Vorschrift verpflichtet ist, sich fortlaufend die wirtschaftlichen Verhältnisse des Darlehensnehmers dokumentieren zu lassen und Verstöße nach § 56 Abs. 3 Nr. 4 KWG eine

---

[465] Brüggemeier, AG 1988, 93 (95); Heidel/*Walchner*, AktG, § 117 Rn. 6.
[466] Palandt/*Heinrichs*, § 276 Rn. 5.
[467] BGHZ 150, S. 61 (68).
[468] BGHZ 150, S. 61 (68).
[469] Himmelsbach/Achsnick, NZI 2003, S. 355 (356).

Ordnungswidrigkeit darstellen, so könne aus den regelmäßigen Beobachtungen und Vorlagepflichten keine faktische Organstellung entstehen[470].

Nach diesen Erörterungen steht fest, dass eine Bank als solche nicht faktisches Organ sein kann. Anders ist die Sachlage bezüglich der Vertreter der Bank zu beurteilen. Diese sind natürliche Personen und kommen daher prinzipiell als faktische Organwalter in Betracht. Wenn diese nun kraft ihres Einflusses der darlehensnehmenden Gesellschaft Schaden zufügen, kann die Figur faktischer Organschaft mit ihren haftungsrechtlichen Konsequenzen zum Tragen kommen[471]. *Hartmann* nimmt dies ausschließlich für Fälle an, in denen Angehörige der Bank auch nach außen in geschäftsführender Funktion auftreten[472]. Diese Einschränkung ist damit zu erklären, dass *Hartmann* grundsätzlich ein organgleiches Verhalten im Außenverhältnis zur Begründung einer faktischen Organstellung als erforderlich ansieht[473].

Anders ist die Sachlage zu beurteilen, wenn man auf das Merkmal des Auftretens nach außen verzichtet. Zu den Vertretern der Bank unterhält die Gesellschaft keine vertragliche Beziehung, die einer faktischen Organstellung vorgeht. Die schuldrechtliche und zur Haftung führende Sonderverbindung kann unter Umständen erst durch die Figur faktischer Organschaft hergeleitet werden. *Fleischer* nimmt eine Stellung als faktisches Vorstandsmitglied erst an, sobald der betreffende Vertreter der Bank die gesamte Regelung der finanziellen Belange der Darlehensnehmerin an sich zieht[474]. Freilich dürfte im konkreten Fall das Interesse der geschädigten Gesellschaft an der Inanspruchnahme der Bank größer sein als hinsichtlich ihrer Vertreter. Diese praktischen Überlegungen sind aber strikt von der rechtlichen Seite des Problems zu trennen.

---

[470] Himmelsbach/Achsnick, aaO.
[471] Fleischer, AG 2004, S. 517 (527).
[472] Hartmann, Insolvenzantragspflicht, S. 134.
[473] Hartmann, Insolvenzantragspflicht, S. 134.
[474] Fleischer, AG 2004, S. 517 (527).

b) Die aktienrechtliche Verantwortung externer Berater

Häufig bedienen sich große Unternehmen externen Sachverstandes zur Lösung ihrer internen Probleme[475]. Dabei kann es zu einer wortgetreuen Umsetzung der Beratervorschläge durch den Vorstand kommen. Daher ist auch hier zu fragen, ob durch eine derartige Einflussnahme auf die AG eine faktische Organstellung durch externe Berater entstehen kann[476].

Auch diese Frage ist anhand des Kriteriums der maßgeblichen Beeinflussungsmöglichkeit der Gesellschaft zu beantworten. Unternehmensberater analysieren im Auftrag ihrer Kunden das jeweilige Unternehmen und erteilen auf dieser Basis Ratschläge zur Verbesserung der jeweiligen Geschäftstätigkeit. Die beratene Gesellschaft ist nicht verpflichtet, die Vorschläge des Beraters auch umzusetzen. Die Übernahme der Anregungen seitens des Beraters ist eine autonome Entscheidung des Vorstands der AG. Niemand kann ihm diese Entscheidung abnehmen oder sie mit rechtlichen Instrumenten beeinflussen. Wesentliches Merkmal des faktischen Vorstands ist jedoch die Handlung gleich Organ mit den entsprechenden rechtlichen und wirtschaftlichen Einflussmöglichkeiten. Wie bereits zur Frage der faktischen Organschaft eines Arbeitnehmers erörtert[477], zeigt sich die Beeinflussungsmöglichkeit der Gesellschaft auch in der eingeschränkten Korrigierbarkeit der durch den faktischen Organwalter getroffenen Entscheidungen. Vor diesem Hintergrund ist die Eigenschaft eines externen Beraters als faktisches Organ der AG grundsätzlich zu verneinen[478].

Erstens trifft ein Berater überhaupt keine Entscheidungen, er ist bei der Entscheidungsfindung lediglich behilflich[479]. Zweitens liegt die letzte Kontrolle

---

[475] Spindler/Stilz/*Fleischer,* AktG, § 93 Rn. 185; Fleischer, AG 2004, S. 517 (527); Hartmann, Insolvenzantragspflicht, S. 40 ff. m. w. N., 136 ff.; Dinkhoff, faktischer Geschäftsführer, S. 109 m. w. N.

[476] Dinkhoff, faktischer Geschäftsführer, S. 109 m. w. N.

[477] Siehe 3. Kapitel, A. II. 2.

[478] Fleischer, AG 2004, S. 517 (527) m. w. N.; Dinkhoff, faktischer Geschäftsführer, S. 109 m. w. N.

[479] Fleischer, AG 2004, S. 517 (527) m. w. N.; Dinkhoff, faktischer Geschäftsführer, S. 109.

der unterbreiteten Vorschläge und der auf diesen basierenden unternehmerischen Entscheidungen allein bei dem geschäftsführenden Organ der AG, dem Vorstand. An dieser Tatsache ändert auch eine wortgetreue, ja gerade zu sklavische Umsetzung der Beratungsergebnisse nichts. Ob sich ein Vorstand durch ein derartiges Verhalten gegenüber der Gesellschaft haftbar macht, ist ein anderes Thema. Daher ist die Gefahr der Begründung einer Stellung als faktischer Vorstand durch Berater eher gering einzuschätzen[480].

4. Der einzelne Aktionär als faktisches Organ

Problematisch ist ebenfalls die rechtliche Bewertung der Einflussmöglichkeiten einzelner Aktionäre. Ausgangspunkt der Überlegungen ist § 118 AktG. Nach dieser Vorschrift üben Aktionäre ihre Rechte in der Hauptversammlung aus. Zu betonen ist an dieser Stelle, dass der Aktionär seine Rechte ausschließlich in der Hauptversammlung ausübt. Zentraler Aspekt ist in diesem Zusammenhang die Stimmrechtsausübung durch den Aktionär. Die Frage lautet, ob ein einzelner Aktionär durch die Ausübung seines Stimmrechts eine faktische Organstellung begründen kann. Zur Beantwortung dieser Frage ist eine genauere Analyse der Möglichkeit der Einflussnahme durch Aktionäre mittels Stimmrechtsausübung erforderlich. Es ist insbesondere zu erörtern, auf welchen Gebieten die Aktionäre ein Mitspracherecht haben und wie weit dieses im Einzelfall reicht. Daneben sind auch andere, gesetzlich nicht vorgesehene, Einflussmöglichkeiten von Aktionären außerhalb der Hauptversammlung zu beleuchten.

a) Übersicht über die Einflussmöglichkeiten des Aktionärs nach Höhe des Anteils

Zunächst ist der Blick auf die durch das AktG festgelegten Quoren bei bestimmten Abstimmungen zu nehmen. Beispielhaft statt vieler sei die nach § 179 Abs. 2 AktG erforderliche Dreiviertelmehrheit für Satzungsänderungen genannt. Dies ist das stärkste Quorum des Aktiengesetzes. Hier ist es einem Aktionär möglich, kraft seiner Mehrheit Satzungsänderungen auf der

[480] Fleischer, AG 204, S. 51 (527); Dinkhoff, faktischer Geschäftsführer, S. 109 m. w. N.

Hauptversammlung vorzuschlagen und sie allein durchzusetzen. Dadurch wird der Aktionär aber nicht zum faktischen Vorstand. Denn der echte Vorstand hat zwar die Satzung zu beachten. Aufgrund § 76 Abs. 1 AktG bleibt er aber in der Geschäftsleitung autonom. Wenn das Gesetz für die Hauptversammlung bestimmte qualifizierte Mehrheiten festlegt und der Aktionär diese erfüllt, so nimmt er lediglich seine gesetzlichen Rechte war. Es wäre verfehlt, hieraus automatisch eine faktische Organschaft zu konstruieren. Diese Überlegungen gelten erst recht für Aktionäre, welche die Anforderungen an geringere Quoren erfüllen.

Nicht ausgeschlossen sind jedoch Fälle, in denen der Aktionär seine Macht missbraucht. Tut er dies vorsätzlich und führt vorsätzlich einen Schaden herbei, so haftet er aus §117 AktG[481]. § 117 AktG ist nicht anzuwenden, wenn der Einfluss zwar vorsätzlich ausgenutzt, der Schaden aber nur fahrlässig herbeigeführt wird. Hier kommt eine analoge Anwendung des § 93 Abs. 2 AktG in Betracht. Dies ist anhand der im 2. Kapitel dargestellten allgemeinen Kriterien festzumachen. Daher kommt eine faktische Organstellung des Aktionärs nur aufgrund der Erfüllung abstrakter Kriterien für faktische Organschaft in Frage, nicht aber aufgrund seiner Eigenschaft als Aktionär.

b) Die Begründung faktischer Organschaft aufgrund überwiegender Beteiligung

Anhand der Ergebnisse obiger Darstellung ist unter Bezugnahme auf die zuvor abstrakt festgemachten Kriterien[482] die Möglichkeit faktischer Organschaft eines Aktionärs zu bejahen oder zu verneinen. Besondere Aufmerksamkeit ist dabei dem Alleingesellschafter zu widmen. Für den Alleingesellschafter oder einen Gesellschafter mit überwiegender Beteiligung in der GmbH ist faktische Organschaft in Form der faktischen Geschäftsführung an einigen Stellen anerkannt worden[483]. In Bezug auf die Wechselwirkung zwischen Gesellschafter

[481] Heidel/*Walchner*, AktG, § 117 Rn. 6.
[482] Siehe 2. Kapitel, C.
[483] Dinkhoff, faktischer Geschäftsführer, S.18 f. m. w. N.; Hartmann, Insolvenzantragspflicht, S. 123.

und Geschäftsleitung besteht zwischen der GmbH und der AG ein zentraler Unterschied: Der Geschäftsführer der GmbH ist nach § 37 GmbHG an die Weisungen der Gesellschafter zumindest im Innenverhältnis gebunden[484]. Diese Norm gibt den Gesellschaftern weitreichende Möglichkeiten zur Einflussnahme auf die Geschäftsleitung, die im Extremfall zur faktischen Geschäftsführung werden kann. Gemäß § 76 Abs. 1 AktG leitet der Vorstand die AG unter eigener Verantwortung. Der Vorstand ist von Weisungen der Aktionäre aufgrund des Wortlauts der Norm grundsätzlich unabhängig. Über Fragen der Geschäftsführung entscheidet die Hauptversammlung nach § 119 Abs. 2 AktG nur, wenn der Vorstand dies verlangt. Lediglich in Fällen besonders weitreichender oder schwerwiegender Entscheidungen kann der Vorstand unter Umständen verpflichtet sein, die Frage der Hauptversammlung zur Entscheidung vorzulegen[485].

Damit kann der Vorstand seine Autonomie grundsätzlich nur freiwillig und punktuell aufgeben. Eine maßgebliche oder gar absolute Verdrängung des Vorstands ist aufgrund der Gesetzeslage nicht möglich. Allein durch die Ausübung seines Stimmrechts kann der einzelne Aktionär trotz Mehrheitsbeteiligung nicht zum faktischen Vorstand werden. Nicht ausgeschlossen ist allerdings, dass ein Aktionär allein aufgrund der oben allgemein aufgestellten Kriterien zum faktischen Vorstand wird. Diese Möglichkeit ist jedoch strikt von der Stellung als Aktionär oder sogar als Mehrheitsaktionär zu trennen.

5. Zusammenfassung

Arbeitnehmer, insbesondere Prokuristen und leitende Angestellte, laufen unter Umständen Gefahr, aktienrechtlich und organgleich in Anspruch genommen zu werden. In Strohmannfällen ist zu differenzieren. Übt jemand vorsätzlich seinen Einfluss durch einen Strohmann aus und verursacht dabei vorsätzlich einen Schaden, so haftet der Hintermann nach § 117 AktG. Bei lediglich fahrlässiger Schadensverursachung haftet er analog zu § 93 Abs. 2 AktG. Externe Berater

[484] Hartmann, Insolvenzantragspflicht, S. 25, 117.
[485] BGHZ 83, S. 122 ff. „Holzmüller".

sind grundsätzlich keine faktischen Organe, da ihre Vorschläge stets eines Umsetzungsaktes durch den Vorstand bedürfen.

Bei Banken wird die Beziehung zur darlehensnehmenden Gesellschaft durch den Darlehensvertrag bestimmt. Verletzt die Bank ihre Pflichten, so haftet sie aus § 280 I BGB gegenüber der Gesellschaft. Hier geht es nicht um die Übernahme einer faktischen Organstellung, sondern um die konkrete Ausgestaltung eines Schuldverhältnisses. Rechtlich denkbar ist aber eine faktische Organstellung der Vertreter der Bank bei übermäßiger Einflussnahme. Auch der einzelne Aktionär wird nicht allein aufgrund seiner überwiegenden Beteiligung zum faktischen Vorstand. So lange er seinen Einfluss durch die ihm durch das Aktiengesetz zur Verfügung gestellten Instrumentarien ausübt, kommt eine faktische Organstellung nicht in Betracht. Verlässt er den Boden des Aktiengesetzes, so haftet er unter Umständen nach § 117 AktG oder losgelöst von seiner Aktionärsstellung als faktisches Organ ohne Willensakt der Gesellschaft analog zu § 93 Abs. 2 AktG. An dieser Stelle zeigt sich ein gravierender Unterschied zur GmbH. Während in dieser die Abgrenzung zwischen legitimer Einflussnahme und faktischer Geschäftsführung aufgrund des sehr offenen Tatbestandes des § 37 GmbHG äußerst schwierig und fließend ist, herrschen in der AG aufgrund der oben dargestellten präzisen Regelungen und der strikten Abgrenzung zwischen den Organfunktionen Willensbildung und Geschäftsführung recht klare Verhältnisse.

III. Erscheinungsformen des faktischen Vorstands im Lichte des § 76 Abs. 2 S. 2 AktG

Im Hinblick auf § 76 Abs. 2 S. 2 AktG stellt sich die Frage nach den möglichen Erscheinungsformen des faktischen Vorstands. Hier liegt ein zentraler Unterschied zur GmbH, die grundsätzlich den Alleingeschäftsführer nach § 35 GmbHG kennt. In der Aktiengesellschaft ist das Postulat der oben genannten Norm, das ab einem Grundkapital von mindestens drei Millionen Euro der Vorstand aus mindestens zwei Personen bestehen muss, wenn die Satzung nicht ausdrücklich etwas anderes vorschreibt. Diese Fragestellung drängt sich aber auch aufgrund der wirtschaftlichen Realität auf, da zumindest größere Aktiengesellschaften zumeist über mehrere Vorstände verfügen. Die höchstrichterliche Rechtsprechung hat für die GmbH in der Vergangenheit bereits anerkannt, dass neben einem ordnungsgemäß bestellten Geschäftsführer auch ein weiterer, faktischer Geschäftsleiter treten kann[486]. Während dort das Hinzutreten eines zweiten faktischen Geschäftsführers als Ausnahme zum Regelfall der Einzelgeschäftsführung gesehen wurde, muss umgekehrt für die Aktiengesellschaft die kollektive Geschäftsleitung durch mehrere Vorstandsmitglieder als Grundsatz angenommen werden[487]. Dies wirft die Frage auf, wie faktische Organschaft in Verbindung mit unter Umständen mehreren anderen faktischen und oder ordnungsgemäß bestellten Vorstandsmitgliedern auftreten kann. Denkbar sind folgende Konstellationen: Es können mindestens zwei ordnungsgemäße Vorstandsmitglieder und ein faktisches Mitglied vorhanden sein. Denkbar sind auch Fälle, in denen ein echtes Vorstandsmitglied und ein faktischer Organwalter die Gesellschaft führen. Letztlich könne auch nur faktische Vorstände das Unternehmen leiten[488].

1. Mindestens zwei ordnungsgemäße Vorstandsmitglieder und ein faktischer Organwalter

Eine mögliche Konstellation betrifft Fälle, in denen mindestens zwei Vorstände ordnungsgemäß bestellt sind, also die Forderung des § 76 Abs. 2 S. 2 AktG erfüllt ist. Der Vorstand ist hier in vollem Umfang handlungsfähig. Die gemeinschaftliche Geschäftsführung nach § 77 Abs. 1 S. 1 AktG bereitet keine Schwierigkeiten. Gleiches gilt für die Gesamtvertretung nach § 78 Abs. 1, 2 S. 1 AktG. Es bleibt die Frage nach den Konsequenzen der Mitwirkung des Dritten als faktischen Organwalter. Dabei ist zwischen Akten der Geschäftsführung nach § 77 AktG und Vertretung der Aktiengesellschaft nach § 78 AktG, namentlich zwischen Innen- und Außenverhältnis, zu unterscheiden:

---

[486] BGHSt 31, S. 118.
[487] Zur Problematik der Verantwortlichkeit einzelner Organwalter bei Kollegialentscheidungen siehe: Fleischer, BB 2004, S. 2645.
[488] Vgl. ROHGE 20, S. 207.

a) Maßnahmen der Geschäftsführung

Zunächst zeigen sich keine Auswirkungen. Die tatsächlich bestellten Organmitglieder können ordnungsgemäß geschäftsführende Maßnahmen beschließen und umsetzen. Der Dritte faktische Organwalter ist zunächst außen vor. Ihm steht keine organschaftliche Geschäftsführungsbefugnis zu. Damit sind auch geschäftsführende Handlungen des faktischen Vorstandsmitglieds rechtlich zunächst bedeutungslos.

b) Stellvertretung

Bei der Stellvertretung ist die Sachlage ähnlich zu beurteilen. § 78 Abs. 1, 2 S. 1 AktG ordnet grundsätzlich Gesamtvertretung an. Wenn sämtliche ordnungsgemäß bestellten Organmitglieder an der Vertretung mitwirken, entstehen keine Konflikte. Die darüber hinaus möglicherweise erfolgte Mitwirkung des faktischen Organwalters ist auch hier nicht von Bedeutung.

2. Ein ordnungsgemäßes Vorstandsmitglied und ein faktischer Organwalter

In dieser Konstellation gestalten sich die Verhältnisse komplizierter. Es stellt sich die Frage nach den Konsequenzen des Fehlens des zweiten ordnungsgemäßen Organwalters. An dieser Stelle ist nochmals zwischen einer lediglich fehlerhaften und einer faktischen Organstellung zu unterscheiden. Im Falle der fehlerhaften Organstellung der zweiten Person ergeben sich keine Besonderheiten. Bis zum Widerruf der fehlerhaften Organstellung ist der Vorstand ordnungsgemäß besetzt. Liegt eine faktische Organstellung vor, so sind die Voraussetzungen des § 76 Abs. 2 S. 2 AktG nicht erfüllt. Im Kern muss geklärt werden, ob ein vorschriftswidrig besetzter Vorstand überhaupt handlungsfähig ist. Dies ist danach zu beurteilen, ob die vorhandenen Mitglieder nach Gesetz und Satzung rechtlich die Geschäfte der Aktiengesellschaft führen können[489]. Grundsätzlich beeinflusst der Wegfall oder das sonstige Entfallen

---

[489] MüKo AktG/*Spindler,* § 76 Rn. 97 f.

eines Vorstandsmitglieds nicht der Rechte der sonst vorhandenen, ordnungsgemäß bestellten Vorstandsmitglieder[490]. Aufgrund dieses Umstandes könnte man mit den Argumenten des Reichsoberhandelsgerichts dem faktischen Organwalter eine Organersetzungsfunktion zubilligen[491].

An dieser Stelle ist zwischen aktiver und passiver Stellvertretung zu unterscheiden. Nach § 78 Abs. 2 S. 2 AktG genügt für die passive Stellvertretung die Abgabe der Erklärung gegenüber einem Vorstandsmitglied. Solange Erklärungen gegenüber diesem echten Organwalter abgegeben werden, treten keine Probleme auf. Die Anforderungen des § 78 Abs. 2 S. 2 AktG werden eingehalten.

Ferner können künftig Erklärungen gegenüber dem Aufsichtsrat abgegeben werden, wenn die Gesellschaft führungslos ist[492]. Dieser Begriff wird in § 78 Abs. 1 AktG nunmehr legaldefiniert[493]. Führungslosigkeit liegt vor, wenn die Gesellschaft keinen Vorstand hat. Darunter dürften grundsätzlich auch Fälle zu subsumieren sein, in denen der Vorstand nicht vollständig im Sinne des § 76 Abs. 2 AktG besetzt ist. Da aber § 78 Abs. 2 S. 2 AktG für die passive Stellvertretung Einzelvertretung ausdrücklich vorsieht[494], ist die Gesellschaft in diesem Punkt gerade noch nicht führungslos. Auf die Möglichkeit der passiven Stellvertretung durch den Aufsichtsrat ist noch nicht zurückzugreifen.

Schwieriger sind Situationen zu beurteilen, in denen eine Erklärung gegenüber dem faktischen Vorstand abgeben wurde. Hier sind die gesetzlichen Erfordernisse der passiven Stellvertretung nicht erfüllt. In solchen Fällen kann die organschaftliche Vertretungsmacht nach § 78 AktG nur über die Grundsätze von Anscheins- und Duldungsvollmacht überwunden werden.

---

[490] MüKo AktG/*Spindler*, aaO.
[491] ROHGE 20, S. 207.
[492] BT-Drs. 16/6140.
[493] BT-Drs. 16/6140.
[494] Hüffer, AktG, § 78 Rn. 10.

Gleiches gilt für die aktive Stellvertretung. § 78 Abs. 1 AktG schreibt grundsätzlich die Gesamtvertretung durch den vollständigen Vorstand vor, sofern keine satzungsmäßigen Abweichungen hiervon vorgesehen sind. Die fehlende Vertretungsmacht des faktischen Vorstandsteils kann ebenfalls mit Hilfe von Anscheins- und Duldungsvollmacht hergestellt werden.

3. Mindestens zwei faktische Organwalter ohne ordentlich bestelltes Vorstandsmitglied

Eine Dritte Situation betrifft Fälle, in denen sämtliche vermeintlichen Vorstände faktischer oder fehlerhafter Natur sind. Wie die Entscheidung des Reichsoberhandelsgerichts aus dem Jahre 1876 zeigt, kommt lediglich fehlerhaften Organen eine Organersetzungsfunktion zu[495]. Anders liegen die Probleme bei Vorliegen faktischer Organstellungen. Hier stellt sich Frage nach der grundsätzlichen Handlungsfähigkeit des Vorstands als Kollektivorgan. Von Rechts wegen ist die Aktiengesellschaft hier in jedem Fall führungslos im Sinne des § 78 Abs. 1 AktG n. F.

Es existieren keine Vorstandsmitglieder, welche ordnungsgemäß die Geschäfte der Gesellschaft führen, noch diese nach außen ordnungsgemäß vertreten könnten. Hier gilt: Passive Stellvertretung ist demnächst durch den Aufsichtsrat aufgrund der Neuregelung des § 78 Abs. 1 AktG möglich. Parallel dazu können Erklärungen gegenüber faktischen Organwaltern abgegeben werden, sofern Anscheins- oder Duldungsvollmacht vorliegen. Das Problem der aktiven Stellvertretung ist auch für diese Konstellation weiterhin allein über die Instrumente von Anscheins- und Duldungsvollmacht zu lösen.

IV. Der Vorstand kraft rechtlichen und tatsächlichen Scheins

Ein weiteres Problem kann auch entstehen, wenn sich Personen im Außenverhältnis als Vorstände gerieren und dadurch der Gesellschaft Schaden

---

[495] ROHGE 20, S. 207.

zufügen. An dieser Stelle geht es um den Vorstand kraft Rechtsscheins[496] und den Vorstand kraft tatsächlichen Scheins.

1. Die Figur des Organs kraft Rechtsscheins in Abgrenzung zum Organ kraft tatsächlichen Scheins

Wie zuvor bei der Fragestellung nach der Erforderlichkeit eines organgleichen Verhaltens im Außenverhältnis bereits angedeutet[497], betreffen das Organ kraft Rechtsscheins und das Organ kraft tatsächlichen Scheins Fälle, in denen sich eine Person gegenüber Dritten als Organwalter einer Aktiengesellschaft geriert ohne tatsächlich ordnungsgemäß bestelltes Organmitglied zu sein[498].

Das faktische Vorstandsmitglied beeinflusst die Gesellschaft durch aktive Geschäftsführung im Innenverhältnis oder tritt als Vertreter im Außenverhältnis auf und führt ihr so unter Umständen Schaden zu. Der Vorstand kraft tatsächlichen Scheins gibt nur nach außen vor, Organ zu sein. Im Innenverhältnis verfügt er gerade nicht über den Einfluss, den er vorgibt zu haben. Der Vorstand kraft Rechtsscheins hingegen nimmt gegenüber Dritten rechtlich relevante Handlungen vor und nimmt auf diese Weise deren Vertrauen in Anspruch. Es ist nicht ausgeschlossen, dass auch solche Personen der Gesellschaft Schaden zufügen. Denkbar ist aber auch, dass Beeinflussung im Innenverhältnis und Anmaßung einer organschaftlichen Stellung im Außenverhältnis zusammentreffen. Dies führt zu einem Konkurrieren der Figur des faktischen Organs mit dem Organ kraft tatsächlichen oder rechtlichen Scheins. Bei der Lösung dieses Konflikts ist wieder auf die bereits geforderte strikte Unterscheidung dieser Figuren zu achten. Hieraus folgt die Konsequenz, dass sich diese Institute weder gegenseitig bedingen, noch sich gegenseitig ausschließen. Die unterschiedlichen Figuren können grundsätzlich zusammentreffen. Jedoch drängt sich in diesen Konstellationen die Frage auf, welchem Institut bei der Haftungsbegründung der Vorrang gebührt oder ob auch hier diese Figuren isoliert voneinander zu betrachten sind. Zur Beantwortung

---

[496] Zum Begriff siehe: Fleischer, AG 2004, S. 517 (518).
[497] 2. Kapitel, C. III.
[498] Spindler/Stilz/*Fleischer*, AktG, § 93 Rn. 187; Fleischer, AG 2004, S. 517 (518).

dieser Fragestellung soll zunächst der Fokus auf die allgemeine zivilrechtliche Rechtsscheinshaftung gerichtet werden:

2. Die Grundsätze rechtsscheinlicher Haftung im Zivilrecht

Zur Begründung einer Haftung kraft Rechtsscheins müssen allgemein vier Kriterien erfüllt sein[499]: Die betreffende Person muss zunächst den Anschein einer anderen Rechtslage als der tatsächlich gegebenen wecken. Dies muss zweitens in zurechenbarer Weise geschehen. Die Gegenseite muss drittens auf den Anschein vertrauen und viertens gutgläubig sein. Denn nur, wer die Unrichtigkeit eines Vertrauenstatbestandes nicht erkennt, ist schutzwürdig[500]. Uneinigkeit besteht über den zur Bestimmung der Gutgläubigkeit erforderlichen Maßstab. Die vorherrschende Meinung in Rechtsprechung und Schrifttum stellt auf die Erfordernisse des § 122 BGB ab[501]. Die Gegenansicht nimmt auf die Gutgläubigkeit im Sinne von § 932 Abs. 2 BGB Bezug[502].

3. Die haftungsrechtliche Behandlung des rechtsscheinlichen Vorstands und des Vorstands kraft tatsächlichen Scheins

Als Haftungsgrundlagen kommen die Grundsätze der allgemeinen Rechtsscheinshaftung und § 93 AktG in Betracht. Dabei geht es insbesondere um die Konkurrenz zwischen diesen beiden Anspruchsgrundlagen. Eine Vermischung der Rechtsinstitute des faktischen Organs, hier in Form des faktischen Vorstands, und der Rechtsscheinshaftung sind dabei zu vermeiden. Hierzu ist die Ratio des Haftungstatbestandes des § 93 Abs. 2 AktG zu hinterfragen. Sanktioniert werden soll eine unsachgemäße Leitung der Gesellschaft. Die Leitung der Gesellschaft umfasst, wie bereits erörtert[503], Geschäftsführung und Vertretung der Gesellschaft nach den §§ 76 ff. AktG. Wesen der faktischen Vorstandsstellung ist die Beeinflussung der Gesellschaft

[499] MüKo/*Roth*, § 242 Rn. 277.
[500] Canaris, Vertrauenshaftung, S. 504.
[501] MüKo/*Roth*, § 242 Rn. 277; Canaris, Vertrauenshaftung, S. 505; BGH, NJW 1958, S. 2061 (2062); BGH, JZ 1971, S. 334.
[502] Gierke/Sandrock, Handels- und Wirtschaftsrecht, § 12 III 2 b E.
[503] Vgl. 2. Kapitel, C. III.

durch diese Instrumente. Diese macht sich das Organ, bzw. der Vorstand kraft tatsächlichen Scheins gerade nicht zu Nutze. Es erweckt lediglich nach außen den Anschein, es habe eine ordnungsgemäße Organstellung inne. Die Gesellschaft wird nicht durch das Handeln des Organs kraft tatsächlichen Scheins beeinflusst, geschweige denn berechtigt oder verpflichtet.

Anders ist die Sachlage zu beurteilen, wenn das Vorstandsmitglied kraft tatsächlichen Scheins beginnt, Einfluss auf die Gesellschaft auszuüben. In diesem Moment wandelt sich das Vorstandsmitglied kraft tatsächlichen Scheins zu einem faktischen Organ. Es unterwirft sich so dem bereits oben dargestellten Haftungsregime[504]. In derartigen Konstellationen ist auch eine Verpflichtung der Gesellschaft nach den Grundsätzen von Anscheins- und Duldungsvollmacht möglich[505]. Beide Arten betreffen unterschiedliche Erscheinungsformen faktischer Organschaft. Eine Anscheinsvollmacht liegt vor, wenn der Vertretene das Handeln des vermeintlichen Vertreters nicht kennt, aber bei Ausübung seiner pflichtgemäßen Sorgfalt hätte erkennen und verhindern können[506]. Dies ist eine Ausprägung des faktischen Organs ohne Willensakt der Gesellschaft. Denn der Willensakt der Gesellschaft erfordert die positive Kenntnis von der Existenz des faktischen Organwalters. Dies ist von dem für die Anscheinsvollmacht erforderlichen Kennenmüssens[507] zu unterscheiden. Im Falle der Duldungsvollmacht kennt der Vertretene das Auftreten des unechten Vertreters, schreitet aber dennoch nicht ein[508]. Hier entsteht faktische Organschaft mit Willensakt der Gesellschaft. Dieser liegt hier in der Duldung des Auftretens des faktischen Vorstands als Vertreter. Dies hat haftungsrechtlich folgende Konsequenzen:

[504] Siehe 2. Kapitel, D. II.
[505] Hartmann, Insolvenzantragspflicht, S. 102.
[506] BGH, NJW 1981, S. 1728; BGH, NJW 1998, S. 1854.
[507] BGH, NJW 1981, S. 1728; BGH, NJW 1998, S. 1854.
[508] BGH, NJW 2002, S. 2325; BGH, NJW-RR 2004, S. 1275 (1277).

a) Die Anwendung des § 93 AktG auf den Vorstand kraft tatsächlichen Scheins und den Vorstand kraft rechtlichen Scheins

Wie bereits erörtert, betrifft das Organ kraft tatsächlichen oder rechtlichen Scheins allein Fälle, in denen eine Person gerade nicht auf die Gesellschaft im Innern Einfluss nimmt. Bei der Beantwortung der Frage nach der analogen Anwendung des § 93 Abs. 2 AktG auf den Vorstand kraft tatsächlichen oder rechtlichen Scheins hilft wieder das Prinzip der Übernahmeverantwortung im Gesellschaftsrecht: Wer Tätigkeiten eines Organs übernimmt, soll auch wie ein Organ haften. Genau das macht ein Vorstand kraft tatsächlichen oder rechtlichen Scheins gerade nicht. Er setzt nur den Schein, dass er organschaftlichen Einfluss auf die Gesellschaft hat. Wenn die betreffende Person tatsächlich auch im Innenverhältnis aktiv wird, haftet sie in jedem Fall als faktisches Organ. Dieser Automatismus wird deutlich, wenn man die klassischen Tätigkeitsfelder des Vorstands im Innen- und Außenverhältnis näher betrachtet. Die klassische Tätigkeit im Außenverhältnis ist die Vertretung nach § 78 AktG zwecks Berechtigung und Verpflichtung der dahinter stehenden Aktiengesellschaft. Die Geschäftsführung im Sinne des § 77 AktG beinhaltet hingegen sämtliche Tätigkeiten, die der inneren Organisation und Aufrechterhaltung des Geschäftsbetriebes dienen. Im Zweifel ist jeder Akt der Vertretung der Gesellschaft auch ein Akt der Geschäftsführung. Denn auch die zunächst im Außenverhältnis wirksame Handlung schlägt gleichsam auf die Geschäftsführung durch, da auch intern auf die neue Situation im Außenverhältnis reagiert werden muss. Ein derartiges Auftreten im Außenverhältnis, das neben einem Rechtsschein tatsächlich die Aktiengesellschaft beeinflusst, ist wiederum ein Fall faktischer Organschaft.

Dann kommt es haftungsrechtlich nicht mehr darauf an, ob auch der bloße Rechtsschein eine entsprechende Haftung auslöst. Wenn die analoge Haftung aus § 93 Abs. 2 AktG spiegelbildlich zu den Aufgaben eines echten Organwalters zu sehen ist, bleibt für dessen Anwendung auf bloße Fälle tatsächlichen Scheins kein Raum. Gleiches gilt für den Vorstand kraft rechtlichen Scheins. Diese Analyse verdeutlicht, dass die faktische Organschaft an engere Tatbestandsmerkmale geknüpft ist als die Organschaft kraft tatsächlichen oder rechtlichen Scheins. Im Gegenzug sind die Haftungsfolgen in Form der analogen Anwendbarkeit des § 93 Abs. 2 AktG ebenfalls stärker ausgeprägt.

b) Übertragung der Grundsätze der allgemeinen Rechtsscheinshaftung

Zu erörtern bleibt die Anwendbarkeit der Grundsätze der allgemeinen Rechtsscheinshaftung. Dabei stellt sich als nächstes die Frage, wem die Haftung aus diesem Institut zugute kommt. Grundsätzlich haftet der Erzeuger eines Rechtsscheins gegenüber dem gutgläubigen Dritten[509]. Denn, wer gutgläubig auf die Angaben seines Gegenübers vertraut, soll durch die Rechtsordnung geschützt werden[510]. Damit bleibt die Frage nach der Haftung kraft Rechtsscheins gegenüber der jeweiligen Aktiengesellschaft selbst unbeantwortet. Der Vorstand kraft tatsächlichen Scheins nimmt gerade kein Vertrauen der Gesellschaft für sich in Anspruch. Sobald eine engere Beziehung zwischen Vorstand kraft tatsächlichen Scheins und Gesellschaft entsteht, die in massiver Einflussnahme ausartet, ist von einer faktischen Organstellung auszugehen. In Anlehnung an die allgemeinen Kriterien der Rechtsscheinshaftung[511] sind folgende Erfordernisse zu nennen: Eine Person muss zunächst den Schein einer Organstellung wecken. An dieser Stelle lassen sich die für das schweizerische Recht entwickelten Grundsätze des Organs kraft Kundgabe[512] übertragen. Nach *Forstmoser* ist Organ kraft Kundgabe, wer durch nicht registerrechtliche Kundgabe oder konkludentem Verhalten den Anschein einer Organstellung erweckt[513]. Hiernach kann der Rechtsschein durch eine ausdrückliche Erklärung oder schlüssigem Verhalten gesetzt werden.

Dieses schlüssige Verhalten ist letztlich das organgleiche Auftreten nach außen, welches einige Stimmen im Schrifttum und in der Rechtsprechung als

[509] MüKo/*Roth*, § 242 Rn. 276 ff.; Canaris, Vertrauenshaftung, S. 491 ff.
[510] Canaris, Vertrauenshaftung, S. 504.
[511] MüKo/*Roth*, § 242 Rn. 276 ff. m. w. N.
[512] FS Meier-Hayoz/*Forstmoser*, S. 131.
[513] FS Meier-Hayoz/*Forstmoser*, aaO.

zwingende Voraussetzung für die Entstehung einer faktischen Organstellung ansehen[514]. Die hier vorgenommene Abgrenzung zwischen faktischem Organ und Organ kraft tatsächlichen Scheins beweist das Gegenteil. Das organtypische Verhalten nach außen beeinflusst allein noch nicht die Geschäftsführung der Gesellschaft. Denn dieses kann bereits in der schlichten Behauptung liegen, Vorstandsmitglied einer AG zu sein. Dieser kommt keine rechtliche Bedeutung zu. Hinzutreten muss daher zumindest ein rechtsgeschäftliches oder geschäftsähnliches Handeln des vermeintlichen Vorstandsmitglieds. Erst dann entsteht eine Organstellung kraft rechtlichen Scheins und das Institut der Rechtsscheinshaftung kommt gutgläubigen Dritten zugute. Erreicht das rechtlich relevante Handeln des vermeintlichen Vorstands Qualitäten der Stellvertretung, so kommt § 179 Abs. 1 BGB zur Anwendung[515]. Die vermeintlich vertretene Gesellschaft kann das Rechtsgeschäft nach § 177 Abs. 1 BGB genehmigen[516]. Dieser Umstand reicht jedoch noch nicht zur Begründung einer faktischen Vorstandsposition aus. Reagiert die betroffene Gesellschaft nicht, so gilt ihr Schweigen als Ablehnung. Dennoch ist nicht ausgeschlossen, dass beim Hinzutreten entsprechender erschwerender Umstände gleichzeitig eine Stellung als faktischer Vorstand begründet wird. Bleibt es allein bei äußeren Symptomen, so liegt lediglich ein Organ kraft tatsächlichen Scheins vor.

Ferner ist ein Zurechnungstatbestand erforderlich. Das konkludente Verhalten muss kausal für die Erweckung des Rechtsscheins sein. Hinsichtlich des Vertrauens und der Gutgläubigkeit des Dritten existieren keine Besonderheiten zu den allgemeinen Grundsätzen[517] der Rechtsscheinhaftung.

3. Zusammenfassung

Eine Organstellung kraft tatsächlichen Scheins entsteht immer dann, wenn eine Person im Außenverhältnis wie ein Organ auftritt, ohne hierzu ordnungsgemäß

---

[514] BGHZ 104, S. 42 (48); BGHZ 150, S. 61 (70); Hartmann, Insolvenzantragspflicht, S. 102, 134 Fn. 429; Himmelsbach/Achsnick, NZI 2003, S.355 (359).
[515] Vgl. hierzu: 7. Kapitel, B. I.
[516] Dinkhoff, faktischer, Geschäftsführer, S. 109.
[517] MüKo/*Roth*, § 242 Rn. 277.

bestellt zu sein. Dies hat keine haftungsrechtlichen Konsequenzen zur Folge. Sobald das Organ kraft tatsächlichen Scheins rechtlich relevante Handlungen gegenüber Dritten vornimmt, wird es zum Organ kraft Rechtsscheins. Dieser Tatbestand löst die allgemeinen Grundsätze der Rechtsscheinhaftung gegenüber gutgläubigen Dritten aus. Liegt ein Akt der Vertretung ohne Vertretungsmacht vor, so kommt auch eine Haftung aus § 179 Abs: 1 BGB in Betracht[518]. Die Sphäre der Gesellschaft ist dann in der Regel auch betroffen. So kann sie etwa durch einen Vertreter ohne Vertretungsmacht geschlossene Verträge nach § 177 Abs. 1 BGB genehmigen. Es kann bei entsprechender Intensität eine Stellung als faktisches Organ, hier als faktischer Vorstand, entstehen.

B. Der faktische Aufsichtsrat

Neben der Möglichkeit der Entstehung faktischer Vorstände kann es auch zu faktischen Aufsichtsräten kommen. Die Probleme sind hier ähnlich gelagert wie beim faktischen Vorstand. Zu klären sind Gemeinsamkeiten und Unterschiede hinsichtlich der Fehlerquellen und den haftungsrechtlichen Konsequenzen.

I. Das fehlerhaft bestellte Aufsichtsratsmitglied

Zentrales Problemfeld ist an dieser Stelle der fehlerhaft bestellte Aufsichtsrat. Auch hier können sowohl zivilrechtliche als auch öffentlichrechtliche Mängel Auswirkungen auf die Organstellung haben.

1. Fehlerquellen

Wie auch im Falle des faktischen Vorstands sollen zunächst mögliche Fehlerquellen ausfindig gemacht und dargelegt werden. Auch hier ist zwischen zivilrechtlichen und öffentlich-rechtlichen Mängeln zu unterscheiden:

[518] Vgl. zu dieser Problematik: 7. Kapitel, B. I.

a) Zivilrechtliche Mängel

Zunächst ist der Blick auf zivilrechtliche Mängel zu richten. Es ist dabei zwischen unmittelbaren Gesetzesverstößen und Satzungsverstößen zu unterscheiden.

aa) Gesetzesverstöße

An dieser Stelle ergeben sich zahlreiche Parallelen zum fehlerhaft bestellten Vorstand. Nach § 100 Abs. 1 S. 1 AktG kann nur eine natürliche, unbeschränkt geschäftsfähige Person in den Aufsichtsrat gewählt werden. Einer der schwerwiegendsten Fehler ist daher die Wahl einer geschäftsunfähigen oder in der Geschäftsfähigkeit beschränkten Person.

Darüber hinaus enthält § 100 Abs. 2 S. 1 AktG Einschränkungen des für die Wahl zu Aktionärsvertretern zur Verfügung stehenden Personenkreises. Hier ist zu untersuchen, welche Folgen die Wahl einer nicht wählbaren Person hat. Dabei ist zunächst zwischen dem Zeitpunkt der Wahl und des Amtsantritts zu unterscheiden[519]. Die Wahl einer natürlichen Person, welche die gesetzlichen Voraussetzungen nicht erfüllt, ist zunächst schwebend unwirksam. Erfüllt sie zum Zeitpunkt des Amtsantritts die Erfordernisse, so ist der Mangel geheilt und zieht keine Fehlerfolgen nach sich[520]. Andernfalls gilt die Wahl als von Anfang an nichtig[521]. Übt diese Person dennoch ihr Amt aus, so entsteht eine faktische Stellung als Aufsichtsrat mit Willen der Gesellschaft.

Von besonderer Bedeutung ist der Aufsichtsrat einer Gesellschaft, die dem MitbestimmungsG unterliegt. Dieser besteht nach näherer Maßgabe der §§ 7, 8 MitbestimmungsG unter Umständen bis zur Hälfte seiner Mitglieder aus Arbeitnehmern. In diesem Zusammenhang können weitere Bestellungsfehler entstehen. Es können Aktionärs- oder Arbeitnehmervertreter in einem falschen zahlenmäßigen Verhältnis in den Aufsichtsrat entsendet werden, so dass die

---

519 MüKo AktG/*Habersack*, § 100 Rn. 42 ff.
520 MüKo AktG/*Habersack*, § 100 Rn. 42.
521 MüKo AktG/*Habersack*, aaO.

durch das MitbestimmungsG festgelegten Quoren verletzt werden. Fraglich sind auch die Folgen der Wahl eines Arbeitnehmervertreters, der weder zum Betrieb, noch zur einschlägigen Gewerkschaft zählt. § 100 Abs. 3 AktG spricht bei den Voraussetzungen nach dem MitbestimmungsG ebenfalls von persönlichen Voraussetzungen. Sie sind aktienrechtlich verbindlich[522]. Ein Verstoß gegen diese Normen ist daher genauso wie ein Verstoß gegen § 100 Abs. 1, 2 AktG zu behandeln. Die Bestellung ist bei entsprechenden Verstößen gegen das Mitbestimmungsgesetz ebenfalls nichtig. Es entsteht eine Stellung als faktisches Aufsichtsratsmitglied.

bb) Satzungsverstöße

Möglich ist auch, dass die Wahl eines Aufsichtsratsmitglieds gegen Bestimmungen der Satzung verstößt. Diese Wahl ist zunächst gültig, aber anfechtbar[523]. Die Anfechtung muss gemäß der §§ 251 Abs. 3, 246 bs. 1 AktG innerhalb eines Monats nach der Wahl erfolgen. Andernfalls entfällt die Anfechtungsmöglichkeit wegen Fristablaufs und es bleibt nur der Antrag auf gerichtliche Abberufung nach § 103 Abs. 3 AktG. Der hierzu erforderliche rechtliche Grund liegt in der fehlenden Zumutbarkeit der Existenz eines satzungswidrigen Aufsichtsratsmitglieds[524]. Diese Mechanismen zeigen Wirkung auf die Organstellung des betroffenen Aufsichtsratsmitglieds. Während der Anfechtungsfrist ist die Organstellung fehlerhaft, aber voll wirksam. Das Aufsichtsratsmitglied hat alle Rechte und Pflichten. Nach Ablauf der Anfechtungsfrist festigt sich die fehlerhafte Organstellung weiter. Sie kann nun nicht mehr durch Anfechtung beseitigt werden. Es bleibt nur das Verfahren der Abberufung. Dabei ist bis zur Abberufung von einer fehlerhaften, aber voll wirksamen Organstellung auszugehen. In all diesen genannten Fällen können die unrechtmäßigen gewählten Personen dennoch ihr Amt ausüben. Unter Berücksichtigung der Erkenntnisse zum fehlerhaft bestellten Vorstand kommt hier die Figur des fehlerhaft bestellten Aufsichtsrats zum Tragen. Damit führt

---

[522] Hüffer, AktG, § 100 Rn. 8.
[523] MüKo AktG/*Habersack*, § 100 Rn. 44.
[524] MüKo AktG/*Habersack*, § 100 Rn. 44 f.

ein Satzungsverstoß zu lediglich fehlerhaften und damit zunächst wirksamen Organstellungen.

cc) Zusammenfassung zu den Folgen zivilrechtlicher Mängel

Gesetzesverstöße führen zur anfänglichen Nichtigkeit der Organstellung. Übt der Gewählte dennoch das Amt aus, begründet er hierdurch eine Stellung als faktischer Aufsichtsrat. Satzungsverstöße führen nur zu einer fehlerhaften Organstellung.

b) Öffentlich-rechtliche Mängel

Für die Bestellung zum Aufsichtsrat existieren auch zahlreiche öffentlich rechtliche Einschränkungen. Verbote für die Mitgliedschaft in Aufsichtsräten finden sich schon unmittelbar im GG. So ist es dem Bundespräsidenten nach Art. 55 Abs. 1 GG untersagt, dem Aufsichtsrat eines gewerblichen Unternehmens anzugehören. Dies gilt nach Art. 66 GG auch für Bundeskanzler und Bundesminister. Dasselbe Verbot findet sich in § 51 Abs. 5 GWB. Bundesbeamte benötigen nach § 65 BBG für die Ausübung eines Mandats die Genehmigung ihres Dienstherrn[525]. Es fragt sich, wie sich Verstöße gegen diese Normen auf die Organstellung auswirken.

Verstöße gegen Art. 55 Abs. 1, 66 GG zeigen gesellschaftsrechtlich keine Auswirkungen[526]. Bei diesen Normen handelt es sich jeweils um eine lex imperfecta, die keine verfassungsrechtlichen oder sonstigen Sanktionen auslöst[527]. Daher führen Verstöße gegen diese Normen nicht zu einer Unwirksamkeit der Wahl nach aktienrechtlichen Vorschriften. Es entsteht eine zivilrechtlich betrachtet ordnungsgemäße Organstellung. Das Problem faktischer Organschaft entsteht hier nicht. Auch das Fehlen einer beamtenrechtlichen Genehmigung führt nicht zur Unwirksamkeit der Bestellung, sie zieht lediglich

---

[525] MüKo AktG/*Habersack*, § 100 Rn. 35.
[526] Großkomm. AktG/*Hopt/Roth*, § 100 Rn. 66; Sachs/*Oldgies*, GG, Art. 66 Rn. 16 ff.; Dreier/*Hermes*, GG, Art. 66 Rn. 16.
[527] Dreier/*Hermes*, GG, aaO.; Sachs/*Oldgies*, GG, aaO.

beamtenrechtliche Konsequenzen nach sich [528]. Damit führen öffentlich rechtliche Mängel nicht zu Problemen faktischer Organschaft.

2. Konsequenzen und Anwendung der §§ 93, 116 AktG auf faktische Aufsichtsräte

Sodann ist die Frage der Haftung faktischer Aufsichtsräte nach den §§ 93, 116 AktG zu beleuchten. Nach § 116 AktG gilt die Vorschrift des § 93 AktG sinngemäß für den Aufsichtsrat. Daher sind in diesem Punkt die allgemeinen Ergebnisse zur Haftung faktischer Organe in der Aktiengesellschaft hier anzuwenden. Verursacht der faktische Aufsichtsrat vorsätzlich einen Schaden, so kommt § 117 AktG zur Anwendung. Bei bewusster Ausübung von Aufsichtsratsaufgaben haftet das faktische Aufsichtsratsmitglied analog zu den §§ 93 Abs. 2, 116 AktG. Der nur fehlerhaft bestellte Aufsichtsrat haftet aufgrund seiner echten Organstellung unmittelbar aus den §§ 93 Abs. 2, 116 AktG.

II. Der faktische Aufsichtsrat ohne Willensakt der AG

Denkbar sind Konstellationen, in denen Dritte, ohne als Aufsichtsräte bestellt zu sein, Aufsichtsratsfunktionen wahrnehmen. Auch deren Haftung als faktischer Aufsichtsrat ist näher zu hinterfragen. Insbesondere kann es auch hier zu Strohmannkonstellationen kommen. Besonders zu hinterfragen ist in diesem Zusammenhang die Rolle von Gewerkschaften in mitbestimmten Aufsichtsräten. Das MitbestimmungsG sieht die Entsendung von Gewerkschaftsvertretern in den Aufsichtsrat vor. Denkbar ist, dass diese Vertreter sich strikt an Vorgaben ihrer Organisation halten und letztlich keine eigenen Entscheidungen im Aufsichtsrat treffen.

Dabei ergeben sich jedoch keine Unterschiede zum Vorstandsstrohmann. Die Ergebnisse lassen sich daher wortgleich auf den Strohmann im Aufsichtsrat übertragen Auch hier haften die Hintermänner bei vorsätzlicher Schädigung aus

---

[528] Großkomm. AktG/*Hopt/Roth*, § 100 Rn. 68; Battis, BBG, § 65 Rn. 1 ff.

§ 117 AktG, bei lediglich fahrlässiger Herbeiführung des Schadens analog zu den §§ 93 Abs. 2, 116 AktG.

III. Fälle der Organüberschneidung

Weiter kann es zu gegen § 105 AktG verstoßenden Organüberschneidungen kommen. Denkbar ist, dass ein Aufsichtsratsmitglied entgegen seiner Befugnis in die Geschäftsführung der Gesellschaft eingreift. Dieses Verhalten kann rechtlich in zwei Richtungen gedeutet werden. Zunächst kann diese Konstellation allgemein unter die Kriterien faktischer Organschaft in Form einer faktischen Vorstandstätigkeit subsumiert werden[529]. Dies löst entweder die Folgen des § 117 AktG oder des § 93 Abs. 2 AktG analog aus. Ein anderer Ansatzpunkt ist die Verletzung originärer Aufsichtsratspflichten. Für diese muss das Aufsichtsratsmitglied unmittelbar nach den §§ 116, 93 Abs. 2 AktG einstehen. Die Pflichtverletzung ist dann in der Überschreitung der Kompetenzen als Aufsichtsratsmitglied zu sehen, die sich nach § 111 AktG in der Überwachung der Geschäftsführung erschöpft. Letzterer Ansatz ist interessengerecht. Er trägt der spezifischen Stellung des Aufsichtsrats Rechnung. Wenn das Aktiengesetz Art und Umfang der Rechte und Pflichten des Aufsichtsrates regelt, sollte auch unmittelbar an diese angeknüpft werden. Zu berücksichtigen ist auch, dass diese echten organschaftlichen Pflichten allen anderen möglichen faktischen Pflichten vorgehen. Denn die Figur des faktischen Organs dient letztlich der Schließung von Haftungslücken. Wenn aber Anknüpfungspunkte für die Verletzung echter Organpflichten bestehen, die über § 116 zu einer Haftung nach § 93 Abs. 2 AktG führen, so ist der Rückgriff auf eine mögliche faktische Stellung als Vorstand subsidiär und nicht erforderlich. Damit stellt die Organüberschneidung einen Fall der unmittelbaren Verletzung der originären Organpflichten dar[530].

---

[529] Hartmann, Insolvenzantragspflicht, S. 104.

[530] So im Ergebnis auch: Hartmann, Insolvenzantragspflicht, S. 104.

IV. Zusammenfassung

Das Problem faktischer Organschaft zeigt sich auch im Aufsichtrat. Auch hier kann es aufgrund zivilrechtlicher rechtlicher Mängel zu fehlerhaften Organstellungen kommen. Nur öffentlich rechtliche Mängel führen nicht zum Problem faktischer Organstellungen. Die fehlerhafte Stellung als Aufsichtsrat führt zur unmittelbaren Anwendung der §§ 93 Abs. 2, 116 AktG, während bei faktischen Aufsichtsräten bei vorsätzlichen Schädigung § 117 AktG und bei fahrlässiger Schadensverursachung die §§ 93 Abs. 2, 116 AktG analog anzuwenden sind. Dabei sind wie beim faktischen Vorstand die übergeordneten Schutzzwecke von Geschäfts- und Deliktsunfähigkeit zu beachten. In diesen Fällen haftet der faktische Aufsichtsrat nicht.

C. Die haftungsrechtliche Behandlung von Fakultativorganen

Neben den zwingend vorgeschriebenen Organen Vorstand und Aufsichtsrat richten vor allem große Aktiengesellschaften daneben sogenannte Verwaltungsräte oder Beiräte ein. Fraglich ist, wie in Situationen vorzugehen ist, in denen dieser Personenkreis nicht nur beratend im Hintergrund tätig ist, sondern faktisch Funktionen von Vorstand oder Aufsichtsrat wahrnimmt. Auch bei dieser Überschreitung satzungsmäßig zugewiesener Organkompetenzen kommt eine Haftung als faktisches Organ grundsätzlich in Betracht. Art und Umfang der Haftung fakultativer Organe sind daher ebenfalls zu hinterfragen. Auch hier stellt sich die Frage nach der Folge einer Organüberschneidung. Im Kern geht es also um die Konsequenzen bei Überschreitung von Organkompetenzen.

Für die Begründung einer Stellung als faktischen Vorstand oder faktischen Aufsichtsrat ist auch für die Mitglieder von Fakultativorganen das bereits umfassend dargestellte Kriterium der maßgeblichen Einflussnahme auf die Gesellschaft heranzuziehen. An dieser Stelle ergeben sich keine Besonderheiten zu anderen Personen, die entsprechenden Einfluss ausüben. Das Mitglied eines Fakultativorgans nimmt pflichtgemäß die satzungsmäßigen Pflichten war. Der

Konflikt im Falle darüber hinausgehender Vorstands- oder Aufsichtsratsfunktionen ist hier anders zu lösen als im Falle der faktischen Überschneidung von Vorstands- und Aufsichtsfunktionen. Denn für Fakultativorgane existieren keine Verweisungsvorschriften auf § 93 Abs. 2 AktG wie § 116 AktG für den Aufsichtsrat. Daher bleibt hier nur ein Rückgriff auf die Figur des faktischen Organs in Form des faktischen Vorstands oder Aufsichtsrats. Überschreitet das Mitglied eines Fakultativorgans seine Zuständigkeitsgrenzen und schwingt sich zum Unternehmensleiter auf, so müssen ihn unter Berücksichtigung der allgemeinen Kriterien faktischer Organschaft analog die Folgen des § 93 Abs. 2 AktG treffen.

D. Zusammenfassung

Lediglich fehlerhaft bestellte Vorstandsmitglieder haften unmittelbar nach § 93 Abs. 2 AktG, da deren Organstellung bis zur ihrer Vernichtung tatsächlich besteht. Dasselbe gilt für den faktischen Aufsichtsrat, dessen Haftung nach § 93 Abs. 2 AktG über § 116 AktG hergestellt wird. Bei der nichtigen Bestellung von Organwaltern ist zu unterscheiden: Besteht ein übergeordneter Schutzzweck zugunsten des faktischen Organmitglieds in Form der Delikts- oder Geschäftsunfähigkeit, so haften diese Personen trotz faktischer Organstellung nicht direkt oder analog zu § 93 Abs. 2 AktG. Alle anderen faktischen Organe mit und ohne Willensakt der Gesellschaft haften nach § 117 AktG, sofern sie neben der vorsätzlichen Beeinflussung der Gesellschaft dieser auch vorsätzlich einen Schaden zugeführt haben. Im Falle der lediglich fahrlässigen Schadensverursachung ist § 93 Abs. 2 AktG im Wege der Analogie heranzuziehen. Wer die Leitung eines Unternehmens gleich einem Organ übernimmt, haftet auch gleich einem Organ. Dies ist die konsequente Weiterentwicklung des Prinzips der Übernahmeverantwortung im Gesellschaftsrecht. Fälle der Organüberschneidung zwischen Vorstand und Aufsichtsrat stellen eine Pflichtverletzung originärer Organpflichten dar, welche die Haftung unmittelbar aus den §§ 93 Abs. 2, 116 AktG begründen. Die Figur des faktischen Organs tritt hier subsidiär zurück. Eine Analogie zu § 93 Abs. 2 AktG ist aufgrund der Verweisung in § 116 AktG auf diese Vorschrift überflüssig. Anders ist die Sachlage bei Fakultativorganen in Ermangelung spezifischer Haftungsnormen bei einer Überschreitung der satzungsmäßigen Organkompetenzen bis hin zur Aufschwingung zum Vorstand zu beurteilen. Hier bedarf es zwecks Schließung von Haftungslücken eines Rückgriffs auf die Figur des faktischen Organs. Sind diese Voraussetzungen erfüllt, so haften auch die Mitglieder von Fakultativorganen analog zu § 93 Abs. 2 AktG.

4. Kapitel: Das faktische Organ im Konzernrecht

In den vorigen Kapiteln wurden isoliert die Verhältnisse in einzelnen Aktiengesellschaften behandelt. Im Folgenden soll die Rolle faktischer Organe in Konzernen untersucht werden. Im schweizerischen Recht kann einer herrschenden Gesellschaft oder deren Organen eine faktische Organstellung in der beherrschten Gesellschaft zukommen, welche die Haftung des Art. 754 OR auslösen kann[531]. Zu bedenken ist dabei, dass das schweizerische Recht abgesehen von einer Legaldefinition des Konzernbegriffs in Art. 663e OR kein positives Konzernrecht kennt[532]. Die genannte Vorschrift betrifft allein die Rechnungslegung im Konzern. Es fragt sich, ob auch im deutschen Aktienrecht faktische Organstellungen bei konzernellen Verflechtungen relevant werden.

A. Überblick über die einzelnen Konzernarten

Zu Beginn empfiehlt es sich, sich eine Übersicht über die aktienrechtliche Behandlung verbundener Unternehmen und die verschiedenen Konzernarten zu verschaffen.

I. Der Begriff des Aktienkonzerns

Die Definition des Konzernbegriffs ist in den §§ 15 ff. AktG niedergelegt. Diese Normen stellen den allgemeinen Teil des Konzernrechts dar. Der Oberbegriff für alle Arten der Konzerne ist das verbundene Unternehmen[533]. § 15 AktG fasst die verschiedenen Arten verbundener Unternehmen zusammen. Diese Vorschrift differenziert zwischen im Verhältnis zueinander im Mehrheitsbesitz stehenden Unternehmen, abhängige und herrschende Unternehmen, Konzernunternehmen und Vertragsteile eines Unternehmensvertrages im Sinne der §§ 291 ff. AktG.

---

[531] BGE 117 II 570; Vogel, Haftung der Muttergesellschaft, S. 389 ff.
[532] Böckli, AktR, S. 1099.
[533] Schmidt, GesR, S. 939.

Die Mehrheitsbeteiligung ist in § 16 AktG geregelt. Nach dieser Vorschrift steht ein Unternehmen im Mehrheitsbesitz eines anderen, wenn die Mehrheit der Anteile an diesem in den Händen eines anderen Unternehmens liegt.

Nach § 17 Abs. 1 AktG ist ein Unternehmen beherrschend, wenn es unmittelbar oder mittelbar Einfluss auf die Leitung eines abhängigen Unternehmens nehmen kann. Entscheidend ist dabei, dass die bloße Möglichkeit der Einflussnahme besteht. Auf eine tatsächliche Ausübung der Macht kommt es nicht an[534]. Auch die zur Machtausübung zur Verfügung stehenden Mittel sind für die Einordnung eines Unternehmens als beherrschend nicht von Bedeutung[535]. Vielfach beruht die Abhängigkeit auf einer Mehrheitsbeteiligung[536] im Sinne des § 16 AktG. § 17 Abs. 2 AktG stellt daher auch die widerlegliche Vermutung auf, dass ein Unternehmen kraft seiner Mehrheitsbeteiligung herrschend ist. Denkbar ist aber auch eine Abhängigkeit durch Organverflechtungen mit der herrschenden Gesellschaft[537].

Die Beschreibung von Konzerunternehmen enthält schließlich § 18 AktG. Innerhalb dieser Norm wird nochmals zwischen Unterordnungskonzernen und Gleichordnungskonzernen unterschieden. Ein Unterordnungskonzern liegt nach § 18 Abs. 1 AktG vor, wenn ein herrschendes und ein oder mehrere abhängige Unternehmen unter der einheitlichen Leitung des herrschenden Unternehmens zusammengefasst sind. Entscheidendes Merkmal des Unterordnungskonzerns ist also die Existenz rechtlich selbständiger Unternehmen, die sich einer einheitlichen Leitung unterworfen haben[538]. Diese einheitliche Leitung ist die stärkere Form der Abhängigkeit nach § 17 Abs. 1 AktG. Daher wird nach § 18 Abs. S. 3 AktG auch die Konzernierung vermutet, wenn der Tatbestand des § 17 Abs. 1 AktG erfüllt ist. Im Falle eines Beherrschungsvertrags nach § 291 AktG

---

[534] Schmidt, GesR, S. 941.
[535] RGZ 167, S. 40 (49).
[536] Schmidt, GesR, S. 942.
[537] Schmidt, GesR, S. 942; KonzernR/*Emmerich*, § 18 AktG Rn. 14a; MüKo AktG/*Bayer*, § 18 Rn. 35.
[538] Schmidt, GesR, S. 944; KonzernR/*Emmerich*, § 18 AktG Rn. 8 ff; MüKo AktG/*Bayer*, § 18 Rn. 26 ff.

oder der Eingliederung nach § 319 AktG sind die beteiligten Unternehmen nach § 18 Abs. 1 S. 2 AktG grundsätzlich als Konzernunternehmen zu behandeln.

Von einem Gleichordnungskonzern spricht § 18 Abs. 2 AktG, wenn rechtlich selbständige Unternehmen ohne Abhängigkeit von einer anderen Gesellschaft unter einer einheitlichen Leitung stehen. Zentraler Unterschied zum Unterordnungskonzern ist neben der rechtlichen auch die tatsächliche Unabhängigkeit der beteiligten Unternehmen trotz einheitlicher Leitung[539]. Die Voraussetzungen des § 17 Abs. 1 AktG sind hier nicht erfüllt.

II. Die Unterscheidung zwischen Vertragskonzernen und faktischen Konzernen

Das AktG unterscheidet in den §§ 291 ff. und den §§ 308 ff. zwei grundsätzlich verschieden Arten der Konzernierung, die Vertragskonzerne und die faktischen Konzerne. Die Einordnung hängt vom Vorliegen eines Unternehmensvertrages zwischen den beteiligten Gesellschaften ab.

1. Der Vertragskonzern

Innerhalb des § 291 Abs. 1 AktG wird nochmals zwischen Gewinnabführungs- und Beherrschungsverträgen unterschieden.

Ein Beherrschungsvertrag liegt nach § 291 Abs. 1 AktG vor, wenn eine AG oder KGaA die Leitung ihrer Gesellschaft einer anderen unterstellt. Dieser Beherrschungsvertrag ist als Organisationsvertrag zu klassifizieren und berechtigt die herrschende Gesellschaft, dem Vorstand der beherrschten Gesellschaft Weisungen zur Geschäftsführung zu erteilen[540]. Die rechtliche Stellung des herrschenden Unternehmens ist durch zwei Merkmale

539 Schmidt, GesR, S. 945; KonzernR/*Emmerich*, § 18 AktG Rn. 25 ff.
540 MüKo AktG/*Altmeppen*, § 291 Rn. 81; Schmidt, GesR, S. 950; MüKo AktG/*Altmeppen*, § 291 Rn. 81.

gekennzeichnet: die Leitungsmacht nach § 308 AktG und die Verantwortlichkeit für Weisungen gegenüber der beherrschten Gesellschaft nach § 309 AktG.[541]

§ 308 Abs. 2 AktG ordnet die Befolgung der Weisungen des herrschenden Unternehmens an. Das herrschende Unternehmen ist nach § 308 Abs. 1 S. 2 AktG sogar berechtigt, für die beherrschte Gesellschaft nachteilige Anordnungen zu treffen, sofern sie dem Mutterunternehmen oder dem gesamten Konzern dienen. Die beherrschte Gesellschaft muss auch diese uneingeschränkt befolgen. Nach § 308 Abs. 2 S. 2 AktG darf die Leitung des beherrschten Unternehmens die Erfüllung nicht mit der Begründung verweigern, die angeordnete Maßnahme sei nicht übergeordneten Zwecken dienlich. Ob die Muttergesellschaft ggf. für Anordnungen haftet, ist eine andere Frage[542].

Durch einen Gewinnabführungsvertrag nach § 291 Abs. S. 1, 2. Fall AktG verpflichtet sich das beherrschte Unternehmen, seinen erwirtschafteten Gewinn an die herrschende Gesellschaft abzuführen. Diese Verpflichtung kann nach Maßgabe des § 292 Abs. 1 Nr. 2 auch auf Teile des Gewinns beschränkt werden. In diesem Fall spricht man von einem Teilgewinnabführungsvertrag.

2. Der faktische Konzern

Der Begriff des faktischen Konzerns findet sich nicht im AktG. Die amtliche Überschrift vor den §§ 311 ff. AktG spricht von der „Verantwortlichkeit bei Fehlen eines Beherrschungsvertrags“. Nach § 311 Abs. 1 AktG darf ein herrschendes Unternehmen im Falle des Fehlens eines Beherrschungsvertrags seinen Einfluss nicht dazu benutzen, ein abhängiges Unternehmen zum Abschluss für diese nachteilige Rechtsgeschäfte zu bewegen. Ein faktischer Konzern liegt demnach vor, wenn einer der Konzernierungstatbestände der §§ 15 ff. AktG erfüllt ist, die Verhältnisse der Beteiligten jedoch nicht in einem Beherrschungsvertrag geregelt sind. Art und Ausmaß der faktischen Beherrschung eines Unternehmens durch ein anderes können jedoch

[541] Siehe 4. Kapitel, A. u. D.
[542] Siehe 4. Kapitel, C.

unterschiedlich ausfallen. Daher hat sich in der Lehre die weitere Unterscheidung zwischen einfachen faktischen Konzernen und qualifiziert faktischen Konzernen durchgesetzt.

a) Der einfache faktische Konzern

Das AktG geht grundsätzlich von der Möglichkeit der Existenz einfacher faktischer Konzerne aus[543], in denen sich ein herrschendes Unternehmen auf Einzelanweisungen an die beherrschte Gesellschaft beschränkt.

b) Qualifizierte Nachteilszufügungen

Eine Besonderheit stellte bis zur „Bremer Vulkan"-Entscheidung des BGH im Jahre 2001[544] der qualifiziert faktische Konzern dar. Darunter verstand man einen faktischen Konzern, in dem die herrschende Gesellschaft ihre Einflussnahme nicht auf Einzelmaßnahmen im Sinne des § 311 AktG beschränkte, sondern nahezu die gesamte Leitungsmacht dergestalt an sich zog, dass einzelne Maßnahmen nicht mehr isoliert betrachtet werden konnten[545].

Die Problematik betraf im Wesentlichen den faktischen GmbH-Konzern[546]. Aufgrund der Autonomie des Vorstands der Aktiengesellschaft nach § 76 Abs. 1 AktG, die ein Geschäftsführer einer GmbH nicht genießt, ist eine vollständige Verdrängung des Vorstands durch die Muttergesellschaft eigentlich contra legem[547]. Diese Tatsache verhindert jedoch nicht derartige Konstellationen in der Praxis. Auch die Literatur bestritt nicht die grundsätzliche Möglichkeit der Existenz eines qualifiziert faktischen Aktienkonzerns[548].

---

543 KonzernR/*Habersack*, § 311 Rn.2, 8, 13.
544 BGH, NJW 2001, S. 3622 ff. „Bremer Vulkan".
545 BGHZ 122, S. 123.
546 BGH, NJW 1986, S. 188; BGH, NJW 1993, S. 1200; BGH, NJW 2001, S. 3622 „Bremer Vulkan".
547 Schmidt, GesR, S. 964.
548 Jäger, Aktiengesellschaft, § 41 Rn. 28 ff.; Schmidt, GesR, S. 964 ff.; KonzernR/*Habersack*, Anh. § 317 AktG Rn. 5 m. w. N.

Die Rechtsprechung gab im Jahre 2001 für die GmbH die Figur des qualifiziert faktischen Konzerns zugunsten einer Haftung wegen Existenzvernichtung auf[549]. Dieser Ansatz stieß überwiegend auf Zustimmung im Schrifttum, das auch für die Aktiengesellschaft von der Abschaffung qualifiziert faktischer Konzerne ausgeht[550]. *Habersack* hingegen spricht sich weiterhin für ein Haftungskonzept aufgrund „qualifizierter Nachteilszufügung" aus[551]. Unabhängig von den verschiedenen Haftungskonzepten[552] soll hier in Konstellationen, die in früheren Zeiten als qualifiziert faktische Konzerne bezeichnet wurden, von „qualifizierter Nachteilszufügung" gesprochen werden[553].

B. Die Begründung faktischer Organstellungen durch die Organe der herrschenden Gesellschaft

Entscheidendes Merkmal eines Konzerns ist oftmals die Möglichkeit der Beeinflussung der Leitungsorgane des beherrschten Unternehmens durch den Vorstand der herrschenden Gesellschaft. Denkbar sind Fälle, in denen das Leitungsorgan der herrschenden Gesellschaft die Geschäftsführung der beherrschten Gesellschaft derart an sich zieht, dass die Leitungsorgane des beherrschten Unternehmens nur noch wenig bis gar keinen Einfluss mehr auf die Geschäftsführung haben. Aus diesem Umstand resultiert die Frage, ob die Organmitglieder der Muttergesellschaft als faktische Organe der Tochtergesellschaft angesehen werden können. Im Hinblick auf das allgemeine Indiz der Einflussnahme oder Verdrängung der eigentlichen Organe für faktische Organschaft ist dieser Gedanke sehr naheliegend[554]. Dabei wird zwischen den verschiedenen Konzernarten, namentlich zwischen Vertragskonzernen und faktischen Konzernen zu unterscheiden sein[555].

---

549 BGH, NJW 2001, S. 3622 „Bremer-Vulkan".
550 MüKo AktG/*Heider*, § 1 Rn. 68 m. w. N.; Hüffer, AktG, § 302 Rn. 9.
551 KonzernR/*Habersack,* Anh. § 317 Rn. 5 ff., 23 ff.
552 Vgl. hierzu: 4. Kapitel, D. II. 2.
553 Zum Begriff: KonzernR/*Habersack*, Anh. § 317 Rn. 8, 23 ff.
554 Hartmann, Insolvenzantragspflicht, S. 127; Fleischer, AG 2004, S. 517 (527 f.).
555 Siehe 4. Kapitel, D.

C. Die herrschende Gesellschaft als faktisches Organ?

Vor diesem Hintergrund ist ebenfalls fraglich, ob nicht die herrschende Gesellschaft als solche eine faktische Organstellung innehaben kann[556]. Dies wird teilweise unter Hinweis auf eine Erweiterung der Insolvenzverschleppungshaftung, bzw. der Insolvenzantragspflicht auf die Muttergesellschaft angenommen[557]. Nach § 76 Abs. 3 AktG kann aber nur eine natürliche Person Vorstand einer AG werden. Es fragt sich jedoch, ob dieser strikte Grundsatz die Annahme faktischer Organschaft einer juristischen Person a priori hindert oder ob hier weniger strenge Anforderungen gestellt werden können. Dies ist im Ergebnis zu bejahen. Das faktische Organ soll das Spiegelbild zum echten Organ sein. Daher kann faktisches Organ nur sein, wer auch echtes Organ sein kann[558]. Dies sind nur natürliche Personen. Dies ist letztlich auch Konsequenz, wenn man eine herrschende Gesellschaft als faktisches Organ ansieht. Denn diese handelt schließlich durch ihre Organe. Auf diese Weise entsteht zwangsläufig auch eine faktische Organstellung in der beherrschten Gesellschaft. Soweit beispielsweise das schweizerische Bundesgericht die Haftung aus Art. 754 OR auch auf herrschende Gesellschaften ausdehnen will, ist anzumerken, dass die schweizerische Rechtsordnung kein speziell ausdifferenziertes Konzernrecht kennt[559]. Für die Verantwortlichkeit einer herrschenden Gesellschaft sind vorrangig die Regeln der §§ 302 ff. AktG heranzuziehen. Dabei entstehen keine Haftungslücken, die einen Rückgriff auf die Figur des faktischen Organs erforderlich machen.

D. Die Anwendung des § 93 AktG im Konzern

Damit steht fest, dass die Mitglieder der Organe der Muttergesellschaft faktische Organe der Tochtergesellschaft sein können. Sodann geht es aber um die Frage der Anwendbarkeit des § 93 AktG auf die Beteiligten in ihrer Eigenschaft als

[556] Siehe hierzu: Hartmann, Insolvenzantragspflicht, S. 26, 124 ff.; Vogel, Haftung der Muttergesellschaft, S. 389 ff.
[557] Fleischer, AG 2004, S. 517 (527 f.); Hartmann, Insolvenzantragspflicht, S. 127; vgl. zum schweizerischen Recht: Vogel, Haftung der Muttergesellschaft, S. 389 ff.
[558] Lutter/Hommelhoff/*Kleindiek*, GmbHG, § 64 Rn. 26.
[559] Böckli, AktR, S. 1099.

faktische Organe. Die Problematik ist im Konzernrecht anders gelagert als in einer isolierten AG. In der einzelnen AG steht § 93 AktG als einzige Haftungsgrundlage zur Verfügung, die an die Organeigenschaft einer Person anknüpft. Im Konzern ist dies anders. Das AktG stellt in zahlreichen Normen der §§ 291 ff. AktG ein eigenes Konzernhaftungsrecht zur Verfügung. Im Mittelpunkt stehen daher Fragen nach der Konkurrenz zu den Konzernhaftungstatbeständen der §§ 302, 309, 311, 317 AktG. Schließlich ist mit diesen Normen bereits die Haftung von herrschenden Gesellschaften kodifiziert. Die §§ 309 Abs. 2, 317 Abs. 3 AktG gestatten sogar einen Durchgriff auf die Organe der Muttergesellschaft. Es gilt daher, Art und Umfang der Haftung dieser Normen näher zu hinterfragen, um so das Bedürfnis und die Möglichkeit der Anwendbarkeit des § 93 AktG unter Berücksichtigung der möglichen faktischen Organstellung des Vorstands der Muttergesellschaft aufzuzeigen. Dabei ist zwischen den Vertragskonzernen, faktischen Konzernen und Formen der qualifizierten Nachteilszufügung zu unterscheiden. Schließlich sieht das AktG unterschiedliche Haftungsnormen für die einzelnen Konzernarten vor.

I. Das Haftungsregime im Vertragskonzern

Zunächst soll der Vertragskonzern näher beleuchtet werden. Zentrale Haftungsnormen sind hier § 302 AktG und § 309 AktG.

1. Wesen und Inhalt der Verlustübernahmehaftung nach § 302 AktG

Nach § 302 AktG hat im Falle eines Beherrschungs- oder Gewinnabführungsverhältnisses die herrschende Gesellschaft jeden Fehlbetrag bei der beherrschten Gesellschaft auszugleichen. Der Schutzzweck der Norm wird unterschiedlich beurteilt. In der Regierungsbegründung zu § 302 AktG heißt es, wer die Geschicke einer Gesellschaft beherrscht oder ihren gesamten Gewinn behält, müsse auch für Verluste einstehen[560]. Dies ist das Prinzip von

[560] RegBegr, S. 391.

Herrschaft und Haftung als zwei Seiten einer Medaille. Die Rechtsprechung stellt den Aspekt der Kapitalerhaltung in den Vordergrund[561].

2. Die Haftung der Organe der herrschenden Gesellschaft nach § 309 Abs. 2 AktG

Nach § 309 Abs. 2 AktG haben die gesetzlichen Vertreter der herrschenden Gesellschaft der beherrschten Gesellschaft den Schaden zu ersetzen, der aus einer Verletzung der Pflichten aus § 309 Abs. 1 AktG resultieren. Nach dieser Vorschrift haben die die gesetzlichen Vertreter der herrschenden Gesellschaft bei Weisungen an die beherrschte Gesellschaft die Sorgfalt eines ordentlichen Kaufmanns zu beachten. § 309 AktG ist im Aufbau und Inhalt § 93 AktG nachempfunden[562]. Die gesetzlichen Vertreter der herrschenden Gesellschaft haften demnach gegenüber der beherrschten Gesellschaft wie die Organe der AG gegenüber dieser nach § 93 AktG.

3. Die Anwendung des § 93 AktG im Vertragskonzern

Mit dieser Erkenntnis ist auch die Frage nach der Anwendung des § 93 AktG im Vertragskonzern beantwortet: Da § 93 AktG und § 309 AktG inhaltlich identisch sind, besteht für die Anwendung des § 93 AktG kein Bedürfnis. Obwohl der Vorstand der Muttergesellschaft faktisches Organ der Tochtergesellschaft sein kann, haftet er nicht nach § 93 AktG gegenüber der beherrschten Gesellschaft.

II. Das Haftungsregime im faktischen Konzern

Das Haftungsregime im faktischen Konzern hat zwei Säulen, die Normen des § 311 AktG und des § 317 AktG.

---

[561] BGHZ 103, S. 1 (10).
[562] Hüffer, AktG, § 309 Rn. 1.

1. Die Haftung im einfachen faktischen Konzern

a) Die Ausgleichspflicht nach § 311 AktG

§ 311 AktG ordnet an, dass ein ohne Beherrschungsvertrag herrschendes Unternehmen das beherrschte Unternehmen nur unter Gewährung eines finanziellen Ausgleichs anweisen kann, ein für dieses nachteiliges Rechtsgeschäft zu tätigen. Die Rechtsnatur dieser Ersatzpflicht war lange Zeit umstritten. In früheren Zeiten wurde die Ausgleichspflicht als Schadensersatzpflicht interpretiert[563]. Heute wird sie als Kompensationspflicht eigenen Inhalts klassifiziert[564]. Diese Ausgleichspflicht kommt in den Fällen der Nachteilszufügung bei schlichter Abhängigkeit im Sinne des § 17 AktG und der einheitlichen Leitung nach § 18 AktG zum Tragen. Diese Norm schützt zunächst eine faktisch beherrschte Gesellschaft vor kompensationsloser Benachteiligung durch das herrschende Unternehmen[565]. Aber auch Minderheitsgesellschafter und Gesellschaftsgläubiger sollen vor Schäden durch die faktische Konzernierung bewahrt werden[566]. Dieser Aspekt wird unter dem Schlagwort „Außenseiterschutz" Zusammengefasst[567].

Die Ersatzpflicht wird durch eine negative Einflussnahme seitens des herrschenden Unternehmens ausgelöst. Die Art der Beeinflussung ist irrelevant[568]. Es kann sich dabei um echte Weisungen oder auch nur um Ratschläge, Anregungen oder schlichte Erwartungen handeln[569]. Diese müssen sich nicht zwingend an die Organe der beherrschten Gesellschaft richten, vielmehr reichen auch Beeinflussungen der Angestellten des beherrschten Unternehmens[570].

---

563 Großkomm. AktG/*Würdinger*, § 311 Rn. 5, 6, 9.
564 Hüffer, AktG, § 311 Rn. 37; MüKo AktG/*Kropff*, § 311 Rn. 222 ff.; KöKo/*Koppensteiner*, § 311 Rn. 119.
565 KonzernR/*Habersack*, § 311 AktG Rn. 1 ff.; Hüffer, AktG, § 311 Rn. 1.
566 Hüffer, AktG, § 311 Rn. 1.
567 Hüffer, AktG, § 311 Rn. 1.
568 MüKo AktG/*Hüffer*, § 311 Rn. 24 ff.; Hüffer, AktG, § 311 Rn. 16.
569 Hüffer, AktG, § 311 Rn. 16.
570 Hüffer, AktG, § 311 Rn. 19.

Die Ersatzpflicht trifft unmittelbar das herrschende Unternehmen[571]. Dies gilt nicht nur für Handlungen der Geschäftsführungsorgane, sondern auch für solche von Angestellten, wenn diese aus Sicht der beherrschten Gesellschaft dem herrschenden Unternehmen zuzurechnen sind[572].

Die Ersatzpflicht tritt jedoch nur ein, wenn die Beeinflussung in den Abschluss eines für die beherrschte Gesellschaft nachteiliges Rechtsgeschäft oder das Ergreifen einer sonstigen nachteiligen Maßnahme mündet. Ausreichend ist dabei jede beliebige Geschäftsführungshandlung durch die beherrschte Gesellschaft[573]. Nachteilig ist das Rechtsgeschäft oder die Maßnahme, wenn das Vermögen der beherrschten Gesellschaft dadurch gemindert oder die Erfolgs- und Ertragslage der Gesellschaft gefährdet wird und dies als Folge der Abhängigkeit eintritt[574].

b) Wesen und Inhalt der Schadensersatzpflicht nach § 317 AktG

Nach § 317 Abs. 1 AktG ist die ohne Beherrschungsvertrag herrschende Gesellschaft der beherrschten Gesellschaft zum Schadensersatz verpflichtet, soweit sie gegenüber dem beherrschten Unternehmen nicht ihren Pflichten aus § 311 AktG bis zum Ende des Geschäftsjahres nachkommt. § 317 Abs. 3 weitet die Haftung auf die gesetzlichen Vertreter der herrschenden Gesellschaft aus. Die Schutzzwecke des § 311 AktG und des § 317 AktG sind identisch[575]. Verstöße gegen die Pflichten aus § 311 AktG sollen sanktioniert werden, um den durch § 311 AktG angeordneten Schutz der beherrschten Gesellschaft, sowie deren Aktionären und Gläubigern sicherzustellen[576].

Dabei handelt es sich um eine verschuldensunabhängige Veranlassungshaftung seitens der herrschenden Gesellschaft[577]. § 317 Abs. 1 AktG enthält also einen besonderen Deliktstatbestand[578].

---

[571] KonzernR/*Habersack*, § 311 AktG Rn. 69 ff.; Hüffer, AktG, § 311 Rn. 17.
[572] Hüffer, AktG, § 311 Rn. 17.
[573] Hüffer, AktG, § 311 Rn. 24.
[574] BGH WM 1999, S. 858 (851).
[575] KonzernR/*Habersack*, § 317 AktG Rn. 2.
[576] KonzernR/*Habersack*, § 317 AktG Rn. 2.
[577] KonzernR/*Habersack*, § 317 AktG Rn. 5, 7.

Nach § 317 Abs. 3 AktG trifft dieselbe Ersatzpflicht die gesetzlichen Vertreter der herrschenden Gesellschaft, im Falle der AG also den Vorstand[579]. Es haften allerdings nur diejenigen Organmitglieder, welche die nachteilige Maßnahme veranlasst haben[580]. Die Begriffe der Veranlassung sind in § 311 Akt und § 317 AktG deckungsgleich[581]. Es wird daher auf obige Ausführungen verwiesen[582].

c) Die Anwendung des § 93 AktG im einfachen faktischen Konzern

Abschließend geht es um die Frage, ob neben der Haftung aus § 317 Abs. 3 AktG ein Bedürfnis für die Haftung des Vorstands der herrschenden Gesellschaft als faktisches Organ der beherrschten Gesellschaft aus § 93 AktG besteht. Diese Frage kann nur anhand eines Vergleichs zwischen Art und Umfang der Haftung aus § 93 AktG und der Haftung aus § 317 Abs. 3 AktG beantwortet werden. Wie bereits an anderer Stelle ausgeführt[583], handelt es sich bei der Haftung aus § 93 AktG um eine gesetzliche, unabdingbare Organhaftung für die Verletzung organschaftlicher Pflichten[584]. § 317 Abs. 3 AktG enthält keinen Tatbestand der Organhaftung. Schließlich sind die Organwalter der herrschenden Gesellschaft keine echten Organmitglieder der beherrschten Gesellschaft. Somit sind die haftungsbegründenden Elemente in den beiden Normen von Grund auf verschieden. Aus § 93 AktG haftet ein Vorstand wegen der Verletzung der Pflichten aus dem Bestellungsverhältnis. Die Haftung aus § 317 Abs. 3 greift ausschließlich im Falle des unterlassenen Nachteilsausgleichs, der durch Einflussnahme seitens der Organe der Muttergesellschaft entstanden ist.

---

578 KonzernR/*Habersack,* § 317 AktG Rn. 11.
579 KonzernR/*Habersack,* § 317 AktG Rn. 22.
580 KonzernR/*Habersack,* § 317 AktG Rn. 22 ff.
581 KonzernR/*Habersack,* § 317 AktG Rn. 24.
582 Siehe 4. Kapitel, D. II.
583 Siehe 1. Kapitel, D. I.
584 Siehe 1. Kapitel, D. I.

Interessant ist vor allem ein Vergleich der Rechtsfolgen der beiden Normen. § 93 AktG ordnet den Ersatz sämtlicher Schäden nach Maßgabe des § 249 Abs. 1 BGB an. Gleiches gilt auch für die Haftung aus § 317 Abs. 3 AktG[585].

Ließe man die Organe der Muttergesellschaft hier als faktisches Organ der beherrschten Gesellschaft aus § 93 AktG haften, so hätte dies folgende Konsequenzen: Die Nachteilszufügung durch die Weisung, ein bestimmtes Rechtsgeschäft vorzunehmen oder jede andere Beeinflussung der Geschäftsführung wäre als organschaftliche Pflichtverletzung im Sinne des § 93 AktG zu werten. Dies wiederum löste die bereits in Art und Umfang erörterte Haftung aus § 93 Abs. 2 AktG aus. Auf diese Weise entstünde im Ergebnis derselbe Haftungsumfang für dieselbe Handlung, wie ihn bereits § 317 Abs. 3 AktG unmittelbar anordnet.

Damit ändert ein Rückgriff auf die Rechtsfigur des faktischen Organs hier letztlich nichts hinsichtlich der haftungsbegründenden Tatsachen und dem Haftungsumfang. Mit dieser Feststellung lässt sich die Frage nach der analogen Anwendung des § 93 AktG auf den Vorstand der Muttergesellschaft als faktisches Organ der beherrschten Gesellschaft eindeutig beantworten. Aufgrund der Identität zwischen haftungsbegründenden Tatsachen und der daraus resultierenden Ersatzpflicht besteht keine Regelungslücke im einfachen faktischen Aktienkonzern. Daher ist ein Rückgriff auf die Figur des faktischen Organs in diesem Zusammenhang nicht erforderlich.

2. Die Haftung im Falle qualifizierter Nachteilszufügung

Im zweiten Schritt soll die Haftung für Fälle qualifizierter Nachteilszufügung[586] erörtert werden.

---

585 Hüffer, AktG, § 317, Rn. 9.
586 Zur Begrifflichkeit: KonzernR/*Habersack*, Anh. § 317 AktG Rn. 5 ff., 23 ff.

a) Die Haftung aus § 317 AktG

Die Norm des § 317 Abs. 3 AktG kommt grundsätzlich auch bei qualifizierter Einflussnahme genauso zur Anwendung wie im einfachen faktischen Konzern. Es ergeben sich keinerlei Unterschiede. Zu bedenken ist aber, dass § 317 AktG stets den Schadensersatz für die Verletzung der Ausgleichspflicht nach § 311 AktG für einzelne Maßnahmen anordnet. Dazu müssen zunächst einzelne Maßnahmen mit den daraus entstandenen Nachteilen nachgewiesen werden. Dies ist regelmäßig bei qualifiziert faktischer Nachteilszufügung schwierig, da deren Wesen ja gerade in der nicht möglichen Isolierbarkeit einzelner Beeinflussungsmomente liegt[587].

Aus diesem Grunde wird eine Lösung über § 317 AktG in Gebilden, die dem früheren Leitbild des qualifiziert faktischen Konzern entsprachen, als unzureichend angesehen[588]. Stattdessen sollen die Grundsätze der qualifizierten Nachteilszufügung zur Anwendung gelangen[589]. Die gegenwärtig diskutierten Lösungsansätze zeigen mitunter Schwächen. Es mag Beispiele geben, in denen eine Gesellschaft qualifiziert von einer anderen abhängig ist, es sich jedoch ausnahmsweise eine einzelne nachteilige Maßnahme herauskristallisiert. Es leuchtet nicht ein, warum gerade dieser Gesellschaft der Schutz aus § 317 AktG unter Umständen zugunsten anderer Ausgleichsmodelle verweigert werden sollte. Dies käme, ungeachtet der Analogiefähigkeit der § 302 ff. AktG[590], einer willkürlichen Schlechterstellung des qualifiziert faktischen gegenüber dem einfachen faktischen Konzern gleich.

Auch unterscheidet das AktG nicht zwischen einfachen und qualifiziert faktischen Konzernen. Insbesondere könnten qualifiziert faktische Konzernstrukturen tatbestandlich nicht erfasst werden[591]. Vielmehr gehen

[587] KonzernR/*Habersack*, § 317 AktG Rn. 10; KöKo/*Koppensteiner*, § 317 Rn. 22 ff.
[588] KonzernR/*Habersack*, § 317 AktG, Rn. 10; Hüffer, AktG, § 1 Rn. 26, § 302 Rn. 9, § 311 Rn. 11.
[589] KonzernR/*Habersack,* § 311 AktG, Rn. 9, 41, 43, § 317 AktG Rn. 10, Anh. § 317 AktG Rn. 7 ff.; Hüffer AktG, § 1 Rn. 26, § 302 Rn. 9, § 311 Rn. 11.
[590] KonzernR/*Habersack*, Anh. § 317 AktG Rn. 23.
[591] Hüffer, AktG, § 302 Rn. 9.

Rechtsprechung und Schrifttum von der Zulässigkeit einfacher faktischer Konzerne aus[592]. Es ist daher auch systemwidrig und contra legem, der qualifiziert abhängigen Gesellschaft nicht die Ansprüche aus § 317 AktG zukommen zu lassen. Daher findet die Norm des § 317 AktG grundsätzlich uneingeschränkte Anwendung auch bei qualifizierter Abhängigkeit[593]. Voraussetzung ist aber die Isolierbarkeit einzelner Maßnahmen. Letztlich geht es hier um Fragen der Darlegung und des Beweises dieser[594]. Eng damit verknüpft ist die Möglichkeit der Schadensschätzung nach § 287 ZPO aufgrund qualifizierter Eingriffe[595]. Lassen sich diese nicht nachweisen, so haften die Organe der Muttergesellschaft nicht aus § 317 Abs. 3 AktG.

b) Die analoge Anwendung der §§ 302 ff. AktG

Trotz der weiterentwickelten Rechtsprechung zum qualifiziert faktischen GmbH-Konzern[596], ist im Schrifttum die analoge Anwendung der § 302 AktG auf qualifiziert faktische Strukturen in der Aktiengesellschaft weiterhin umstritten[597]. Mitunter wird § 302 AktG auf qualifiziert faktische Konzernierungen angewendet, um Schutzlücken der §§ 311, 317 AktG zu schließen[598]. Befürwortet man eine Analogie zu § 302 AktG, so muss für die Haftung der Organe der herrschenden Gesellschaft konsequenterweise auch § 309 AktG analog angewendet werden. Entweder, man entschließt sich zu einer Gleichstellung des qualifiziert faktischen Konzerns mit Vertragskonzernen oder, man verfolgt von vornherein alternative Ansätze. Das jüngere Schrifttum lehnt die Analogie zu § 302 AktG zugunsten der Grundsätze der qualifizierten

---

[592] OLG Hamm, NJW 1987, S. 1030; LG Mannheim, WM 1990, S. 760 (764); MüKo AktG/*Kropff,* § 311 Rn. 21 ff.; KonzernR/*Habersack*, § 311 Rn. 8 m. w. N.
[593] KonzernR/*Habersack*, § 317 AktG Rn. 22 ff.
[594] KöKo/*Koppensteiner*, § 317 Rn. 22 ff.
[595] KöKo/*Koppensteiner*, § 317 Rn. 24.
[596] BGH, NJW 2001, S. 3622, „Bremer Vulkan".
[597] Hüffer, AktG, § 302 Rn. 9; KöKo/*Koppensteiner*, Anh. § 318 Rn. 61 ff. m. w. N.
[598] Emmerich/Sonnenschein, §§ 20a III, 24a I; Schmidt, GesR, § 31 IV 4 a; Schürnbrand, ZHR 169 (2005), S. 35 (58); Stimpel, AG 1986, S. 117 (121 f.); Lutter, ZGR 1982, S. 244 (262 ff.); Eschenbruch, Konzernhaftung, Rn. 3405 f.; KonzernR/*Habersack*, Anh. § 317 Rn. 23.

Nachteilszufügung ohnehin ab[599]. Die Problematik der Anwendung des pauschalen Verlustausgleichs und der Haftung aus § 309 Abs. 2 AktG im qualifiziert faktischen Konzern ist im Hinblick auf die Frage nach der Anwendbarkeit des § 93 AktG vorrangig zu klären. Schließlich ist ein Rückgriff auf diese Norm entbehrlich, wenn sich die Haftung des Organs der qualifiziert faktisch herrschenden Gesellschaft bereits aus dem nahezu wortgleichen § 309 Abs. 2 AktG herleiten lässt.

Die Rechtsprechung hat sich mit diesem Themenkomplex im Jahre 2001 beschäftigt. Der BGH fällte eine neue Grundsatzentscheidung zum Schutz einer abhängigen GmbH vor Eingriffen eines qualifiziert faktisch herrschenden Unternehmens[600]. Der BGH hat die analoge Anwendung der §§ 291 ff., 311 ff. AktG auf den qualifiziert faktischen GmbH-Konzern verneint und den Schutz der beherrschten Gesellschaft auf die Kaptalerhaltungsregeln der §§ 30 ff. GmbHG beschränkt[601].

Dieser Entscheidung lag folgende Konstellation zu Grunde: Eine AG war alleinige Gesellschafterin einer GmbH. Diese verklagte die AG und Ihren Vorsand auf Schadenersatz. Nach Meinung der Klägerin hätten ihr entsprechende Ansprüche gegen die Alleingesellschafterin und deren Vorstand in analoger Anwendung der §§ 302 ff., 311 ff. AktG zugestanden werden müssen[602]. Aufgrund der Stellung der AG als Alleingesellschafter hätte zwischen dieser und der GmbH ein qualifiziert faktischer Konzern bestanden[603].

Diese Rechtsprechung ist im Schrifttum intensiv diskutiert worden[604] und im Wesentlichen auf Zustimmung gestoßen. Ihre Auswirkungen werden jedoch

---

[599] KonzernR/*Emmerich*, § 302 AktG Rn. 26; Emmerich, AG 2004, S. 423; a. A. KonzernR/*Habersack*, Anh. § 317 AktG Rn. 23.
[600] BGH, NJW 2001, S. 3622 ff. „Bremer Vulkan"
[601] BGH, NJW 2001, S. 3622 (3623) „Bremer Vulkan".
[602] BGH, NJW 2001, S. 3622 (3623) „Bremer Vulkan".
[603] BGH, NJW 2001, S. 3622 (3623) „Bremer Vulkan".
[604] Altmeppen, NJW 2002, S. 321; Altmeppen, ZIP 2001, S. 1837; Bitter, WM 2001, S. 2133; Cahn, ZIP 2001, S. 2159; Goette, DStR 2001, S. 1857; Hoffmann, NZG 2002, S. 68; Kessler, GmbHR 2001, S. 1095; Luttermann, BB 2001, S. 2433; Römermann/Schröder, GmbHR 2001, S. 1015; Schmidt, NJW 2001, S. 3577; Ulmer, ZIP 2001, S. 2021; Wilken, DB 2001, S. 2383.

unterschiedlich bewertet[605]. Ein gewichtiger Anteil im Schrifttum sieht in der Entscheidung die unmissverständliche Abschaffung der Rechtsfigur des qualifiziert faktischen Konzerns[606]. Nach Auffassung *Altmeppens* wollte der BGH seine seit den achtziger Jahren des zwanzigsten Jahrhunderts bestehende Spruchpraxis ändern[607].

Schmidt hält es in dieser besonderen Konstellation der Beherrschung einer GmbH durch den Alleingesellschafter nicht für notwendig, diesen als herrschendes Unternehmen zu klassifizieren, um ihn zivilrechtlich in die Verantwortung zu nehmen[608]. Er betont jedoch, dass mit dieser Entscheidung über die endgültige Abschaffung der Regeln des qualifiziert faktischen Konzerns nichts ausgesagt ist[609]. *Hüffer* gibt aufgrund der oben genannten Rechtsprechung die Figur des qualifiziert faktischen Aktienkonzerns auf und will stattdessen eine Durchgriffshaftung auf Basis gegenseitiger Treuepflichten konstruieren[610]. Die Diskussion zeigt jedoch, dass die Problematik qualifiziert faktischer Konzerne nicht entfallen ist, sondern lediglich neue Haftungsansätze gewählt werden.

Vor diesem Hintergrund stellt sich schon die Frage, warum für eine beherrschte AG andere Regeln gelten sollen. Grundsätzlich ist diese Frage zu verneinen. Im Kern sind AG und GmbH gleich zu behandeln. Beide Gesellschaften sind juristische Personen des Privatrechts und Kapitalgesellschaften. Ihre grundsätzlichen Strukturen sind identisch. Überträgt man die Kernaussage der „Bremer-Vulkan" Entscheidung auf die AG, so wäre nur die Einordnung des einzigen Aktionärs a priori als herrschendes Unternehmen nicht haltbar. Insofern verdient *Schmidt* an dieser Stelle Zustimmung. Dadurch ist aber keineswegs ausgeschlossen, dass der Alleinaktionär unter Umständen auch weiterhin ein herrschendes Unternehmen sein kann. Ferner kann sich eine qualifizierte

---

[605] Altmeppen, NJW 2002, S. 321 (324); Schmidt, NJW 2001, S. 3577 (3581).
[606] Altmeppen, NJW 2002, S. 321 (324); Hüffer, AktG, § 302 Rn. 9; MüKo AktG/*Heider,* § 1 Rn. 68 m. w. N.
[607] Altmeppen, NJW 2002, S. 321 (324).
[608] Schmidt, NJW 2001, S. 3577 (3579).
[609] Schmidt, NJW 2001, S. 3577 (3581).
[610] Hüffer, AktG, § 1 Rn. 26, § 302 Rn. 9, § 311 Rn. 11.

Abhängigkeit einer AG auch durch andere Faktoren ergeben. Daher kann die Frage, ob die §§ 302 ff., 309 ff. AktG auf den qualifiziert faktischen Aktienkonzern anzuwenden sind, auch weiterhin nur anhand der bisher vorgetragenen Argumente beurteilt werden.

Letztlich ist deren analoge Anwendung auf qualifizierte Nachteilzufügungen abzulehnen[611]. Zweifelhaft ist schon das Bestehen einer Regelungslücke. Dem Gesetzgeber ist seit jeher das Problem der qualifizierten Nachteilszufügung bekannt und hat es dennoch bei der Unterscheidung zwischen vertraglicher und außervertraglicher Haftung bewenden lassen[612]. Somit ist die Übertragung vertraglicher Haftungsmodelle auf vertragslose Herrschaftsmodelle nicht möglich[613]. Wie § 317 AktG, werden auch die §§ 302 ff. AktG aufgrund ihrer konkreten und spezifischen Ausgestaltung für Vertragskonzerne den Interessen bei qualifizierter Nachteilszufügung nicht gerecht.

c) Die Anwendung der Figur des faktischen Organs in Fällen qualifizierter Nachteilszufügung als alternativer Ansatz

Da § 317 AktG zugunsten der beherrschten Gesellschaft nur eine Schadensersatzpflicht für Einzelmaßnahmen anordnet, schützt diese Norm nur unzureichend in qualifiziert faktischen Konzernen[614]. Schließlich kann niemand für Einzelfälle haftbar gemacht werden, wenn sich diese nicht mit den Instrumentarien des Strengbeweises nachweisen lassen. Zwar haften nach § 317 Abs. 3 AktG auch die Organe der herrschenden Gesellschaft als deren gesetzliche Vertreter gesamtschuldnerisch gegenüber der beherrschten Gesellschaft, jedoch nur im Rahmen des Tatbestandes des § 317 Abs. 1 AktG[615].

[611] Hüffer, AktG, § 1 Rn. 25, § 302 Rn. 9; KöKo/*Koppensteiner*, Anh. § 318 Rn. 63 ff.
[612] KöKo/*Koppensteiner*, Anh. § 318 Rn. 64.
[613] KöKo/*Koppensteiner*, aaO.
[614] Schmidt, GesR, S. 965; KonzernR/*Habersack*, § 311 AktG Rn. 9, 41, 43, § 317 AktG Rn. 10.
[615] KonzernR/*Habersack*, § 317 Rn. 22 ff.

Vom Begriff des gesetzlichen Vertreters ist im Falle der Aktiengesellschaft nur der Vorstand, nicht aber der Aufsichtsrat erfasst[616].

Aufgrund der derzeit in Rechtsprechung [617] und Literatur [618] vertretenen verschiedensten Ansätze lassen sich auch alternative Anknüpfungspunkte finden. Die bisherigen Lösungen nehmen allein eine rein konzernrechtliche Betrachtung vor. Eine weitere Möglichkeit besteht in der Loslösung von konzernrechtlichen Betrachtungen zugunsten der Figur des faktischen Organs. Auf diese Weise entstehende Haftungslücken, insbesondere im Falle von Einflussnahme durch den Aufsichtsrat der herrschenden Gesellschaft, können als alternativen Ansatz durch eine Anwendung des § 93 AktG, ggf. i. V. m. § 116 AktG auf Vorstand und Aufsichtsrat der herrschenden Gesellschaft geschlossen werden. Die grundsätzliche Anwendbarkeit des § 93 AktG im Konzern wird angenommen[619]. § 93 AktG kommt insbesondere Relevanz zu, wenn man die analoge Anwendung des § 309 Abs. 2 AktG und eventuell auch des § 317 AktG im qualifiziert faktischen Aktienkonzern ablehnt. Denn in diesem Szenario entfiele jegliche konzernrechtliche Haftung der Organe der Muttergesellschaft als deren gesetzliche Vertreter gegenüber der beherrschten Gesellschaft.

Die Figur des faktischen Organs ist zur Lösung dieses Konflikts geeignet. Wie dargelegt, kann eine faktische Organstellung sowohl durch Einzelakte, als auch durch dauernde Übernahme der Geschäftsführung entstehen[620]. Letzteres ist in qualifiziert faktischen Konzernen anzunehmen. Denn die qualifizierte Nachteilszufügung erfolgt gerade durch ein Maßnahmenbündel[621]. Diese ist im Ergebnis mit einer dauerhaften Übernahme der Geschäftsleitung gleichzusetzen. Hieraus resultiert gleichzeitig auch die besondere Schwere des Eingriffs in die

---

[616] MüKo AktG/*Kropff*, § 317 Rn. 94; Hüffer, AktG, § 317 Rn. 13; KonzernR/*Habersack*, § 317 Rn. 23.
[617] BGH, NJW 2001, S. 3622 „Bremer Vulkan".
[618] Emmerich/Sonnenschein, §§ 20a III, 24a I; Schmidt, GesR, § 31 IV 4 a; Schürnbrand, ZHR 169 (2005), S. 35 (58); Stimpel, AG 1986, S. 117 (121 f.); Lutter, ZGR 1982, S. 244 (262 ff.); Eschenbruch, Konzernhaftung, Rn. 3405 f; KonzernR/*Habersack*, Anh. § 317 Rn. 23.
[619] Hüffer, AktG, § 93 Rn. 2.
[620] Siehe 2. Kapitel, C. I. 2.
[621] KonzernR/*Habersack*, Anh. § 317 AktG Rn. 7 ff.

Sphäre der faktisch beherrschten Gesellschaft. Somit lässt sich die qualifizierte Nachteilszufügung in faktischen Konzernen als Fallgruppe faktischer Organschaft der beherrschten Gesellschaft klassifizieren: Dies hat haftungsrechtlich folgende Konsequenzen. Wie in den vorangegangenen Beispielen haftet der faktische Organwalter für vorsätzliche Beeinflussung und Schadensverursachung vorrangig aus § 117 AktG. Bei lediglich fahrlässiger Beeinflussung ist § 93 Abs. 2 AktG analog heranzuziehen.

3. Zusammenfassung der Rollen faktischer Organe in faktischen Konzernen

Im einfachen faktischen Konzern existiert mit § 317 Abs. 3 AktG eine abschließende und in jedem Fall ausreichende Haftungsgrundlage für die Organwalter der herrschenden Gesellschaft. Folglich ist der Rückgriff auf die faktische Organschaft überflüssig und nicht methodengerecht.

Anderes gilt im Falle qualifizierter Nachteilszufügungen. Da die §§ 302, 309 Abs. 2 AktG mangels Analogiefähigkeit als Haftungsgrundlagen entfallen und § 317 Abs. 3 hier nur unzureichend schützt, haften die Organwalter der Muttergesellschaft als faktische Organe der Tochtergesellschaft entweder aus § 117 AktG oder analog zu § 93 Abs. 2 AktG im Falle lediglich fahrlässiger Schadensverursachung.

III. Faktische Organschaft durch Einflussnahme aus beherrschten Gesellschaften

Die zuvor erörterten Probleme betrafen stets die Einflussnahme aus der herrschenden Gesellschaft auf die beherrschte Gesellschaft. Wie ein Rechtsstreit vor dem schweizerischen Bundesgericht aus dem Jahre 1991 zeigt, kann es auch vorkommen, dass Organmitglieder aus der beherrschten Gesellschaft massiven Einfluss auf die herrschende Gesellschaft ausüben können[622]. Hier versagen die Haftungsmechanismen der §§ 309, 310, 317, 318 AktG. Diese beziehen sich

[622] BGE 117 II 570.

allein auf die gesetzlichen Vertreter und Organe des herrschenden Unternehmens. Das schweizerische Bundesgericht lehnte im konkreten Fall eine aktienrechtliche Verantwortlichkeit nach Art. 754 OR ab[623]. Dies geschah aber nicht aus grundsätzlichen rechtlichen Erwägungen heraus, sondern aufgrund des mangelnden Nachweises eines die faktische Organschaft erreichenden Einflusses. Das Bundesgericht hatte jedoch außerordentliche Bedenken, die anerkannte Haftung von Organen einer herrschenden Gesellschaft wegen Einflussnahme auf die beherrschte Gesellschaft auf den umgekehrten Fall zu übertragen[624]. In diesem Zusammenhang drängt sich die Frage auf, wie derartige Fälle nach deutschem Recht zu behandeln sind. Denkbar sind zwei organschaftliche Anknüpfungspunkte. Als erstes kommt eine Analogie zu den §§ 309, 310, 317, 318 AktG in Betracht. Zweite denkbare Lösung ist die Subsumption derartiger Fallgestaltungen unter die Figur des faktischen Organs.

Eine Analogie zu den Normen des Konzernhaftungsrechts erscheint in letzter Konsequenz ungeeignet. Eine Regelungslücke ist hier offensichtlich. Geregelt ist in diesen Vorschriften ausschließlich die Einflussnahme aus der Sphäre der herrschenden Gesellschaft. Sie sind aber spezifisch und ausdrücklich auf die Schutzbedürftigkeit beherrschter Unternehmen ausgerichtet. Eine Ausdehnung des Geltungsbereichs der §§ 309 ff. AktG auf exakt umgekehrte Fälle würde deren Analogiefähigkeit überreizen.

Fälle der vorsätzlichen Beeinflussung bei gleichzeitig vorsätzlicher Schadensverursachung werden von § 117 AktG erfasst, nicht aber Fälle der fahrlässigen Schadensverursachung. Daher ist der Rückgriff auf die Figur des faktischen Organs das geeignete Mittel zur Schließung der zuvor aufgezeigten Haftungslücken. Das Organ der beherrschten Gesellschaft schwingt sich zum Organ der herrschenden Gesellschaft auf und setzt bewusst seinen Einfluss ein. Schädigt er dabei die beherrschende Gesellschaft, so greift § 93 Abs. 2 AktG analog in der Variante des faktischen Organs ohne Willensakt der Gesellschaft.

---

[623] BGE 117 II 570, S. 574.
[624] BGE 117 II 570, S. 574.

E. Gesamtergebnis zur Rolle faktischer Organe im Aktienkonzern

Aufgrund der inhaltsgleichen Regelung des § 93 AktG und des § 309 Abs. 2 AktG ist ein Rückgriff auf die Eigenschaft des Vorstands der Muttergesellschaft als faktisches Organ der Tochtergesellschaft überflüssig und auch rechtlich unzulässig. Ähnlich Verhält es sich im einfachen Aktienkonzern. Aufgrund der Durchgriffshaftung des § 317 Abs. 3 AktG ist auch hier die Figur des faktischen Organs bedeutungslos.

Zu anderen Ergebnissen gelangt man für Fälle qualifizierter Nachteilszufügungen. Mit der Verneinung der Analogiefähigkeit der §§ 302, 309 AktG auf den faktischen Konzern und der unzulänglichen Reichweite des § 317 Abs. 3 AktG bei qualifizierter Abhängigkeit kommt der Rechtsfigur des faktischen Organs besondere Bedeutung zu. Die Haftungslücken werden mit Hilfe dieser Figur und des § 93 AktG geschlossen. Gleiches gilt für die Beeinflussung der herrschenden Gesellschaft durch Organe der beherrschten Gesellschaft.

5. Kapitel: Die allgemeine zivilrechtliche Haftung faktischer Organe

Die bisherige Betrachtungsweise war auf die aktienrechtliche Organhaftung fixiert. Darüber hinaus stehen jedoch noch die allgemein zivilrechtlichen Haftungsgrundlagen zur Verfügung, deren Anwendbarkeit auf faktische Organe ebenfalls hinterfragt werden muss. Insbesondere *Dinkhoff* will die Probleme faktischer Organschaft mit allein Hilfe allgemein zivilrechtlicher Normen lösen, da er die Figur des faktischen Organs ablehnt und stattdessen der Theorie der Einzelnormanwendung den Vorzug einräumt[625]. Dieser Ansatz ist näher zu hinterfragen. Insbesondere stellt sich die Frage nach dem Konkurrenzverhältnis allgemein zivilrechtlicher Haftungsgrundlagen, namentlich der Verletzung von Pflichten aus einem Anstellungsvertrag, der Geschäftsführung ohne Auftrag und Normen des Deliktsrechts, zum Haftungsregime faktischer Organe.

A. Die Haftung aus § 280 Abs. 1 BGB

Im Falle des Vorstands ist strikt zwischen dem Anstellungs- und dem Bestellungsverhältnis zu unterscheiden[626]. Sie wirken abstrakt voneinander[627]. Folglich kann trotz mangelhafter Bestellung die Anstellung wirksam sein, so dass zwischen faktischem Organ und AG ein Vertragsverhältnis besteht, das die Konsequenzen der §§ 280 Abs. 1, 241 Abs. 2 BGB auslösen kann. Dies betrifft die Haftung für die Verletzung der Pflichten aus dem Anstellungsvertrag. Hiervon strikt zu trennen sind die Pflichten aus einer möglichen faktischen Organstellung. Diese leiten sich aus den gesetzlich definierten Pflichten eines echten Organs ab und treten unter Umständen neben die Haftung für die Verletzung individueller vertraglicher Pflichten.

[625] Dinkoff, faktischer Geschäftsführer, S. 131 ff., S. 146 ff., S. 185.
[626] MüKo AktG/*Spindler*, § 84 Rn. 10; Hüffer, AktG, § 84 Rn. 11.
[627] Hüffer, AktG, § 84 Rn. 2.; BGHZ 78, S. 82 (84); BGHZ 79, S. 38 (41); BGHZ 89, S. 48 (52).

B. Die Haftung aus Geschäftsführung ohne Auftrag

Eine Schadensersatzpflicht des faktischen Organs gegenüber der AG könnte sich auch aus den Vorschriften der GoA ergeben. § 678 BGB normiert eine Schadensersatzpflicht des Geschäftsführers für Handlungen, die nicht mit dem tatsächlichen oder mutmaßlichem Willen des Geschäftsherrn übereinstimmen, gegenüber diesem. Unterstellt, eine Person ist nach den bereits dargelegten Personen als faktischer Vorstand einzustufen und handelt in dieser Eigenschaft gegen die Interessen der AG, so könnte das faktische Vorstandsmitglied nach § 678 BGB ersatzpflichtig sein. Das Reichsgericht hatte im Jahre 1909 den fehlerhaften bestellten Geschäftsführer einer GmbH nach den Regeln der GoA für haftbar erklärt[628]. Zwar gab die höchstrichterliche Rechtsprechung diesen Ansatz in späteren Entscheidungen auf[629], jedoch ist eine genauere Analyse der GoA unter Berücksichtigung der verschiedenen Erscheinungsformen faktischer Organschaft sinnvoll und aufschlussreich.

I. Wesen und Voraussetzungen der GoA

Die Geschäftsführung ohne Auftrag ist ein gesetzliches Schuldverhältnis[630]. Ihre Regelungen finden sich in den §§ 677 ff. BGB. Zweck der Geschäftsführung ohne Auftrag ist es, Verhältnisse zu klären, in denen eine Person Geschäfte eines anderen wahrnimmt ohne zuvor von diesem beauftragt worden zu sein. Sie kommt immer dann zum tragen, wenn zwischen den Beteiligten kein anderes spezielles Rechtsverhältnis besteht. Dies können vertragliche Beziehungen, etwa Dienstvertrag oder Auftrag sein, aber auch gesetzliche Schuldverhältnisse[631]. Die Geschäftsführung ohne Auftrag hat folgende Voraussetzungen:

---

[628] RG, Warneyers Rspr. d. RG 1909 (Ergbd.), S. 485 f. Nr. 504.
[629] RG, JW 1937, S. 683 ff.
[630] Palandt/*Sprau,* vor § 677, Rn. 2; Staudinger/*Bergmann*, vor § 677 Rn. 46.
[631] Medicus, Bürgerliches Recht, Rn. 404, 405; MüKo/*Seiler*, § 677 Rn. 43.

1. Die Wahrnehmung eines objektiven fremden Geschäfts

Nach § 677 BGB muss der Handelnde ein objektiv fremdes Geschäft führen. Fremd ist ein Geschäft immer dann, wenn es nicht dem Rechts- und Interessenkreis des Handelnden zuzuordnen ist[632].

2. Der Begriff des Auftrags

Die Geschäftsführung ohne Auftrag ist subsidiär gegenüber allen anderen Schuldverhältnissen anzuwenden[633]. Daher ist stets zu ermitteln, ob eventuell ein Auftrag im Sinne des § 677 BGB vorliegt. Ein Auftrag ist in diesem Zusammenhang jeder Vertrag oder gesetzliche Sonderverbindung[634], folglich auch eine aktienrechtliche Bestellung zum Vorstand und die Anstellung als Dienstnehmer. Schwieriger ist die Frage nach der Anwendbarkeit der §§ 677 ff. BGB in fehlgeschlagenen oder nichtigen Vertragsverhältnissen zu beantworten. Kernproblem ist, ob in einem nichtigen Vertrag ein Auftrag im Sinne des § 677 BGB liegen kann. Diese Frage stellt sich immer dann, wenn das Bestellungs- oder Anstellungsverhältnis fehlerhaft ist. Bevor auf die unterschiedlichen Facetten dieser Problematik eingegangen wird, soll zunächst grundsätzlich geklärt werden, ob die Regeln der Geschäftsführung ohne Auftrag auf nichtige Verträge Anwendung finden können. Der Bundesgerichtshof hat dies stets bejaht[635]. Denn in diesen Fällen entspräche der Leistungsaustausch dem tatsächlichen Willen der Beteiligten[636]. Der Bundesgerichtshof ersetzt an dieser Stelle eine rechtliche Betrachtung durch rein tatsächliche.

Einige Stimmen in der Literatur haben auf diese Rechtsprechung kritisch reagiert[637]. Hauptargument der Vertreter der Gegenansicht ist eine Umgehung

---

[632] Palandt/*Sprau*, § 677, Rn. 4; MüKo/*Seiler*, § 677 Rn. 6.
[633] Medicus, SchR II, Rn. 622;
[634] Medicus, SchR II, Rn. 622.
[635] BGHZ 37, S. 258 (262 f.); BGHZ 101, S. 393 (399). BGH, NJW 1993, S. 3196; BGH, NJW 1997, S. 47 (48); BGH, NJW 2000, S. 72 (73).
[636] BGH, NJW 2000, S. 72 (73).
[637] MüKo/*Seiler*, § 677, Rn. 48 m. w. N.; Wollschläger, GoA, S. 207 ff.; Erman/*Ehmann*, BGB, vor § 677 Rn. 10.

der bereicherungsrechtlichen Vorschriften hinsichtlich der Rückabwicklung der erbrachten Leistungen auf das vermeintliche Schuldverhältnis[638]. Insbesondere *Seiler* hält die Regeln der Leistungskondiktion gegenüber der Geschäftsführung ohne Auftrag für vorrangig[639]. Für die Anwendung der Vorschriften über die Geschäftsführung ohne Auftrag bleibt dann kein Raum mehr.

3. Fremdgeschäftsführungswille

Die Geschäftsführung ohne Auftrag erfordert gleichzeitig das Vorliegen eines Fremdgeschäftsführungswillens. Die Ausgestaltung dieses Begriffs erfolgt auf unterschiedliche Art und Weise. Nach *Wollschlägers* Zuständigkeitstheorie umfasst er ein Geschäftsführungsbewusstsein bezüglich des Eingriffs in den Rechtskreis einer anderen Person und die Absicht, den Erfolg der Geschäftsführung dem Betreffenden zukommen zu lassen[640]. *Wolf* verlangt darüber hinaus die Unterordnung unter Interesse und Willen des Geschäftsherrn[641]. Die herrschende Lehre spricht leicht modifiziert von einer objektiv-subjektiven Theorie[642]. Auch diese verlangt das Bewusstsein, im Rechtskreis eines Dritten tätig zu werden und diese Angelegenheit auch als fremde zu behandeln[643]. Zusammenfassend ist festzustellen, dass der Fremdgeschäftsführungswille nach allen Ansichten zwei Komponenten hat. Zum einem die Kenntnis hinsichtlich des Eingriffs in eine fremde Rechtsphäre und zum anderen die Differenzierung zwischen eigenem und fremden Interesse.

II. Konsequenzen für die unterschiedlichen Erscheinungsformen faktischer Organschaft

An dieser Stelle kommt der Unterscheidung zwischen faktischen Organwaltern, die mit oder ohne Willensakt der AG tätig sind, erneut Bedeutung zu.

---

[638] Erman/*Ehmann*, vor § 677, Rn. 10; Jauernig/*Mansell*, § 677, Rn. 6.
[639] MüKo/*Seiler*, § 677, Rn. 48.
[640] Wollschläger, GoA, S. 72 ff.
[641] Wolf, AcP 166 (1966), S. 188 (217).
[642] Larenz, SchR II, S. 347; Gursky, AcP 185 (1985); S. 13 (29).
[643] Larenz, aaO.

1. Faktische Organe mit Willensakt der AG

Wie bereits gezeigt[644], können auch Personen als faktische Organe gelten, die zwar mit dem Willen der AG Organfunktionen ausüben, jedoch Bestellungsakt und Anstellungsvertrag Fehler aufweisen oder sogar nichtig sind. Die AG bekundet ihren Willen zur Einräumung einer Organstellung in zwei Schritten: Zunächst ist das Vorstandsmitglied nach § 84 Abs. 1 AktG durch den Aufsichtsrat zu bestellen. Ferner wird zwischen der AG und dem Vorstand ein schuldrechtlicher Dienst- und Geschäftsbesorgungsvertrag nach den §§ 611, 675 BGB geschlossen. Aufgrund dieser zwei strikt voneinander zu trennenden Willensakte der AG sind folgende Konstellationen denkbar:

a) Ordnungsgemäße Bestellung und fehlerhafter Anstellungsvertrag

Zunächst sind Fälle denkbar, in denen die Bestellung nach § 84 AktG ordnungsgemäß vonstatten ging, jedoch der Anstellungsvertrag nichtig oder fehlerhaft ist. Aufgrund der Abstraktheit von Bestellung und Anstellung bleibt die Organstellung hiervon unberührt. Mit der Begründung der Organstellung ist der Vorstand Beauftragter im Sinne der §§ 677 ff. BGB. Folglich kommen die Vorschriften der Geschäftsführung ohne Auftrag hier in jedem Fall nicht zur Anwendung. Zwar könnte man anführen, dass aufgrund der Abstraktion von Bestellung und Anstellung jedes der einzelnen Verhältnisse isoliert betrachtet werden muss. Dies hätte aber zur Folge, dass bei nichtiger Anstellung im Hinblick auf ein Auftragsverhältnis nicht auf die geglückte Bestellung zurückgegriffen werden dürfte. § 677 BGB verlangt jedoch nur irgendein vorrangiges Rechtsverhältnis der Beteiligten. Dabei ist eine Gesamtschau aller rechtlichen Beziehungen der Parteien vorzunehmen. Daher muss trotz der Abstraktion der beiden Verhältnisse die ordnungsgemäße Bestellung berücksichtigt werden.

---

[644] Siehe 2. Kapitel, A. III.

Nach dem Gesagten ist eine Haftung des ordnungsgemäß bestellten Vorstands trotz fehlerhafter Anstellung aus § 678 BGB a priori ausgeschlossen. Es ist grundsätzlich auf § 93 AktG und das sonstige Deliktsrecht zurückzugreifen.

b) Fehlerhafte Bestellung und ordnungsgemäßer Anstellungsvertrag

Komplizierter ist die Situation, in denen die Bestellung fehlschlug, aber die Anstellung wirksam erfolgte. Die scheinbar bestellte Person erhält keine Organstellung. Daher ist sie hinsichtlich der Ausführung von Organfunktionen an sich ohne Auftrag nach den §§ 677 ff. BGB. Zu bedenken sind jedoch die Auswirkungen des wirksamen Anstellungsvertrages nach den §§ 611, 675 BGB. Legt man dieses Vertragsverhältnis zugrunde, so geht es aufgrund der Subsidiarität der Geschäftsführung ohne Auftrag den §§ 677 ff. BGB vor. Folglich kommt eine Haftung aus § 678 BGB nicht in Betracht. Vielmehr haftet das faktische Vorstandsmitglied für Pflichtverletzungen des Dienstverhältnisses nach Maßgabe des § 280 Abs. 1 BGB. Auch hier besteht mit dem Dienstvertrag ein vorrangiges Rechtsverhältnis im Sinne der oben erläuterten Gesamtschau zwischen den Beteiligten.

c) Mangelhaftigkeit von Bestellung und Anstellungsvertrag

Im schwerwiegendsten Fall sind sowohl Bestellung als auch Anstellung fehlgeschlagen. Wie bereits dargelegt, kommt eine Anwendung der § 677 ff. BGB bei gescheiterten Vertragsverhältnissen grundsätzlich in Betracht.

Ist die Anstellung nichtig, so besteht zwischen Vorstand und AG kein Dienstvertrag, der verletzt werden könnte. Daher ist die Anwendung des § 280 BGB ausgeschlossen. Komplizierter gestaltet sich die Frage des ggf. vorrangig vor den Vorschriften der Geschäftsführung ohne Auftrag anzuwendenden § 93 AktG im Hinblick auf die fehlgeschlagene Bestellung. An dieser Stelle ist wieder zwischen nichtigen und vernichtbaren Bestellungen zu unterscheiden.

aa) Fälle der nichtigen Bestellung

Wie bereits dargelegt, können übergeordnete Schutzzwecke zu einer anfänglichen Nichtigkeit der Bestellung führen [645]. Sind Bestellung und Anstellung nichtig, so besteht zwischen der AG und dem vermeintlichen Organ kein vorrangiges Rechtsverhältnis, so dass der Anwendungsbereich der Vorschriften über die Geschäftsführung ohne Auftrag grundsätzlich eröffnet ist.

Allerdings erscheint es fraglich, ob der scheinbare Organwalter gegenüber der Gesellschaft für sein Verhalten aus § 678 BGB haften soll. Überträgt man die höchstrichterliche Rechtsprechung bezüglich nichtiger Verträge[646] auf nichtige Bestellungsakte, so würde im Falle faktischer Organschaft die Geschäftsführung ohne Auftrag Anwendung finden. Bedenken ergeben sich aber aus möglichen übergeordneten Schutzzwecken. Wenn die Bestellung an derart schweren Mängeln leidet, dass bewusst die Konsequenzen einer an sich nur fehlerhaften Organstellung, insbesondere die Haftung aus § 93 AktG, nicht greifen soll, so erscheint es zunächst inkonsequent, ersatzweise auf die Normen der Geschäftsführung ohne Auftrag zu rekurrieren. Sollte die Bestellung aufgrund von Geschäftsunfähigkeit nach den §§ 104, 105 BGB nichtig sein, so kommt auch die Geschäftsführung ohne Auftrag ohnehin nicht zur Anwendung. Zu diskutieren bleibt, ob andere Nichtigkeitsgründe zur Anwendbarkeit der Geschäftsführung ohne Auftrag führen können. Dies ist angesichts der ausgewerteten Rechtsprechung [647] zu bejahen. Freilich dürfte der Anwendungsbereich in der Praxis eher klein ausfallen. Abseits der § 104, 105 BGB sind nur wenige Nichtigkeitstatbestände denkbar. Wichtigste Fälle sind der Verstoß gegen ein Verbotsgesetz nach § 134 BGB, wie Verstöße gegen die persönlichen Bestellungsvoraussetzungen nach § 76 AktG [648] oder die Sittenwidrigkeit nach § 138 BGB. Letzterer Fall dürfte von vornherein ausgeschlossen sein.

---

[645] Siehe 3. Kapitel, A. I. 1.

[646] BGHZ 37, S. 258 (262 f.); BGHZ 101, S. 393 (399). BGH, NJW 1993, S. 3196; BGH, NJW 1997, S. 47 (48); BGH, NJW 2000, S. 72 (73).

[647] BGHZ 37, S. 258 (262 f.); BGHZ 101, S. 393 (399). BGH, NJW 1993, S. 3196; BGH, NJW 1997, S. 47 (48); BGH, NJW 2000, S. 72 (73).

[648] Hüffer, AktG, § 76 Rn. 3.

Soweit jedoch kein übergeordneter Schutzzweck, wie die Geschäftsunfähigkeit, betroffen ist, besteht kein Anlass, die Anwendung der Geschäftsführung ohne Auftrag auf Fälle nichtiger Bestellung abzulehnen. Damit haftet das nichtige Organ grundsätzlich nach den Regeln der Geschäftsführung ohne Auftrag.

bb) Fälle der lediglich fehlerhaften Bestellung

In Fällen der fehlerhaften Bestellung findet bis zur Vernichtung des Bestellungsaktes § 93 AktG uneingeschränkt auf den fehlerhaft bestellten Organwalter Anwendung. Die Fehlerhaftigkeit zeigt keine Auswirkungen auf die Rechte und Pflichten der betroffenen Person[649]. Daher liegt in solchen Fällen ein Auftrag im Sinne des § 677 BGB vor. Die Regeln der Geschäftsführung ohne Auftrag kommen nicht zur Anwendung.

d) Ergebnis

Sobald eines der beiden abstrakt voneinander wirkenden Verhältnisse zwischen AG und Vorstand wirksam ist, greift die Subsidiarität der Geschäftsführung ohne Auftrag. Bei wirksamer Bestellung kann auf § 93 AktG und bei wirksamer Anstellung auch auf § 280 BGB zurückgegriffen werden. Unterschiede ergeben sich, sobald Bestellung und Anstellung fehlerhaft sind. Ist dabei die Bestellung lediglich für die Zukunft vernichtbar, so haftet der faktische Organwalter dennoch aus § 93 AktG bis zum Widerruf seiner Organstellung. Ist die Bestellung anfänglich nichtig, so kommt grundsätzlich ein Rückgriff auf § 678 BGB in Betracht.

2. Faktische Organe ohne Willensakt der AG

Anders gelagert sind die Fälle, in denen Personen ohne Willensakt der AG eine faktische Organstellung erlangt haben. Dies zeigt sich, wenn man die Tätigkeit dieser Person unter die Voraussetzungen des § 678 BGB subsumiert:

---

[649] KöKo/*Mertens*, § 84 Rn. 29 f. m. w. N.

a) Das objektiv fremde Geschäft

Der faktische Organwalter führt hier ein objektiv fremdes Geschäft, da er in dieser Eigenschaft die rechtlichen und tatsächlichen Interessen der AG wahrnimmt. Den faktischen Vorstand treffen weder organschaftliche Rechte noch Pflichten. Daher nimmt er unter keinen Umstände eigene Geschäfte war, auch wenn er möglicherweise ein eigenes wirtschaftliches Interesse an einer bestimmten Art und Weise der Geschäftsführung hat. Diese Fälle lassen sich unter den Begriff des auch fremden Geschäfts subsumieren, in denen das Eigeninteresse den Fremdgeschäftsführungswillen nicht ausschließt[650].

b) Fremdgeschäftsführungswille

Soweit der faktische Organwalter in die Geschäftsführung eingreift, ist der Rechtskreis der Gesellschaft betroffen. Damit ist aber noch nicht die Frage nach dem Fremdgeschäftsführungswillen beantwortet. Der faktische Organwalter hat in der Regel ein Geschäftsführungsbewusstsein, da er weiß, dass er durch sein Handeln in die Geschäftsführung der Gesellschaft eingreift. Weiß der faktische Organwalter ausnahmsweise nicht, dass seine Handlungen in den Rechtskreis der Gesellschaft eingreifen, so liegt ein Fall der unechten Geschäftsführung ohne Auftrag nach § 687 Abs. 1 BGB vor. Dies führt zur Unanwendbarkeit der Vorschriften über die Geschäftsführung ohne Auftrag. Das eventuell gleichzeitig verfolgte Eigeninteresse des faktischen Organs ist dabei im Hinblick auf die Grundsätze des auch fremden Geschäfts[651] unbeachtlich. Die zweite subjektive Komponente[652] ist schwieriger nachweisbar.

In diesem Zusammenhang ist die Unterscheidung zwischen der herrschenden Lehre und *Wollschlägers* Zweikomponentenlehre[653] von erheblicher Bedeutung. Verlangt man ein finales Element[654], so muss der faktische Organwalter

[650] BGHZ 63, S. 167; BGHZ 110, S. 313.
[651] BGHZ 63, S. 167; BGHZ 110, S. 313.
[652] Larenz, SchR II, aaO.
[653] Wollschläger, GoA, S. 72 ff.
[654] Wollschläger, GoA, S. 72 ff.

zumindest auch das Ziel verfolgen, den Erfolg der Geschäftsführung der Gesellschaft zukommen zu lassen. Verlangt man lediglich den Willen, die Angelegenheit als fremde zu behandeln, so genügt es, die Akte der Geschäftsführung als fremden Gegenstand zu betrachten. Zur Unterscheidung der beiden Sichtweisen lässt sich eine Parallele zu Dienst- und Werkverträgen ziehen. Bei der ersten Ansicht geht es um die Herbeiführung eines konkreten Erfolges der Geschäftsführung, bei der anderen lediglich um das Tätigwerden als solches in fremden Rechtskreisen. Der faktische Organwalter muss demnach seinen Einfluss auf die Gesellschaft zumindest kennen und ihn zumindest auch im Interesse der Gesellschaft ausüben. Verfolgt der faktische Organwalter ausschließlich eigene Interessen, so ist der Anwendungsbereich der Geschäftsführung ohne Auftrag nicht eröffnet.

c) Ergebnis

Das faktische Organ ohne Willensakt der Gesellschaft unterliegt nur dann der Geschäftsführung ohne Auftrag, wenn es neben eigenen Interessen zumindest auch die Interessen der beeinflussten Gesellschaft verfolgt. In allen anderen Fällen ist die Anwendung der §§ 677 ff. BGB ausgeschlossen.

III. Zusammenfassung zur Geschäftsführung ohne Auftrag

Auf faktische Organe mit Willensakt der Gesellschaft findet die Geschäftsführung ohne Auftrag grundsätzlich keine Anwendung. Bei fehlgeschlagener Bestellung ist die Geschäftsführung ohne Auftrag subsidiär gegenüber der tatsächlich entstandenen Organstellung. Ist die Bestellung nichtig, so findet die Geschäftsführung ohne Auftrag aufgrund übergeordneter Schutzwecke keine Anwendung. Ist parallel wirksam ein Anstellungsverhältnis begründet worden, so sind die Regelungen des Vertragsverhältnisses gegenüber der Geschäftsführung ohne Auftrag vorrangig. Auf faktische Organe ohne Willensakt der Gesellschaft kann die Geschäftsführung ohne Auftrag angewendet werden. Durch die Eingriffe in die Geschäftsführung besorgt der faktische Organwalter ein objektiv fremdes Geschäft. Verfolgt er dabei eigene

Interessen, so liegt ein auch fremdes Geschäft vor. Dieses fällt ebenfalls in den Anwendungsbereich der Geschäftsführung ohne Auftrag. Hinsichtlich des Rechtskreises der Gesellschaft sind die persönlichen Motive des faktischen Organs zunächst unbeachtlich. Es muss aber zumindest das Interesse der beeinflussten Gesellschaft bei Ausübung seiner Tätigkeit im Blick haben. Zusammengefasst unterliegen der Geschäftsführung ohne Auftrag nur faktische Organwalter ohne Willensakt der Gesellschaft, die neben dem Eigeninteresse zumindest auch das Interesse der Gesellschaft verfolgen.

C. Deliktische Haftung

Zuletzt ist auf die deliktische Haftung faktischer Organmitglieder einzugehen. Wie jede Person, so kann grundsätzlich auch den faktischen Organwalter eine Haftung aus den §§ 823 ff. BGB treffen.

I. Die Haftung aus § 823 Abs. 1 BGB

Ausgangsnorm des deutschen Deliktsrechts ist § 823 BGB. Nach § 823 Abs. 1 BGB haftet, wer vorsätzlich oder fahrlässig das Leben, den Körper, die Gesundheit, die Freiheit, das Eigentum oder ein sonstiges Recht eines anderen verletzt. Die in dieser Norm enumerativ aufgezählten Rechtsgüter sind absoluter Natur. Es handelt sich um Rechte, die gegenüber jedermann gelten und folglich jedermann beachten muss[655]. Gegenstand der Untersuchung ist die Ersatzpflicht des faktischen Organs gegenüber der AG. Daher sind das Eigentum und die sonstigen Rechte als Schutzobjekte besonders interessant.

1. Das Eigentum als Schutzgut

§ 823 Abs. 1 BGB schützt vor Eingriffen in das Eigentum. Als Rechtssubjekt ist die AG in der Lage, selbständig Eigentum an Sachen zu begründen. Folglich wird auch sie durch § 823 Abs. 1 BGB geschützt. Beschädigt ein faktischer Organwalter das Eigentum der Gesellschaft, so haftet er nach Maßgabe dieser

[655] Palandt/*Sprau*, vor § 823, Rn. 2.

Vorschrift. Es ergeben sich keinerlei Unterschiede zur Haftung eines sonstigen Dritten. Die eventuellen parallel bestehenden vertraglichen Beziehungen sind dabei irrelevant. Vertragliche und organschaftliche Haftungsgrundlagen stehen in echter Anspruchskonkurrenz zur deliktischen Haftung[656].

2. Eingriffe in sonstige Rechte unter Berücksichtigung des Schutzgutes des eingerichteten und ausgeübten Gewerbebetriebs

Wenn Organmitglieder ihre Pflichten verletzen, entstehen in der Regel schlichte Vermögensschäden, die nicht unter die absoluten Schutzgüter des § 823 Abs. 1 BGB fallen. Gleiches gilt zwangsläufig auch für faktische Organe. Ausnahmsweise hat jedoch die Rechtsprechung die Haftung für Vermögensschäden im Rahmen des § 823 Abs. 1 BGB anerkannt, sofern sie auf einem Eingriff in den eingerichteten und ausgeübten Gewerbebetrieb beruhen[657]. In diesen Fällen wird der eingerichtete und ausgeübte Gewerbebetrieb und die sonstigen Rechte des § 823 Abs. 1 BGB subsumiert[658]. Denkbar ist, dass die durch faktische Organwalter ausgeführten Handlungen einen solchen Eingriff in den eingerichteten und ausgeübten Gewerbebetrieb der AG darstellen. Dies hätte eine Haftung des faktischen Organmitglieds gegenüber der Gesellschaft aus § 823 Abs. 1 BGB zur Folge.

a) Die Voraussetzungen im Überblick

Zunächst ist das Augenmerk auf die allgemeinen Voraussetzungen der Haftung für Eingriffe in den eingerichteten und ausgeübten Gewerbebetrieb zu richten. Zu Beginn muss eine Handlung stehen, die den Gewerbebetrieb des Geschädigten berührt. Zur Definition des Gewerbebetriebs wird die hinreichend bekannte Formel herangezogen. Ein Gewerbe ist jede auf Gewinnerzielung gerichtete, dauerhaft ausgeübte und selbständige Tätigkeit[659]. Eingerichtet und

[656] Palandt/*Sprau,* vor § 823, Rn. 5.
[657] RGZ 58, S. 24 ff.; BGHZ 9, S. 65 ff.
[658] BGHZ 3, S. 270 (278 ff.); BGHZ 8, S. 142 (144); MüKo/*Wagner,* § 823, Rn. 180.
[659] BGHZ 33, S. 321 (324 ff.); BGHZ 63, S. 32 f.; BGHZ 83, S. 382 (386).

ausgeübt ist der Betrieb dann, wenn eine auf Dauer angelegte Organisation vorhanden ist und eine gewerbliche Tätigkeit bereits aufgenommen wurde[660].

Auch, wenn eine AG im Umkehrschluss aus § 3 Abs. 1 AktG zu jedem beliebigen Zweck gegründet werden kann, betreibt sie in der Regel ein Gewerbe. Aufgrund ihrer Rechtspersönlichkeit nach § 1 Abs. 1 S. 1 AktG ist die AG Trägerin des Unternehmens und damit Inhaberin des Schutzgutes des eingerichteten und ausgeübten Gewerbebetriebs.

Die Haftung wird durch einen betriebsbezogenen Eingriff ausgelöst[661]. Von einem derartigen Eingriff ging die frühere Rechtsprechung immer dann aus, wenn Grundlagen des Betriebs bedroht oder seine Funktion für längere Zeit aufgehoben war[662]. Der BGH distanzierte sich später vom Postulat des existenzbedrohenden Eingriffs und setzte an diese Stelle das Erfordernis der Unmittelbarkeit des Eingriffs[663]. Nach dieser Rechtsprechung muss sich der Eingriff gegen den Betrieb als solchen richten und darf nicht nur vom Betrieb ablösbare Rechtsgüter tangieren[664]. Dieses Kriterium verhindert die Ausuferung der Haftung für Eingriffe in den eingerichteten und ausgeübten Gewerbebetrieb. So ist die Haftung beispielsweise für mittelbare Beeinträchtigungen zu verneinen, die auf der Verletzung eines Mitarbeiters des Betriebs beruhen, der infolge der Verletzung ausfällt[665]. Die Beeinträchtigung einzelner Geschäftsaktivitäten kann bei hinreichender Intensität jedoch ausreichen[666]. Unterstellt, ein faktischer Organwalter tätigt riskante Geschäfte oder handelt sogar vorsätzlich aufgrund von Drittinteressen gezielt gegen die Belange der AG, so lässt sich unproblematisch ein betriebsbezogener Eingriff konstruieren.

---

[660] MüKo/*Wagner*, § 823 Rn. 184 ff.
[661] MüKo/*Wagner*, § 823, Rn. 185 m. w. N.
[662] RGZ 73, S. 107 (112); RGZ 77, S. 217 (218 f.).
[663] BGHZ 29, S. 65 (74).
[664] BGHZ 29, S. 65 (74).
[665] MüKo/*Wagner*, § 823, Rn. 185 m. w. N.
[666] BGHZ 3, S. 270 (279); BGHZ 29, S. 65 (69).

b) Der Kreis der möglichen Schädiger

Näher zu beleuchten ist aber der mögliche Kreis der Schädiger. In den bisher bekannten Fällen handelten stets außenstehende Personen gegen den Betrieb[667]. Die Rechtsfigur des eingerichteten und ausgeübten Gewerbebetriebs soll primär auch vor Störungen von außen schützen [668] . Zweifel bezüglich der Anwendbarkeit des eingerichteten und ausgeübten Gewerbebetriebs auf die Handlungen faktischer Organe ergeben sich daher aus der Tatsache, dass hier die Eingriffe meist von Personen erfolgen, die zumindest im Lager der AG stehen. Diese Annahme gilt vor allem für faktische Organmitglieder, die mit Willen der AG agieren. Grundsätzlich anderes ist die Lage zu beurteilen, wenn die Handelnden ohne Willensakt der AG zu einer faktischen Organstellung gelangt sind. Diese sind zweifelsfrei als externe Personen anzusehen und daher in jedem Fall potentielle Schädiger der AG im Sinne des § 823 Abs. 1 BGB.

Ferner muss der Eingriff in rechtswidriger Weise erfolgt sein. Hier genügt jedoch nicht die übliche Indizierung der Rechtswidrigkeit durch die Verwirklichung des Tatbestandes. Vielmehr muss die Rechtswidrigkeit des Eingriffs anhand einer umfassenden Güter- und Interessenabwägung positiv festgestellt werden.

Allerdings kann der Eingriff auch gerechtfertigt sein. Zu denken ist insbesondere an die rechtfertigende Einwilligung der AG. Diese betrifft jedoch nur solche faktische Organmitglieder, die mit Willensakt der AG tätig werden. Denn in diesem Willensakt kann die Einwilligung in die Handlungen des faktischen Organwalters liegen. Diese reicht jedoch nur so weit, wie das übliche Geschäftsleiterermessen eines echten Organs. Schließlich geht die AG bei der Äußerung ihres Willensaktes von der Begründung einer echten Organstellung aus. Daher willigt die AG in nur solche Handlungen ein, die durch das Geschäftsleiterermessen eines echten Organmitglieds gedeckt sind.

[667] RGZ 73, S. 107 (112); RGZ 77, S. 217 (218 f.); BGHZ 3, S. 270 (279); BGHZ 29, S. 65 (74).
[668] Medicus, SchR II, Rn. 819.

Bei Personen, die ohne Willensakt der AG faktisch Organaufgaben wahrnehmen, kommt keine rechtfertigende Einwilligung in Betracht. Aufgrund dieser Überlegungen ist der Anwendungsbereich des Eingriffs in den eingerichteten und ausgeübten Gewerbebetrieb deutlich eingeschränkt. Er betrifft nahezu ausschließlich das faktische Organ ohne Willensakt der Gesellschaft. Betrachtet man den Willensakt der Gesellschaft als Einwilligung, so bedarf er der oben dargestellten Konkretisierung. Wenn das Geschäftsleiterermessen der Maßstab ist, so müssen bei der Haftbarmachung faktischer Organwalter mit Willensakt der Gesellschaft die Anforderungen der Normen übernommen werden, welche dieses Ermessen zum Gegenstand haben. Dies sind letztlich die Sorgfaltspflichten des § 93 Abs. 1 AktG. Dieser Gedanke veranschaulicht, dass der Rückgriff auf die Figur des faktischen Organs sinnvoller ist als die Heranziehung allgemein deliktischer Normen. Wenn ohnehin der Maßstab des § 93 Abs. 1 AktG einzuhalten ist, so ist es nur konsequent, auch die Haftung nach den Grundsätzen des § 93 AktG zu bestimmen. Dies mündet im Ergebnis in die Anwendung des § 93 Abs. 2 AktG auf faktische Organwalter, hier mit Willensakt der Gesellschaft. Die Grundsätze dieser Norm sind immer in die Tatbestandsvoraussetzungen deliktischer Vorschriften einzubeziehen.

Schließlich muss der faktische Organwalter die Rechtsgutverletzung zu vertreten haben. Hier gilt grundsätzlich der allgemeine Maßstab des § 276 BGB[669]. Er haftet für Vorsatz und Fahrlässigkeit. Allerdings erfährt dieser Grundsatz Modifikationen durch spezifische Regelungen des Gesellschaftsrechts. An dieser Stelle ist wieder an den Verschuldensmaßstab des § 93 Abs. 2 S. 1 AktG zu denken, wie zuvor gezeigt.

c) Zusammenfassung

Faktische Organe mit Willensakt der Gesellschaft scheiden als Begeher eines Eingriffs in den eingerichteten und ausgeübten Gewerbebetrieb in der Regel aus, da ihre Handlungen zumeist gerechtfertigt sein dürften. Ein entsprechender Eingriff kann in der Regel nur von Personen begangen werden, die außerhalb

---

[669] Palandt/*Sprau*, § 823 Rn. 40 ff.

des Betriebes stehen. Ein faktisches Organ mit Willensakt der Gesellschaft ist aber der inneren Organisation des Betriebes der Gesellschaft zuzuordnen. Die Haftungsmaßstäbe des § 93 AktG sind auf sie zu übertragen. Faktische Organe ohne Willensakt der Gesellschaft kommen als Störer durch einen betriebsbezogenen Eingriff in Betracht.

II. Die Haftung im Insolvenzfall nach § 823 Abs. 2 BGB i. V. m. dem neuen § 15a InsO

Einen weiteren Aspekt stellt die Haftung faktischer Organe für die Verletzung der Insolvenzantragspflicht dar[670]. Die ursprünglichen pflichtbegründenden Normen, § 92 Abs. 2 AktG und § 64 Abs. 1 GmbHG, wurden in Rechtsprechung[671] und Schrifttum[672] als Schutzgesetze im Sinne des § 823 Abs. 2 BGB angesehen. Gegenwärtig wird die Insolvenzantragspflicht unter Aufgabe der bisherigen Normen in den Spezialgesetzen rechtsformneutral in der neuen Vorschrift des § 15a InsO niedergelegt[673]. In der Sache und inhaltlich ändert sich jedoch nichts[674]. Künftig ist § 15a InsO als relevantes Schutzgesetz im Sinne des § 823 Abs. 2 BGB anzusehen[675].

1. Die Insolvenzantragspflicht nach dem neuen § 15a InsO

Nach dem neuen § 15a InsO sind die Mitglieder des Vertretungsorgans, in der Aktiengesellschaft daher der Vorstand, verpflichtet, im Falle der Zahlungsunfähigkeit der Gesellschaft Antrag auf Eröffnung des Insolvenzverfahrens zu stellen. Diese Pflicht trifft jedes Vorstandsmitglied

---

[670] Hierzu ausführlich: Hartmann, Insolvenzantragspflicht, S. 29 ff.
[671] BGH, ZIP 1994, S. 1103; BGH, NJW 1998, S. 2667; BGHZ 29, S. 100 (103); BGHZ 75, S. 96 (106); BGHZ 100, S. 19 (21); BGHZ 126, S. 181 (190).
[672] KöKo/*Mertens,* § 92 Rn. 50; Großkomm. AktG/*Habersack*, § 92 Rn. 71; Schulze-Osterloh, AG 1984, S. 141 (144).
[673] BT-Drs. 16/6140.
[674] Poertzgen, GmbHR 2007, S. 1258 (1259).
[675] Schmidt, GmbHR 2007, S. 1072 (1078); Poertzgen, GmbHR 2007, S. 1258 (1259).

unabhängig von der Frage nach Einzel- oder Gesamtvertretungsmacht zwecks Vermeidung zivil- und strafrechtlicher Haftung[676].

2. Die Insolvenzantragspflicht des faktischen Organs

Die Rechtsprechung hat bereits im Jahre 1988 die Konkursantragspflicht eines faktischen Geschäftsführers einer GmbH nach § 64 GmbHG a. F. bejaht[677]. Geschäftsführer im Sinne des § 64 GmbHG a. F. sei, wer die Geschicke der Gesellschaft maßgeblich in der Hand halte[678]. Dies hat der BGH im Jahre 2005 bestätigt[679]. Um dem Schutzzweck dieser Norm gerecht zu werden, müsse die Zuständigkeit zur Stellung des Antrags auf Eröffnung des Konkursverfahrens auch solchen Personen zukommen, die nicht formell zu Geschäftsführern berufen wurden[680]. Diese Auffassung wird überwiegend im Schrifttum geteilt[681]. Allerdings finden sich auch Kritikpunkte und Einschränkungen. So will etwa *Hartmann* die Antragspflicht nur Personen auferlegen, die auch nach außen als Geschäftsführer auftreten und rechtfertigt dies mit einem aus diesem Auftreten entstehenden Vertrauenstatbestand[682]. *Kleindiek* unterwirft Personen nur im Falle ihrer fehlerhaften Bestellung der Insolvenzantragspflicht[683], mithin auf das fehlerhaft bestellte Organ. Dies ist im Ergebnis eine Beschränkung der Antragspflicht auf echte Organe. Denn das fehlerhafte Organ ist bis zum Widerruf der Organstellung dem echten Organ uneingeschränkt gleichzustellen[684].

Diese Einschränkungen sind im Ergebnis nicht geboten. Zuzugeben ist insoweit, dass die Insolvenzantragspflicht aus § 64 GmbHG und § 92 AktG, bzw.

---

[676] Vgl. noch zu § 92 AktG: MüKo AktG/*Spindler*, § 92 Rn. 43; KöKo/*Mertens*, § 92 Rn. 40 ff.
[677] BGHZ 104, S. 44.
[678] BGHZ 104, S. 44 (48).
[679] BGH, NZG 2005, S. 816.
[680] BGHZ 104, S. 44 (47 f.); BGH, NZG 2005, S. 816.
[681] Baumbach/Hueck/*Schulze-Osterloh*, GmbHG, § 64 Rn. 47; Hachenburg/*Ulmer*, GmbHG, § 64 Rn. 1 f.; Rowedder/*Schmidt-Leithoff*, GmbHG, § 64 Rn. 17; Michalski/*Nerlich*, GmbHG, § 64 Rn. 16.
[682] Hartmann, Insolvenzantragspflicht, S. 102, 451.
[683] Lutter/Hommelhoff/*Kleindiek*, GmbHG, § 64 Rn. 26.
[684] Siehe 3. Kapitel, A. I.

nunmehr aus § 15a InsO, in erster Linie dem Gläubigerschutz, sprich außerhalb der Gesellschaft stehenden Personen, zugute kommt. Aus Sicht der Gläubiger ist es jedoch unerheblich, ob die betreffende Person zuvor nach außen Vertrauen für sich in Anspruch oder einen Rechtsschein gesetzt hat. Entscheidend ist, dass derjenige zur Stellung des Antrags auf Einleitung des Insolvenzverfahrens verpflichtet sein soll, der hierzu über die erforderlichen unternehmensinternen Kenntnisse verfügt. Die Gläubiger sind daher unabhängig von einem speziellen Vertrauenstatbestand schutzwürdig. Dies veranschaulicht ein Vergleich mit der alltäglichen Situation der Antragspflicht der echten Organe: Hier kommt die Antragspflicht allen Gläubigern unabhängig von der Frage, ob sie die verantwortlichen Organwalter kannten oder diese ein besonderes Vertrauen für sich in Anspruch nahm, zugute. Daher trifft die Insolvenzantragspflicht jedes faktische Organ, im Falle der Aktiengesellschaft den Vorstand analog zu § 15a InsO. Im Hinblick auf den Vorstand als Kollektivorgan muss auch jedem faktischen Vorstand unabhängig von möglichen ordentlich bestellten Vorstandsmitgliedern diese Pflicht zukommen, da diese auch den echten Organwalter trifft[685].

Daher sollte die Insolvenzantragspflicht faktischer Organe ausdrücklich in § 15a Abs. 1 InsO aufgenommen werden. Im Übrigen bleiben die Pflichten aus § 92 Abs. 1 und 3, bzw. jetzt Abs. 2 AktG, erhalten. Auch in den verbleibenden Absätzen dieser Vorschriften ist daher die Bezugnahme auf faktische Organe einzufügen, um auch deren Pflicht zur Einberufung einer Hauptversammlung nach § 92 Abs. 1 AktG deutlich zu machen und sie dem Auszahlungsverbot nach § 92 Abs. 3 AktG zu unterwerfen. *Hartmann* hat für das alte Recht vorgeschlagen, den Wortlaut § 92 Abs. 2 AktG um einen dritten Satz zu ergänzen, der die Insolvenzantragspflicht auf Personen ausdehnt, die „dauerhaft, regelmäßig und planmäßig" die Leitung der Gesellschaft beeinflussen und deren Weisungen seitens der Unternehmensleitung befolgt werden [686]. Diese Formulierung zielt letztlich auf den Hintermann im Falle von Strohmanngeschäften ab, indem ausdrücklich auf die Befolgung von Weisungen

---

685 MüKo AktG/*Spindler*, § 92 Rn. 43; KöKo/*Mertens*, § 92 Rn. 40 ff.
686 Hartmann, Insolvenzantragspflicht, S. 186.

Bezug genommen wird. Alternativ ließe sich eine offene Formulierung wählen, die auf jede Person abstellt, die nicht ordnungsgemäß zum Vorstand bestellt wurde, ohne eine bestimmte Ausprägung des faktischen Organs vor Augen zu haben. Wie oben bereits dargelegt, sollten sich die Anpassungen nicht nur auf die Insolvenzantragspflicht als solche, sondern auch auf sämtliche Pflichten des verbleibenden § 92 AktG beziehen, um ein konsequentes Haftungsregime für faktische Organwalter im Zusammenhang mit der Zahlungsunfähigkeit der Gesellschaft zu gewährleisten. Auch ist der Arbeitnehmerschutz mit einzubeziehen, um eine Ausuferung der Antragspflicht zu verhindern[687]. Der modifizierte § 92 AktG könnte in etwa wie folgt gefasst werden[688]:

§ 92 AktG, Vorstandspflichten bei Verlust, Überschuldung oder Zahlungsunfähigkeit

(1) 1 Ergibt sich bei Aufstellung der Jahresbilanz oder einer Zwischenbilanz oder ist bei pflichtmäßigem Ermessen anzunehmen, dass ein Verlust in Höhe der Hälfte des Grundkapitals besteht, so hat der Vorstand unverzüglich die Hauptversammlung einzuberufen und ihr dies anzuzeigen. 2 *Dieselben Pflichten treffen Personen, die ohne hierzu nach den §§ 84, 85 dieses Gesetzes dazu berufen wurden, jedoch in sonstiger Weise die Aktiengesellschaft gleich dem Vorstand leiten, sofern sie nicht Arbeitnehmer der betroffenen Gesellschaft sind.*

(2) 1 Nachdem die Zahlungsunfähigkeit der Gesellschaft eingetreten ist oder sich ihre Überschuldung ergeben hat, darf der Vorstand keine Zahlungen leisten. 2 Dies gilt nicht von Zahlungen, die auch nach diesem Zeitpunkt mit der Sorgfalt eines ordentlichen und gewissenhaften Geschäftsleiters vereinbar sind. 2 Die gleiche Verpflichtung trifft den Vorstand für Zahlungen an Aktionäre, soweit diese zur Zahlungsunfähigkeit der Gesellschaft führen mussten, es sei denn, dies war auch bei Beachtung der in § 93 Abs. 1 S. 1 bezeichneten Sorgfalt nicht erkennbar. 3 Die gleiche Verpflichtung trifft den Vorstand für Zahlungen an Aktionäre, soweit diese zur Zahlungsunfähigkeit der Gesellschaft führen mussten, es sei denn, dies war auch bei Beachtung der in § 93 Abs. 1 Satz 1

[687] Vgl. hierzu die Erörterungen im 3. Kapitel, A. II. 2.
[688] Die vorgeschlagenen Änderungen sind kursiv gedruckt.

bezeichneten Sorgfalt nicht erkennbar. *4 Dieselben Pflichten treffen Personen im Sinne des § 92 Abs. 1 S. 2.*

§ 15a Abs. 1 InsO sollte wie folgt ergänzt werden[689]:

§ 15a Antragspflicht bei juristischen Personen und Gesellschaften ohne Rechtspersönlichkeit

(1) Wird eine juristische Person zahlungsunfähig oder überschuldet, haben die Mitglieder des Vertretungsorgans oder die Abwickler ohne schuldhaftes Zögern, spätestens aber drei Wochen nach Eintritt der Zahlungsunfähigkeit oder Überschuldung, einen Insolvenzantrag zu stellen. Das Gleiche gilt für die organschaftlichen Vertreter der zur Vertretung der Gesellschaft ermächtigten Gesellschafter oder die Abwickler bei einer Gesellschaft ohne Rechtspersönlichkeit, bei der kein persönlich haftender Gesellschafter eine natürliche Person ist; dies gilt nicht, wenn zu den persönlich haftenden Gesellschaftern eine andere Gesellschaft gehört, bei der ein persönlich haftender Gesellschafter eine natürliche Person ist. *Dieselben Pflichten treffen Personen, die ohne hierzu nach den Vorschriften der jeweiligen juristischen Person dazu berufen wurden, jedoch in sonstiger Weise die juristische Person gleich dem hierzu gesetzlich vorgeschriebenen Organ leiten, sofern sie nicht Arbeitnehmer der betroffenen juristischen Person sind.*

3. Ergebnis

Somit ist der faktische Vorstand der Aktiengesellschaft tauglicher Verletzer der alten Schutznorm des § 92 AktG und der neuen des § 15a InsO. Entsprechend haftet er über § 823 Abs. 2 BGB.

[689] Die vorgeschlagenen Änderungen sind kursiv gedruckt.

III. Faktische Unternehmensleitung als Fall vorsätzlich sittenwidriger Schädigung?

Als weitere allgemeine Anspruchsgrundlage kommt freilich auch § 826 BGB in Betracht. Auf diese Norm kann jedoch nur in Fällen zurückgegriffen werden, in denen sich der Akt faktischer Geschäftsführung als vorsätzlich sittenwidrig herausstellt. Die Tatbestandsvoraussetzungen werden durch die Rechtsprechung seit jeher eng ausgelegt[690]. Im Gesellschaftsrecht wurde die Anwendbarkeit des § 826 BGB häufig im Zusammenhang mit existenzvernichtenden Eingriffen seitens der Gesellschafter in Gesellschaften mit beschränkter Haftung diskutiert[691]. Die Rechtsprechung hat diesen bisher als Haftungsinstitut sui generis eingestuft[692]. Jüngst nahm die Rechtsprechung eine starke Wendung und gab ausdrücklich dieses Haftungskonzept zugunsten einer der vorsätzlich sittenwidrigen Schädigung auf[693]. Darin wird mitunter die endgültige Abkehr von den traditionellen Haftungskonzepten gesehen[694].

Der dort entschiedene Sachverhalt betraf auch die Problematik faktischer Unternehmensleitung[695]. Im Kern ging es um die Haftung eines Gesellschafters einer GmbH, der sich als faktischer Geschäftsleiter betätigte und in dieser Eigenschaft den Betrieb eines Hotels in mehrere Familiengesellschaften überführte, wobei er zugleich die ursprüngliche Betreiberin liquidierte[696]. Im Ergebnis ergeben sich hier jedoch keine Besonderheiten. Die strengen Tatbestandsmerkmale des § 826 BGB müssen erfüllt sein[697]. Herauszuheben ist dabei das Vorsatzerfordernis. Auch gröbste Fahrlässigkeit löst die Haftung nicht aus[698]. Wie bereits erörtert, führen Akte der Geschäftsleitung häufig jedoch nur

---

[690] Vgl. zu den Haftungsvoraussetzungen nur: BGH, NJW 2004, S. 2664 (2666); BGH, NJW-RR 2005, S. 611; BGH, NJW 1970, S. 657; BGH, NJW 1962, S. 1766.
[691] Baumbach/Hueck/*Hueck/Fastrich,* GmbHG, § 13 Rn. 18 m. w. N.; Roth/Altmeppen/*Altmeppen*, GmbHG, § 13 Rn. 79 m. w. N.
[692] BGHZ 151, S. 181 ff.; BGH, NJW-RR 2005, S. 335.
[693] BGH, NJW 2007, S. 2689 ff. „Trihotel".
[694] Altmeppen, NJW 2007, S. 2657.
[695] BGH, NJW 2007, S. 2689 „Trihotel"; Schanze, NZG 2007, S. 681 ff.
[696] BGH, NJW 2007, S. 2689 „Trihotel"; Schanze, NZG 2007, S. 681 (682).
[697] BGH, NJW 2007, S. 2689 (2691 f.) „Trihotel".
[698] BGH, NJW 1962, S. 1766.

fahrlässig zu Schäden[699]. Der Anwendungsbereich des § 826 BGB auf faktische Geschäftsleiter ist somit denkbar gering und ersetzt nicht den Rückgriff auf die dargestellten Mechanismen der Figur des faktischen Organs. Diese finden auch weiterhin Anwendung. Der BGH hat sich in seiner Entscheidung nicht allgemein zur Haftung faktischer Geschäftsleiter geäußert. Es ging allein um den konkreten Fall des existenzvernichtenden Eingriffs[700].

IV. Zusammenfassung zur deliktischen Haftung

Die Tätigkeit als faktischer Organwalter kann auch die allgemeindeliktische Haftung auslösen. Der Anwendungsbereich des § 823 Abs. 1 BGB ist dabei jedoch stark eingeschränkt. Da § 823 Abs. 1 BGB ausschließlich absolute Rechtsgüter schützt und faktische Organschaft üblicherweise lediglich zu allgemeinen Vermögensschäden führt, muss in der Regel auf den Eingriff in den eingerichteten und ausgeübten Gewerbebetrieb zurückgegriffen werden. Dies betrifft jedoch nur faktische Organwalter ohne Willensakt, da faktische Organe mit Willensakt der Gesellschaft der inneren Sphäre dieser zuzuordnen sind und Eingriffe in den eingerichteten und ausgeübten Gewerbebetrieb in der Regel nur von außenstehenden Personen begangen werden können. Soweit es um faktische Organe mit Willensakt der Gesellschaft geht, sind diese im Wege der Einwilligung gerechtfertigt. Die Reichweite der Einwilligung ist anhand des Sorgfaltsmaßstabes des § 93 Abs. 1 AktG zu bestimmen. Auf diese Weise wird eine haftungsrechtliche Gleichstellung faktischer Organe mit echten Organen bewirkt. Ferner sind faktische Organe zur Stellung des Insolvenzantrages nach § 92 AktG, künftig nach § 15a InsO[701], verpflichtet. Bei Verstößen haften sie aus § 823 Abs. 2 BGB i. V. m. § 92 AktG, bzw. § 15a Abs. 1 InsO. Diese Normen sind Schutzgesetze im Sinne des § 823 Abs. 2 BGB. Bei feindseligen Akten der Geschäftsführung mit vorsätzlichem und sittenwidrigem Charakter kommt § 826 BGB zur Anwendung. Aufgrund der engen Tatbestandsvoraussetzungen ist der praktische Nutzen dieser Norm hier eher untergeordnet.

---

[699] Vgl. 2. Kapitel, D. II. 2. d) bb) (2).
[700] BGH, NJW 2007, S. 2689 „Trihotel".
[701] BT-Drs. 16/6140.

6. Kapitel: Die Haftung der AG für Handlungen ihrer faktischen Organe

A. Problemstellung

Bisher ging es um die Frage, inwieweit ein faktischer Organwalter nach aktienrechtlichen oder sonstigen bürgerlich rechtlichen Vorschriften für sein Verhalten einstehen muss. Umgekehrt stellt sich aber auch die Frage, ob eine Aktiengesellschaft im Umkehrschluss für die Handlungen eines faktischen Organs haftet oder sich dessen Wissen und Handlungen in sonstiger Weise zurechnen lassen muss.

B. Übersicht über die Zurechnung des Organhandelns zur Gesellschaft

Das Zivilrecht enthält zahlreiche Anknüpfungspunkte, an denen eine juristische Person für das Verhalten ihrer Organe zur Verantwortung gezogen wird.

I. Die Anwendung des § 31 BGB auf die Aktiengesellschaft

Die zentrale Norm für die Zurechnung fremder Handlungen zu juristischen Personen ist § 31 BGB. Nach dieser Vorschrift ist ein Verein für den Schaden verantwortlich, den der Vorstand oder eines seiner Mitglieder in Ausführung ihrer Amtstätigkeit aufgrund einer zum Ersatz verpflichtenden Handlung begeht. Der Wortlaut der Norm bezieht sich unmittelbar zwar nur auf den rechtsfähigen Idealverein nach den §§ 21 ff. BGB. Es ist aber gesicherte Rechtsprechung, dass § 31 BGB in allen juristischen Personen des Privatrechts Anwendung findet[702], so auch bei der Aktiengesellschaft[703]. Die Haftung bezieht sich auf Vorstände und verfassungsmäßig berufene Vertreter[704]. Die Zurechnung wird weiter auf Personen ausgedehnt, die wesentliche Funktionen in der juristischen Person wahrnehmen und diese nach außen repräsentieren[705]. Weitaus umstrittener ist die Frage, ob die juristische Person auch für das Verhalten der

[702] RG, JW 1930, S. 2967; RGZ 91, S. 72 (75); RGZ 163, S. 21; RGZ 110, S. 145 (147).
[703] RG, JW 1930, S. 2967.
[704] MüKo/*Reuter*, § 31 Rn. 20 f.
[705] BGHZ 49, S. 19 (21).

Mitgliederversammlung oder des Aufsichtsrats einstehen muss. Die gegenwärtige Mehrheit im Schrifttum bejaht dies mit dem argementum a fortiori, dass der Verein erst recht für die Handlungen der willensbildenden Versammlung einstehen muss, wen sie dies auch für den Vorstand tun muss[706]. Dem wird jedoch entgegengehalten, dass der Aufsichtsrat mit Ausnahme der Vertretung der Aktiengesellschaft gegenüber dem Vorstand nach § 112 AktG ein reines Innenorgan sei, das gerade nicht wie der Vorstand nach außen handelt[707]. Die Rechtsprechung hat dieses Problem bisher offengelassen[708]. Diese Diskussion wird für das Problem der Anwendung auf faktische Organe hinsichtlich des faktischen Aufsichtsrats relevant. Wenn schon Handlungen des echten Aufsichtsrats der Aktiengesellschaft nicht über § 31 BGB zugerechnet werden dürfen, so kann dies auch nicht bei faktischen Aufsichtsräten geschehen. Denn das faktische Organ ist das Spiegelbild zum echten Organ. Es soll nicht besser, aber auch nicht schlechter gestellt werden, als ordnungsgemäß bestellte Organe.

In sachlicher Hinsicht erfasst § 31 BGB jede zum Schadensersatz verpflichtende Handlung, unabhängig von ihrem konkreten Rechtsgrund[709]. Dies beinhaltet sämtliche Haftungsgründe, sei es aus Vertrag, aus quasivertraglichen Verhältnissen, aus Delikt oder Gefährdungshaftung[710]. Für diese hat die juristische Person sodann einzustehen.

II. Die Wissenszurechnung in der Aktiengesellschaft

Im Zusammenhang mit der Zurechnung zum Schadensersatz verpflichtender Handlungen des faktischen Organs zur Aktiengesellschaft, stellt sich auch die Frage nach der Wissenszurechnung gegenüber der jeweiligen Gesellschaft. Zu klären ist, inwiefern das persönliche Wissen eines faktischen Organwalters über bürgerlichrechtliche Zurechnungsnormen zugeordnet werden kann. Ein weiteres

---

[706] Soergel/*Hadding*, § 31 Rn. 11; Staudinger/*Weick*, § 31 Rn. 38; Martinek, S. 146.
[707] MüKo/*Reuter*, § 31 Rn. 24; Landwehr, AcP 164 (1964), S. 482.
[708] BGHZ 36, S. 296.
[709] MüKo/*Reuter*, § 31 Rn. 30.
[710] MüKo/*Reuter*, § 31 Rn. 30.

Problem besteht bezüglich der Wissenszurechnung faktischer Organwalter gegenüber der Gesellschaft. Wie ist etwa in Situationen zu verfahren, in denen ein faktischer Organwalter über geschäfts- und gesellschaftsrelevantes Wissen verfügt, jedoch die echten Organmitglieder von diesen Umständen keine Kenntnis haben? Die zentrale Norm der Wissenszurechnung ist § 166 BGB. Nach dieser Norm kommt es hinsichtlich der rechtlichen Folgen einer Willenserklärung oder des Kennens, bzw. Kennenmüssens auf die Person des Vertreters an. Dieser Vorschrift kommt auch eine besondere Bedeutung bezüglich der Wissenszurechnung von Organen zu ihrer juristischen Person zu. Dazu soll ein kurzer Überblick über in Betracht kommende Zurechnungstatbestände gegeben werden:

1. Die absolute Wissenstheorie

Die Rechtsprechung vertrat bis Ende des 20. Jahrhunderts die absolute Wissenstheorie[711]. Nach dieser wird das Wissen eines Organs unmittelbar der Gesellschaft zugerechnet. § 166 BGB wird hier nicht als Zurechnungsnorm benötigt. Dabei ist es auch unerheblich, in welcher Form die Kenntnisse erlangt worden sind[712].

2. Die Organtheorie

Nach der Organtheorie handelt die juristische Person durch ihre Organe selbst[713]. Ihr jeweiliger Wille und deren Handeln sind Wille und Handeln der juristischen Person selbst[714]. Für sie spräche, dass das BGB die juristischen bewusst neben die natürlichen Personen stelle. Daher seien sie bezüglich ihrer Willens- und Handlungsfähigkeit gleich zu behandeln[715]. Diese Sichtweise wird heute überwiegend abgelehnt[716].

---

[711] BGHZ 109, S. 327 (331); BGHZ 140, S. 54 (61).
[712] BGH, WM 1955, S. 830 (832).
[713] Bamberger/Roth/*Schwarz/Schöpflin*, § 21 Rn. 15 f.
[714] Bamberger/Roth/*Schwarz/Schöpflin*, § 21 Rn. 15.
[715] Bamberger/Roth/*Schwarz/Schöpflin*, § 21 Rn. 16.
[716] BGHZ 132, S. 30 (37); FS Beusch/*Grunewald*, S. 301 ff.; FS E. Lorenz/*Taupitz*, S. 673, 681 f.

3. Alternative Ansätze

Teile der Rechtsprechung stellen nicht auf die Organstellung als solche ab, sondern rekurrieren allein auf die allgemeinen Normen des Zivilrechts[717]. Maßgeblich seien dabei Gedanken des Verkehrsschutzes und die Pflicht zur ordnungsgemäßer gesellschaftsinterner Kommunikation[718].

4. Die Wissenszurechnung bei Kollektivorganen

Neben der grundsätzlichen Problematik der Wissenszurechnung in juristischen Personen fragt sich vor allem im Hinblick auf Kollektivorgane die Zurechnung des Wissens einzelner Organmitglieder zur Gesellschaft. Anerkannt ist mittlerweile, dass die Kenntnis eines Organmitglieds ausreicht[719]. Dies wird mitunter aus § 28 Abs. 2 BGB hergeleitet, nachdem eine gegenüber dem Verein abzugebende Willenserklärung für ihre Wirksamkeit lediglich gegenüber einem Mitglied des Vorstands abgegeben werden muss[720]. Die Rechtsprechung rechnet sogar das Wissen ausgeschiedener und verstorbener Mitglieder der Gesellschaft zu[721]. Zulässig ist auch eine Addition des Teilwissens einzelner Organmitglieder[722]. Liegt ein Fall der Gesamtvertretung vor, so gelten dieselben Grundsätze[723].

C. Konsequenzen für die Zurechnung des Handelns faktischer Organe

Es fragt sich nun, ob die oben geschilderten Haftungsmechanismen auch auf faktische Organe übertragbar sind. Wie in der bisherigen Analyse ist auch hier wieder zwischen faktischen Organen zu differenzieren, die mit und ohne Willensakt der Aktiengesellschaft ihren Einfluss ausüben.

---

[717] BGHZ 132, S. 30 (37 f.); BGH NJW 1999,S. 3777; BGH, NJW 2001, S. 359 (360).
[718] BGHZ 132, S. 30 (37).
[719] Köhler, BGB AT, § 11 Rn. 52; MüKo/*Schramm*, § 166 Rn. 28 ff.
[720] Köhler, BGB AT, aaO.
[721] BGHZ 109, S. 327 (331); BGH NJW 1995, S. 2159 (2130).
[722] BGHZ 109, S. 327.
[723] RGZ 78, S. 347 (354); RGZ 13, S. 33 (36); Staudinger/*Schilken*, § 166 Rn. 24; MüKo/*Schramm*, § 166 Rn. 14, 21; Soergel/*Leptien*, § 166 Rn. 5; Bamberger/Roth/*Habermeier*, § 166 Rn. 13.

I. Faktische Organe mit Willensakt der Gesellschaft

Als erstes soll das faktische Organ mit Willensakt der Gesellschaft betrachtet werden.

1. Die Anwendbarkeit des § 31 BGB

Insbesondere ist die Anwendbarkeit des § 31 BGB zu hinterfragen.

Einen direkten Anwendungsfall des § 31 BGB kraft Organstellung stellt grundsätzlich das fehlerhaft bestellte Organ dar. Wie bereits im 2. Kapitel erörtert, handelt es sich hierbei um eine vernichtbare, aber echte Organstellung. Bei faktischen Organwaltern mit Willensakt der Gesellschaft kommt unter Umständen die Anwendung des Auffangtatbestandes des „anderen verfassungsmäßig berufenen Vertreter" des § 31 BGB in Betracht. Ursprünglich betrifft diese Variante nur Personen, die satzungskonform eine echte Organstellung als Sonderorgan neben dem Vorstand innehaben[724]. Übertragen auf die Aktiengesellschaft betrifft dies Fakultativorgane, Beiräte. Hier geht es aber um die Frage, ob auch ein faktischer Organwalter ohne echte Organstellung, der aber mit Willen der Gesellschaft seine Funktion ausführt, ebenfalls unter dem Bergriff des sonstigen Vertreters zu subsumieren ist. In Ermangelung einer ordnungsgemäßen Organstellung oder einer sonstigen satzungsmäßigen Übertragung einer organgleichen Stellung würde diese die Anwendung der Norm über ihren Wortlaut hinaus bedeuten. Denn der Zurechnungstatbestand des § 31 BGB hat zwei Säulen. Erstens, die satzungsmäßige Verleihung einer Organstellung und zweitens eine irgend geartete Vertretungsmacht. Die Ausfüllung des Begriffs des sonstigen berufenen Vertreters hat die Rechtsprechung insbesondere im Zusammenhang mit der Struktur größerer Unternehmen, auch mit der Aktiengesellschaft, beschäftigt. Bereits das Reichsgericht hat sich im Laufe der Jahre vom Wortlaut der Norm gelöst[725]. So wurden beispielsweise sonstige leitende Angestellte, etwa Filialleiter von

---

[724] Staudinger/*Weick*, § 31 Rn. 24 f.
[725] Zusammenfassender Überblick in: Staudinger/*Weick*, § 31 Rn. 25 ff.

Kaufhäusern und Banken, mit einbezogen [726]. Die Ausdehnung des Anwendungsbereichs des § 31 BGB erfuhr ihren Höhepunkt mit dem Verzicht sogar auf rechtsgeschäftliche Vollmacht zugunsten einer rein tatsächlichen Betrachtung[727]. Der BGH hat diese Ansätze bis in die heutige Zeit fortgeführt[728]. Im Kern geht es hier um die Abgrenzung zwischen einer analogen Anwendung des § 31 BGB auf nicht satzungsgemäße Vertreter oder um eine unmittelbare Erweiterung der Norm mittels Begriffsjurisprudenz[729].

Folgt man der Rechtsprechung, so ist jedes faktische Organ mit Willensakt ein Fall der direkten Anwendung des § 31 BGB. Der faktische Organwalter beeinflusst maßgeblich die Geschicke der Gesellschaft, ohne hierzu satzungsgemäß berufen zu sein. Ferner ist das faktische Organmitglied nicht zwingend mit Vertretungsmacht ausgestattet. Auch hier ist eine rein tatsächliche Betrachtung vorzunehmen, die sich von strikt rechtlichen Kategorien löst. Die Rechtsprechung betraf Konstellationen, in denen Angestellte der Unternehmen herausgehobene Positionen bekleideten und auf die Gesellschaft entsprechenden Einfluss ausübten. Dies geschah stets mit Willen der jeweiligen Gesellschaft. Dieser wird anhand der Übertragung der Aufgabe, etwa als Filialleiter, deutlich. Entwickelt man diesen Gedankengang weiter, so ist jeder Willensakt der Gesellschaft geeignet, die Konsequenzen des § 31 BGB auszulösen. Dabei kommt es nicht auf dessen rechtliche Wirksamkeit an. Entscheidend ist der Wille der Gesellschaft, dass eine Person Organfunktionen unabhängig von einer rechtlich wirksamen Bestellung wahrnehmen soll. Somit ist jeder Fall der faktischen Organschaft mit Willensakt der Gesellschaft unter § 31 BGB zu subsumieren.

---

[726] RG JW 1936, S. 915; RGZ 94, S. 18; RGZ 117, S.1; RGZ 126 S. 50 (52); 157, S. 228 (232); RGZ 162 S. 202.
[727] RGZ 157, S. 228 (236); RGZ 162, S. 129 u. S. 168; RG, DRW 1944, S. 287.
[728] BGHZ 349, S. 19 (21); BGHZ 101, S. 215 (218); BGH, NJW 1998, S. 1854 (1856).
[729] Staudinger/*Weick*, § 31 Rn. 27.

2. Die Zurechnung des Wissens eines faktischen Organs mit Willensakt der Gesellschaft

Den nächsten Punkt betrifft die Wissenszurechnung des faktischen Organs mit Willensakt zur Gesellschaft. Folgt man der Wissenstheorie, so sind juristische Person und Organ als Einheit zu betrachten. Gleiches gilt letztlich auch für die Organtheorie. Hier folgt die Zurechnung in letzter Konsequenz unmittelbar aus der Organstellung. Dieser Ansatz ist aber nur hinsichtlich des fehlerhaft bestellten Organs fruchtbar zu machen. Dieses hat eine echte Organstellung, so dass deren Wissen der Gesellschaft auch unmittelbar zuzurechnen ist. Zu keinem anderen Ergebnis gelangt man bei Heranziehung der Organtheorie. Die Wissenszurechnung erfolgt kraft Organstellung. Solange diese existiert, entstehen keine Probleme. Diese beiden Ansätze versagen jedoch vollständig bei jeder anderen Form faktischer Organschaft. Denn unabhängig von der Frage nach einem Willensakt ist allen faktischen Organen das Fehlen einer wirksamen Organstellung gemeinsam. Eine Wissenszurechnung kraft Organstellung ist schlicht unmöglich. Zunächst muss daher für faktische Organe mit Willensakt der Gesellschaft eine Lösung gefunden werden. Es erscheint zunächst unbillig, dass eine Person mit dem Willen der Gesellschaft Organfunktionen wahrnimmt, sie sich aber im Zweifel auf Unkenntnis von Tatsachen berufen kann, die dem faktischen Organwalter bekannt sind.

Ein Ansatz ist die Ausdehnung von Wissens- und Organtheorie auf faktische Organe mit Willensakt der Gesellschaft. Problematisch ist jedoch, hierfür einen dogmatischen Ansatzpunkt zu finden. Bei echten Organen funktioniert die Zurechnung aufgrund eines wirksamen Bestellungsaktes und damit aufgrund eines positiv kodifizierten Rechtsinstituts. Ein sonstiger Willensakt wird aber aufgrund einer tatsächlichen und nicht einer rechtlichen Betrachtung festgestellt. Er dient ja gerade der Überbrückung fehlgeschlagener rechtlicher Handlungen, etwa der Bestellung zum Organ. Eine Ausdehnung von Wissens- und Organtheorie auf faktische Organe führt zu einer Vermengung rechtlicher und rein tatsächlicher Betrachtungsweise. Dies führt letztlich zu einer willkürlichen und ausufernden Anwendung anerkannter Rechtsinstitute. Dies ist zu vermeiden.

Als echter normativer Anknüpfungspunkt bleibt § 166 BGB. Hier ist wiederum problematisch, dass diese Vorschrift tatbestandlich einen Vertreter verlangt. Dies ist nur eine Person, die mit rechtsgeschäftlicher oder gesetzlicher Vertretungsmacht ausgestattet ist. Dies macht eine weitere Differenzierung innerhalb der Kategorie faktischer Organe mit Willensakt der Gesellschaft erforderlich. Denkbar sind Fälle, in denen ein faktischer Organwalter aufgrund des Willensaktes mit einer rechtsgeschäftlichen Vollmacht ausgestatte ist. Die Vollmachterteilung kann nämlich in dem Willensakt enthalten sein. Schließlich reicht es nach § 167 Abs. 2 BGB aus, dass die Vollmacht entweder gegenüber dem Bevollmächtigten oder einem Dritten gegenüber erteilt wird. Dies geschieht nach § 167 Abs. 2 BGB formfrei. In diesen Fällen findet § 166 BGB unproblematisch direkt Anwendung.

Komplizierter sind Fälle zu beurteilen, in denen ein faktischer Organwalter mit Willen der Gesellschaft handelt, in dem konkreten Willensakt jedoch keine Vollmachterteilung enthalten ist. Hier ist eine Zurechnung des Wissens unmittelbar über § 166 BGB nicht möglich. Es fehlt am Tatbestandsmerkmal des Vertreters. Daher bedarf es hier einer Analogie zu § 166 BGB. Die Regelungslücke ist offensichtlich. Eine Person handelt mit dem Willen der Gesellschaft. Das Wissen, das sie hierbei erlangt, kann aber nicht unmittelbar der Gesellschaft zugerechnet werden. Dadurch können erhebliche Haftungslücken entstehen. Auch ermöglicht diese Lücke Umgehungsgeschäfte. Jemand kann faktisch Organfunktionen wahrnehmen und zwecks Vermeidung der Wissenszurechnung wird auf eine ordnungsgemäße Bestellung verzichtet. Es ist daher interessengerecht, diese Lücke mit einer Analogie zu § 166 BGB zu schließen. An Stelle des Tatbestandsmerkmals des Vertreters tritt das faktische Organ mit Willensakt der Gesellschaft. Wenn der Gesellschaft die faktische Organstellung einer Person bekannt ist und diese ihre Tätigkeit sogar mit deren Willen ausübt, ist die Wissenszurechnung nur logische Konsequenz, deren rechtliche Folge aus § 166 BGB hergeleitet werden kann.

II. Faktische Organe ohne Willensakt der Gesellschaft

1. Die Anwendbarkeit des § 31 BGB

Auch hier stellt sich die Frage nach der Anwendbarkeit des § 31 BGB.

a) Die direkte Anwendbarkeit des § 31 BGB

Bei faktischen Organen ohne Willensakt der Gesellschaft ist die direkte Anwendung des § 31 BGB ausgeschlossen. Hierzu fehlt es von vornherein an einer echten Organstellung, welche die unmittelbare Folge des § 31 BGB auslösen könnte. Deswegen kann der faktische Organwalter ohne Willensakt der Gesellschaft auch nicht in Ausübung seines Amtes handeln. Hier ist auch eine Anknüpfung an den Begriff der sonstigen verfassungsmäßig bestellten Personen nicht möglich. Denn eine solche beinhaltet zwangsläufig den Willen der Gesellschaft, dass eine Person Organfunktionen wahrnimmt. Fehlt jedoch jeder Willensakt der Gesellschaft, ist dieser Tatbestand von vornherein ausgeschlossen.

b) Die analoge Anwendbarkeit des § 31 BGB

Zu untersuchen bleibt, ob Fälle faktischer Organschaft analog unter § 31 BGB zu subsumieren sind. Die Regelungslücke ist offensichtlich. Eine Person nimmt Organaufgaben war, schädigt dabei einen Dritten. Wird der Dritte durch einen echten Organwalter geschädigt, so greift § 31 BGB. Allerdings ist die Interessenlage hier anders zu beurteilen. Bei den faktischen Organen mit Willensakt der Gesellschaft besteht zumindest bezüglich der grundsätzlichen Tätigkeit dieser das Einverständnis der Gesellschaft. Mit der Ausdehnung des Begriffs der sonstigen verfassungsmäßig berufenen Vertreter wurde eine Anknüpfung zur Übernahme der deliktischen Verantwortung durch die Gesellschaft gefunden. Bei faktischen Organen ohne Willensakt handelt die betreffende Person ohne, wenn nicht sogar gegen das Einverständnis der Gesellschaft. Ratio des § 31 BGB ist es aber gerade, die Verantwortung auf die

Gesellschaft zu lenken, welche die Tätigkeit ihres Organmitglieds veranlasst hat. Daher besteht kein Anlass, die Gesellschaft für Handlungen haftbar zu machen, die sie gerade nicht veranlasst hat. Eine Analogie zu § 31 BGB ist an dieser Stelle ausgeschlossen. Die betroffene Gesellschaft haftet nicht über § 31 BGB für Handlungen eines faktischen Organs ohne ihren Willensakt.

2. Die Zurechnung des Wissens eines faktischen Organs ohne Willensakt der Gesellschaft

Während die Zurechnung von Wissen und Handeln eines faktischen Organwalters mit Willensakt der Gesellschaft mit einer Analogie zu § 166 BGB zu begründen war, stellen sich bei faktischen Organmitgliedern ohne Willensakt der Gesellschaft ähnliche Fragen. Wie bereits oben erörtert, ist für die Anwendung von Willens- oder Organtheorie hier kein Raum. Es bleibt auch hier nach einer möglichen Analogie zu § 166 BGB zu suchen. Eine direkte Anwendung der Vorschrift ist per se ausgeschlossen. Wenn kein Willensakt vorliegt, kann auch keine Vollmacht im Sinne der §§ 164 ff. BGB erteilt worden sein. Auch die analoge Anwendung scheidet letztlich aus. Es fehlt schon an einer Regelungslücke. Wenn jemand ohne Wissen und Wollen einer Gesellschaft faktisches Organ ist, so besteht kein Bedürfnis der Wissenszurechnung. Die Gesellschaft hat schließlich keinen rechtlichen Anlass für eine Zurechnung gegeben. An dieser Stelle unterscheiden sich faktische Organe mit und ohne Willensakt erheblich. Auch wäre eine Zurechnung des Wissens faktischer Organwalter ohne Willensakt der Gesellschaft nicht interessengerecht. Einer Gesellschaft kann nicht das Wissen einer Person zugerechnet werden, von deren Existenz sie möglicherweise keine Kenntnis hat. Damit hat sie auch keinen Einfluss auf diese und ist auch nicht in der Lage, deren Handeln zu kontrollieren oder zu unterbinden. Anders ist es bei faktischen Organen mit Willensakt der Gesellschaft. Hier kennt die Gesellschaft den faktischen Organwalter und billigt seine Tätigkeit. Aufgrund dieser Verbindung ist eine Zurechnung dessen Wissens zur Gesellschaft nur konsequent.

III. Ergebnis

Das Handeln faktischer Organe mit Willensakt der Gesellschaft ist ein unmittelbarer Anwendungsfall des § 31 BGB. Sie sind als sonstige verfassungsmäßig berufene Vertreter unabhängig von der rechtlichen Qualifikation des Willensaktes einzuordnen. Anders ist es bei faktischen Organen ohne Willensakt der Gesellschaft. Hier ist § 31 BGB weder direkt noch analog anwendbar. Ähnlich ist bei der Wissenszurechnung zu verfahren. Das Wissen faktischer Organwalter wird der Gesellschaft über § 166 BGB je nach Konstellation direkt oder analog zugerechnet. Das Wissen faktischer Organwalter ohne Willensakt der Gesellschaft wird dieser nicht zugerechnet.

D. Die Zurechnung von Handlungen ausgeschiedener Organe

Eine weitere Fallgruppe stellen ausgeschiedene Organmitglieder dar. Ein Organwalter scheidet mit dem Widerruf der Bestellung[730] oder dem Ablauf seiner Amtszeit nach § 84 Abs. 1 S. 1 AktG aus. Diese ist in das Handelsregister einzutragen. Unterbleibt diese, so muss sich die Gesellschaft deren Handlungen über die Publizitätswirkungen des § 15 Abs. 1, 3 HGB zurechnen lassen[731].

E. Zusammenfassung

Die für den rechtsfähigen Idealverein konzipierte Norm des § 31 BGB findet uneingeschränkt auf alle juristischen Personen des Privatrechts Anwendung, damit auch auf die Aktiengesellschaft. Faktische Organe mit Willensakt der Gesellschaft sind als sonstige verfassungsmäßig berufene Vertreter der Gesellschaft anzusehen. Der Willensakt der Gesellschaft ist dabei als unabhängig von seiner rechtlichen Einordnung als Berufung zum Vertreter anzusehen. Anders ist die Sachlage bei faktischen Organwaltern ohne Willensakt der Gesellschaft zu beurteilen. Da diese Personen ohne oder sogar gegen den Willen der Gesellschaft handeln, ist eine direkte oder analoge

---

[730] MüKo AktG/*Spindler*, § 84 Rn. 112.
[731] Spindler/*Stilz*/*Fleischer*, AktG, § 93 Rn. 187; MüKo AktG/*Spindler*, § 84 Rn. 112.

Anwendung dieser Norm auf diesen Personenkreis ausgeschlossen. Aus denselben Gründen scheidet auch eine Wissenszurechnung über § 166 BGB direkt oder analog aus. Im Ergebnis zeigen sich deutliche Parallelen zwischen der Zurechnung von Handlungen und Wissen. Handeln und Wissen des faktischen Organs mit Willensakt der Gesellschaft wird dieser stets zugerechnet. Handeln und Wissen faktischer Organe ohne Willensakt wird der Gesellschaft niemals zugerechnet. Weiter sind die Folgen des § 15 Abs. 1, 3 HGB für ausgeschiedene Organmitglieder zu beachten.

7. Kapitel: Die Haftung faktischer Organe gegenüber Dritten

A. Problemstellung

Wenn ein faktisches Organmitglied für seine Gesellschaft im Außenverhältnis Rechtsgeschäfte abschließt, so ist dadurch nicht nur die Gesellschaft, sondern auch der jeweilige Dritte von der faktischen Organstellung betroffen. Es fragt sich, inwieweit bei einem Scheitern des jeweiligen Vorgangs der faktische Organwalter gegenüber dem Dritten haftet.

B. Haftungsgrundlagen

Es kommen unterschiedliche Anspruchsgrundlagen des allgemeinen Zivilrechts in Betracht:

I. Die Vertretung ohne Vertretungsmacht

Erste mögliche Haftungsgrundlage ist die Vertretung ohne Vertretungsmacht[732]. Nach § 179 Abs. 1 BGB haftet ein Vertreter, der nicht seine Vertretungsmacht nachweist dem anderen Teil nach dessen Wahl auf Erfüllung oder Schadensersatz, wenn der Vertretene die Genehmigung des Vertrages verweigert. Fälle faktischer Organschaft und Organschaft kraft Rechtsscheins können unter diese Vorschrift fallen. Schließt eine Person im Namen der Gesellschaft einen Vertrag und geriert sich dabei als Organ, typischerweise als Vorstand, so wird die Gesellschaft nicht verpflichtet[733]. Etwas anderes gilt nur, wenn die Grundsätze der Anscheins- oder Duldungsvollmacht anzuwenden sind. Allerdings darf nicht in jeden Willensakt der Gesellschaft eine Duldungsvollmacht oder gar eine echte rechtsgeschäftliche Vollmacht hineininterpretiert werden. Vielmehr ist stets eine Betrachtung des konkreten Einzelfalls vorzunehmen.

[732] Dinkhoff, faktischer Geschäftsführer, S. 171 f.
[733] Dinkhoff, faktischer Geschäftsführer, S. 172.

Ferner ist an dieser Stelle eine deutliche Abgrenzung zum Organ kraft tatsächlichen Scheins vorzunehmen[734]. Das Vorliegen einer Anscheins- oder Duldungsvollmacht führt im Zweifel zu einer Stellung als faktisches Organ. Denn mit Hilfe dieser lässt sich die Vertretene, hier die Gesellschaft, berechtigen und Verpflichten. Auf diese Weise wird die zur Begründung der faktischen Organstellung erforderliche Möglichkeit der Einflussnahme hergestellt. Anders ist die Sachlage im Rahmen der Haftung nach § 179 BGB Abs. 1 BGB zu beurteilen. Hier treffen die Folgen allein den Vertreter ohne Vertretungsmacht, wenn die betroffene Gesellschaft das Geschäft nicht genehmigt. Durch die Möglichkeit der Genehmigung ist jedoch auch bereits die Sphäre der Gesellschaft betroffen, so dass bei entsprechender Intensität der Handlung eine Stellung als faktisches Organ begründet werden kann. Wird das Geschäft hingegen genehmigt, so kann unter Umständen nachträglich sogar ein Fall faktischer Organschaft mit Willensakt entstehen[735], wobei letzterer unmittelbar in der Genehmigung liegt.

II. Die Haftung aus §§ 280 Abs. 1, 311 Abs. 3 BGB

Faktische Organwalter können auch nach den §§ 280 Abs. 1, 311 Abs. 3 BGB haftbar sein[736]. Nach § 311 Abs. 3 BGB entsteht ein Schuldverhältnis mit Nebenpflichten im Sinne des § 241 Abs. 2 BGB auch zu Personen, die nicht selbst Vertragspartei werden sollen. Gemäß § 311 Abs. 3 S. 2 BGB soll dies insbesondere gelten, wenn der Dritte im besonderen Maße Vertrauen für sich in Anspruch nimmt. Hier geht es aber weniger um ein spezifisches Problem faktischer Organschaft, sondern um das allgemeine Problem der Haftung eines Stellvertreters. Zu bedenken ist dabei, dass allein aus der echten Organstellung nicht schon ein besonderes Vertrauen oder wirtschaftliches Eigeninteresse abzuleiten ist[737]. Daher müssen auch für faktische Organe besondere Umstände hinzutreten, die eine Inanspruchnahme aufgrund der in § 311 Abs. 3 BGB genannten Gründe rechtfertigt. Diese sind allgemeiner Natur und nicht

---

734 Vgl. 3. Kapitel, A. IV.

735 Zum Begriff vgl. 2. Kapitel, A. III. 2. a).

736 Dinkhoff, faktischer Geschäftsführer, S. 167.

737 BGH, NJW 1990, S. 389; BGH NJW, 1995, S. 1544.

spezifisch in der Figur faktischer Organstellungen angelegt, so dass auf diesen Problemkreis hier nicht weiter eingegangen werden soll[738].

III. Die Haftung aus unerlaubter Handlung

Auch haftet ein faktischer Organwalter stets nach den §§ 823 ff. gegenüber jedermann für die Verletzung der durch diese Normen geschützten Rechtsgüter. Insofern ergibt sich hier keine Besonderheit zu den allgemeinen Grundsätzen des Deliktsrechts.

C. Zusammenfassung

Das Organ kraft Rechtsscheins haftet gegenüber Dritten grundsätzlich nach § 179 Abs. 1 BGB. Quasivertragliche und deliktische Haftung richten sich nach allgemeinen Grundsätzen.

[738] Vgl. zu diesem Thema: Palandt/*Grüneberg*, § 311 Rn. 60 ff. m. w. N.

8. Kapitel: Prozessuale Überlegungen zur Durchsetzbarkeit der Ansprüche gegen faktische Organe

Nach Analyse der materiellrechtlichen Probleme rund um die faktische Organschaft in der Aktiengesellschaft soll die prozessuale Seite näher in Augenschein genommen werden. Nachdem feststeht, dass faktische Organwalter der analogen Haftung aus § 93 Abs. 2 AktG unterliegen, stellt sich zwangsläufig auch die Frage nach der prozessualen Durchsetzung der Ansprüche.

A. Die prozessuale Geltendmachung des Anspruchs aus § 93 Abs. 2 AktG

Zunächst stellt sich die Frage nach der prozessualen Durchsetzung von Ansprüchen aus § 93 Abs. 2 AktG in seiner direkten und analogen Anwendung.

I. Fragen der Darlegungs- und Beweislast

Wie bereits eingangs erörtert[739], ist für das Vorliegen einer Pflichtverletzung die klagende Gesellschaft darlegungs- und beweisbelastet. Das verklagte Organ hat gemäß § 93 Abs. 2 S. 2 AktG nachzuweisen, dass es kein Verschulden trifft. In diesem Zusammenhang fragt sich, ob diese Regeln auch auf faktische Organe anzuwenden sind. Aus der Tatsache, dass die Gesellschaft die Pflichtverletzung darzulegen und zu beweisen hat, folgt auch der Grundsatz, dass sie auch erst einmal die Organstellung als solche darlegen und beweisen muss. Dies bereitet in der Regel keine Schwierigkeiten, da diese im Handelsregister eingetragen ist. Da faktische Organe über keine Registerpublizität verfügen, müssen hier andere Ansatzpunkte gefunden werden. Das Problem lässt sich anhand allgemeiner Darlegungs- und Beweislastregeln lösen. Grundsätzlich ist darlegungs- und beweisbelastet, wer aus der zu beweisenden Tatsache Vorteile zieht[740]. Hinsichtlich der faktischen Organstellung ist daher die klagende Gesellschaft zur Darlegung und zum Beweis der Eigenschaft des faktischen Organs verpflichtet.

[739] Siehe 1. Kapitel, D. I. 4.
[740] BGHZ 53, S. 245 (250); BGHZ 87, S. 399; BGHZ 113, S. 224.

Weitaus problematischer ist die Frage, ob auch für das faktische Organ die Beweislastumkehr des § 93 Abs. 2 S. 2 AktG bezüglich des Verschuldens gelten soll. In materiellrechtlicher Hinsicht findet § 93 Abs. 2 AktG analog auf faktische Organwalter Anwendung. Denn das faktische Organ soll spiegelbildlich zum echten Organ behandelt werden. Dies muss aber nicht zwangsläufig für die prozessuale Behandlung gelten. Ein echtes Organmitglied dokumentiert für gewöhnlich seine Tätigkeit. Diese Materialien stehen in einem möglichen Prozess auch ohne weiteres zur Verfügung. Ein faktischer Organwalter hat diese Möglichkeiten nicht. Er steht grundsätzlich außerhalb des Unternehmens. Daher bietet sich ein Vergleich zur Situation mit einem ausgeschiedenen Organmitglied an. Hier ist anerkannt, dass die Gesellschaft aufgrund einer nachwirkenden Treuepflicht dem verklagten ehemaligen Organmitglied sämtliche Beweismittel aus der Sphäre des Unternehmens zugänglich machen muss[741]. Entwickelt man diesen Gedankengang weiter, so müssen auch dem faktischen Organwalter Beweislasterleichterungen zukommen, da dieser im Zweifel nicht Zugriff auf die unternehmensinterne Dokumentationstechnik hat.

Da die Figur des faktischen Organs vorrangig der Schließung von Haftungslücken des § 117 AktG dient, ist auch eine Übertragung der Beweislastregeln dieser Norm in Betracht zu ziehen. Für diese Vorschrift gelten die allgemeinen Darlegungs- und Beweislastregeln[742]. Demnach muss hier die Gesellschaft Beeinflussung, kausalen Schaden und den subjektiven Tatbestand uneingeschränkt nachweisen. An dieser Stelle soll das Haftungsregime des faktischen Organs nochmals vor Augen geführt werden: Vorrangig haftet es aus § 117 AktG für vorsätzliche Einflussnahme und vorsätzliche Herbeiführung eines Schadens bei voller Darlegungs- und Beweislast der Gesellschaft. § 93 Abs. 2 AktG greift analog und subsidiär bei lediglich fahrlässiger Schadensverursachung. Wenn schon bei vorsätzlicher Herbeiführung eines Schadens die klagende Gesellschaft darlegungs- und beweisbelastet sein soll, so muss sie erst recht bei dem geringeren Tatvorwurf der fahrlässigen

---

741 RG, LZ 1908, S. 448; FS Peltzer/*Rieger*, S. 339, 351.

742 MüKo AktG/*Spindler*, § 117 Rn. 43 f.

Schadensherbeiführung sein. Daher ist die Analogie zu § 93 Abs. 2 AktG auf die materiellrechtliche Seite der Haftungsnorm zu beschränken und im Übrigen auf die allgemeinen Darlegungs- und Beweislastregeln zurückzugreifen. Damit trägt die Gesellschaft die umfängliche Darlegungs- und Beweislast für die Eigenschaft als faktisches Organ und für das Verschulden.

II. Das zuständige Gericht

Auch stellt sich die Frage, vor welchem Gericht ein faktischer Organwalter zu verklagen ist.

1. Sachliche Zuständigkeit

In sachlicher Hinsicht liegt für echte und faktische Organe eine bürgerlich rechtliche Streitigkeit nach § 13 GVG vor, so dass grundsätzlich der Rechtsweg zu den ordentlichen Gerichten offen steht. Denn echte Organe sind aufgrund ihrer Weisungsunabhängigkeit nach § 76 Abs. 1 AktG und der Wahrnehmung von Arbeitgeberaufgaben keine Arbeitnehmer[743]. Dies stellt § 5 Abs. 1 S. 3 ArbGG ausdrücklich klar. Eine Besonderheit ist bei faktischen Organen zu beachten, die gleichzeitig Arbeitnehmer der Gesellschaft sind. Hier überschneiden sich die Bereiche zweier sachlicher Zuständigkeiten: Stellt man allein auf die Eigenschaft als faktisches Organ ab, so ist der ordentliche Rechtsweg zu beschreiten. Diese einseitige Betrachtung trägt aber nicht der keinesfalls zu vernachlässigenden, gleichzeitigen Arbeitnehmereigenschaft Rechnung, die den Weg zur Arbeitsgerichtsbarkeit nach § 2 Abs. 1 Nr. 3 ArbGG eröffnet. Denn faktische Organe sind gerade nicht kraft Satzung, Gesellschaftsvertrag oder Gesetz als Vertretungsorgan der Gesellschaft im Sinne des § 5 Abs. 1 S. 3 ArbGG berufen. In diesen Fällen ist es sachgerecht, den Weg zur Arbeitsgerichtsbarkeit zu beschreiten. Denn das Arbeitsgericht prüft umfassend sämtliche Rechte und Pflichten aus dem Verhältnis von Arbeitgeber und Arbeitnehmer[744] inklusive der Probleme faktischer Organschaft. Das

[743] BGHZ 12, S. 1 (8); BGHZ 79, S. 38 (41); MüKo AktG/*Spindler*, § 84 Rn. 51 m. w. N.
[744] ErfKo/*Koch*, § 2 ArbGG Rn. 4 m. w. N.

ordentliche Gericht würde zwar auch die spezifischen Belange des Arbeitsverhältnisses wegen § 17 Abs. 2 S. 1 GVG berücksichtigen. Die Arbeitsgerichte sind jedoch näher an der gesamten Materie, so dass ihnen unter Berücksichtigung der besonderen Schutzbedürftigkeit des Arbeitnehmers der Vorrang einzuräumen ist.

2. Örtliche Zuständigkeit

Das betreffende Organmitglied kann zunächst an seinem Wohnsitz nach den §§ 12, 13 ZPO verklagt werden[745]. Daneben soll auch der Gerichtsstand des Erfüllungsortes nach § 29 ZPO gelten[746]. Denn die Sorgfaltspflicht ist am Sitz der Gesellschaft zu erfüllen[747]. Umstritten ist, ob auch der Gerichtsstand der unerlaubten Handlung nach § 32 ZPO einschlägig sein soll. *Hüffer* und *Mertens* lehnen dies ab[748]. *Hefermehl* und *Spindler* befürworten dies. Letzteres ist richtig. Wenn § 93 Abs. 2 AktG einen speziellen deliktischen Tatbestand enthält, so muss die Haftung nach dieser Norm auch prozessual deliktisch behandelt werden. Dies bedeutet konsequenter Weise die Eröffnung des Gerichtsstands der unerlaubten Handlung nach § 32 ZPO. Die Gesellschaft kann als Klägerin unter den einschlägigen Gerichtsständen gemäß § 35 ZPO frei wählen.

Diese Mechanismen sind bezüglich faktischer Organe nur leicht zu modifizieren. Selbstverständlich können diese als natürliche Personen an ihrem Wohnsitz nach den §§ 12, 13 ZPO verklagt werden. Probleme bereitet bereits der Gerichtsstand des Erfüllungsortes gemäß § 29 ZPO. Soweit lediglich fehlerhafte Organe betroffen sind, gilt § 29 ZPO uneingeschränkt. Denn bis zur ex nunc wirkenden Beseitigung der Organstellung hat die betreffende Person alle Rechte und

[745] Hüffer, AktG, § 93 Rn. 18; KöKo/*Mertens*, § 93 Rn. 5; MüKo AktG/*Spindler*, § 93 Rn. 297; Großkomm. AktG/*Hopt*, § 93 Rn. 452.
[746] BGH, NJW-RR 1992, S. 800 (801); OLG München, ZIP 1999, S. 1558; Hüffer, AktG, § 93 Rn. 18; KöKo/*Mertens*, § 93 Rn. 5; MüKo AktG/*Spindler*, § 93 Rn. 297; Musielak/*Heinrich*, § 29 Rn. 4 f.; Stein/Jonas/*Roth*, § 29 Rn. 5.
[747] KöKo/*Mertens*, § 93 Rn. 5.
[748] Hüffer, AktG, § 93 Rn. 18; KöKo/*Mertens*, § 93 Rn. 5.

Pflichten aus dem Organverhältnis[749], die am Sitz der Gesellschaft zu erfüllen sind. Diese Pflichten lassen sich mit dem Prinzip der Übernahmeverantwortung [750] auch für faktische Organe konstruieren. Wer faktisch die Leitung der Gesellschaft übernimmt, soll auch gleich einem Organ haften. Mit der Zuweisung quasiorganschaftlicher Pflichten hat der faktische Organwalter sie gleich einem echten Organ zu erfüllen. Dies hat er spiegelbildlich zum echten Organwalter auch am Sitz der Gesellschaft zu besorgen. Dieser ist dann Erfüllungsort im Sinne des § 29 ZPO. Gleichzeitig stellt faktische Geschäftsleitung einen Fall der unerlaubten Handlung im prozessualen Sinne dar, so dass auch der deliktische Gerichtstand nach § 32 ZPO gegeben ist. Auch hier kann die Gesellschaft nach § 35 ZPO den Gerichtsstand wählen.

3. Funktionelle Zuständigkeit

Streitigkeiten zwischen den Organen und der Gesellschaft sind Handelssachen im Sinne des § 95 Abs. 1 Nr. 4a GVG, so dass die Kammer für Handelssachen im Falle der sachlichen Zuständigkeit des Landgerichts funktionell zuständig ist[751]. Diese Einordnung bedarf für faktische Organe einiger Ergänzungen: Soweit fehlerhafte Organe betroffen sind, gilt § 95 Abs. 1 Nr. 4a GVG uneingeschränkt, da es auch hier bis zur deren Vernichtung auf die echte Organstellung ankommt. Faktische Organe fallen nicht in den direkten Regelungsbereich dieser Norm, so dass nach § 71 GVG allgemein die Zivilkammer funktionell zuständig ist. Allerdings ist hier eine analoge Heranziehung des § 94 Abs. 1 Nr. 4a GVG auf faktische Organe zu befürworten. Schließlich geht es auch bei der Haftbarmachung faktischer Organe um die Erfüllung organschaftlicher Sorgfaltspflichten. Die Kammern für Handelssachen verfügen zur Beurteilung derartiger Fragen über den besonderen erforderlichen wirtschaftsrechtlichen Sachverstand.

---

[749] KöKo/*Mertens*, § 93 Rn. 11; MüKo AktG/*Spindler*, § 93 Rn. 17; Großkomm. AktG/*Hopt*, § 93 Rn. 44; Spindler/*Stilz*/*Fleischer*, § 93 Rn. 169.

[750] Siehe hierzu: 2. Kapitel, B. II. 1.

[751] MüKo AktG/*Spindler*, § 93 Rn. 297.

B. Die Geltendmachung anderer zivilrechtlicher Ansprüche

Soweit andere zivilrechtliche Ansprüche geltend gemacht werden, ergeben sich keine Besonderheiten zu den allgemeinen Fragen zur sachlichen Zuständigkeit und zum Gerichtstand. Die §§ 12 ff. ZPO finden uneingeschränkt Anwendung.

C. Zusammenfassung

Für das Vorliegen eines faktischen Organs trägt die betroffene Gesellschaft die Darlegungs- und Beweislast. Gleiches gilt für die Schadensverursachung und deren Verschulden. Für das faktische Organ gilt der allgemeine Gerichtsstand nach den §§ 12, 13 ZPO. Darüber hinaus können die § 29 ZPO und § 32 ZPO herangezogen werden. Funktionell ist bei landgerichtlicher Zuständigkeit die Kammer für Handelssachen analog zu § 95 Abs. 1 Nr. 4a GVG anzurufen.

9. Kapitel: Das faktische Organ im internationalen Gesellschaftsrecht

A. Problemstellung

In den vorangegangenen Kapiteln ging es um Fragen der faktischen Organschaft der deutschen Aktiengesellschaft mit Sitz in Deutschland. Aufgrund der zunehmenden Globalisierung der Wirtschaft und zunehmenden Europäisierung des Rechts werden in Zukunft die Aktivitäten ausländischer Gesellschaften in Deutschland zunehmen[752]. Die Problematik des faktischen Organs existiert auch in zahlreichen anderen europäischen Rechtsordnungen, so in England[753], Frankreich[754] und, wie ausführlich dargestellt, in der Schweiz[755]. Vor diesem Hintergrund stellt sich die Frage, wie das faktische Organ einer ausländischen Gesellschaft mit Aktivitäten in Deutschland rechtlich zu behandeln ist. Allen voran ist zu klären, ob die faktische Organschaft nach deutschen Regeln oder nach den Regeln des Herkunftslandes zu bestimmen ist. Sodann ist zu erörtern, ob das faktische Organ nach deutschem oder ausländischem Recht haftbar ist. Diese Diskussion hat in jüngster Zeit an Brisanz zugenommen, da die Bundesregierung die Kodifizierung des internationalen Gesellschaftsrechts im EGBGB plant[756].

B. Klassische Lösungsansätze für Fälle mit Auslandsberührung

Zur Beantwortung dieser Fragen soll kurz auf die Entwicklung des internationalen Gesellschaftsrechts in den vergangenen Jahren eingegangen werden. Dieses ist in Deutschland bisher nicht kodifiziert[757]. Probleme des internationalen Gesellschaftsrechts werden traditionell anhand folgender Theorien gelöst:

---

[752] Zöllner, GmbHR 2006, S. 1 ff.; Müller, BB 2006, 837 ff.

[753] Schultheiß, Haftung des „shadow director"; S. 33 ff. m. w. N.; Hartmann, Insolvenzantragspflicht, S. 154 ff. m. w. N.

[754] Fleischer, AG 2004, S. 517 (521) m. w. N.

[755] Siehe 2. Kapitel, A. II.

[756] Referentenentwurf des Bundesministeriums der Justiz.

[757] Kropholler, IPR, § 55 I. 1.

I. Gründungstheorie

Nach der Gründungstheorie unterliegt die Gesellschaft dem Recht, in dessen Geltungsraum sie gegründet wurde. Dieser Ansatz wird in den USA, England und der Schweiz favorisiert[758]. Mittlerweile wendet sie auch der Europäische Gerichtshof für Gesellschaften aus den Mitgliedsstaaten der EU unter Hinweis auf die Niederlassungsfreiheit nach den Art. 43, 48 EGV an[759]. Insbesondere die Rechte und Pflichten der Organe sollen sich nach dem Gründungsrecht der Gesellschaft bestimmen[760].

II. Sitztheorie

Nach der Sitztheorie unterliegt die Gesellschaft dem Recht, in dessen Geltungsraum sie ihren tatsächlichen Verwaltungssitz hat[761]. Dem folgte bisher auch die deutsche höchstrichterliche Rechtsprechung[762]. Hier regelt auch das Recht am Sitz der Gesellschaft die Rechte und Pflichten der Organe[763].

III. Alternativer Ansatz unter Berücksichtigung der Art. 43, 48 EGV

Altmeppen kombiniert im Hinblick auf die Vorgaben des Europäischen Gerichtshofs Sitz- und Gründungstheorie[764]. Dieser habe lediglich entschieden, dass das jeweilige Gesellschaftsrecht nur dann nicht anwendbar sei, wenn dadurch die Grundfreiheiten des EGV unterlaufen würden. Damit sei aber noch keine Aussage darüber getroffen, nach welchem Recht die Verhaltenspflichten von Gesellschaftern und Geschäftsleitern zu behandeln sind[765]. Soweit Fragen der Gründung und der Rechtsfähigkeit einer ausländischen Gesellschaft betroffen sind, soll unter Beachtung der Art. 43, 48 EGV die Gründungstheorie

---

[758] Kegel/Schurig, IPR, § 17 II 1.; BGE 117 II 494.
[759] EuGH, BB 1999, S. 809 „Centros"; EuGH, EuZW 2002, S. 754 „Überseering".
[760] Kegel/Schurig, IPR, § 17 II 2.
[761] Kropholler, IPR, § 55 I. 2.
[762] BGHZ 97, S. 269; BGHZ 151, S. 204.
[763] BGHZ 40, S. 197 (199); BGH, NJW 1985, S. 1286; Kegel/Schurig, IPR, § 17 II 2. m. w. N.
[764] Altmeppen, NJW 2004, S. 97 (100).
[765] Altmeppen, NJW 2004, S. 97 (100).

zur Anwendung gelangen. Alle anderen Fragen, namentlich nach der Anwendung von Gläubigerschutzvorschriften, sollen nach der Sitztheorie beantwortet werden[766]. Im Hinblick auf die Möglichkeit der Gründung von Scheinauslandsgesellschaften, die der EuGH mit seiner Rechtsprechung großzügig geschaffen hat[767], ist dieser Ansatz zumindest bis zur Kodifizierung des internationalen Gesellschaftsrechts bestens geeignet, um die deutsche Rechtsordnung vor weiteren Angriffen von außen zu schützen. Zwar hat es der EuGH untersagt, für die Errichtung von Zweigniederlassungen von Gesellschaften aus anderen Mitgliedsstaaten die Erfüllung bestimmter Voraussetzungen, wie die Aufbringung eines Mindestkapitals oder die Unterwerfung unter eine nationale Geschäftsführerhaftung, zu verlangen[768]. Gleichzeitig gestattet er jedoch Schutzmechanismen gegen einen Missbrauch der Niederlassungsfreiheit[769].

IV. Konsequenzen für Gesellschaften unterschiedlicher Herkunft

Diese Differenzierung hat Konsequenzen für die Behandlung der Gesellschaften je nach ihrer Herkunft.

1. Gesellschaften aus der EU

Soweit Gesellschaften aus einem Mitgliedsstaat der Europäischen Union betroffen sind, wird man sich im Hinblick auf die Bedürfnisse der Praxis der Rechtsprechung des Europäischen Gerichtshofs[770] beugen und die Anwendung der Gründungstheorie trotz aller Bedenken akzeptieren müssen. Jedoch ist *Altmeppen* zuzustimmen, den Anwendungsbereich der Gründungstheorie auf das nach den Vorgaben des Europäischen Gerichtshofes notwendigste Maß zu beschränken. Daher soll im Folgenden die Gründungstheorie nur zur Beurteilung von Fragen der Gründung und der Rechtsfähigkeit der jeweiligen

---

[766] Altmeppen, NJW 2004, S. 97 (100, 104).
[767] Kindler, NJW 1999, S. 1993 ff.; Kindler, RIW 2000, S. 649 ff.; Kindler, IPRax 2003, S. 41 ff.
[768] EuGH, NJW 2003, S. 3331 (3334) „Inspire Art".
[769] EuGH, NJW 1993, S. 3331 (3334) „Inspire Art".
[770] EuGH, BB 1999, S. 809 „Centros"; EuGH, EuZW 2002, S. 754 „Überseering".

Gesellschaft herangezogen werden. Alle anderen Rechte und Pflichten folgen der Sitztheorie.

2. Gesellschaften aus anderen Staaten

Wenn aber Gesellschaften aus anderen Staaten betroffen sind, kann weiterhin die richtige Sitztheorie Anwendung finden. Denn hier bestehen keine internationalen Vorgaben.

V. Zusammenfassung

Die Rechtsfähigkeit einer Gesellschaft, die nach einer Rechtsordnung der Europäischen Union gegründet wurde, ist auch in Deutschland nach dem Gründungsrecht zu beurteilen. Alle weiteren Fragen, insbesondere nach dem Gläubigerschutz, sind nach der Sitztheorie zu beurteilen. Alle anderen ausländischen Gesellschaften unterliegen nach bisheriger Rechtslage in Deutschland vollständig den Regeln der Sitztheorie.

C. Ausblick: Auswirkungen der neuen Kodifikation des internationalen Gesellschaftsrechts

Es ist beabsichtigt, Art. 10 EGBGB mit folgendem Wortlaut zu modifizieren[771]:

„Gesellschaften, Vereine und juristische Personen

(1) Gesellschaften, Vereine und juristische Personen des Privatrechts unterliegen dem Recht des Staates, in dem sie in ein öffentliches Register eingetragen sind. Sind sie nicht oder noch nicht in ein öffentliches Register eingetragen, unterliegen sie dem Recht des Staates, nach dem sie organisiert sind.

(2) Das nach Absatz 1 anzuwendende Recht ist insbesondere maßgebend für
1. die Rechtsnatur und die Rechts- und Handlungsfähigkeit,

[771] Siehe hierzu: Rotheimer, NZG 2008, S. 181 ff.; C. Schneider, BB 2008, S. 566 ff.

2. die Gründung und die Auflösung,
3. den Namen und die Firma,
4. die Organisations- sowie die Finanzverfassung,
5. die Vertretungsmacht der Organe,
6. den Erwerb und den Verlust der Mitgliedschaft und die mit dieser verbundenen
Rechte und Pflichten,
7. die Haftung der Gesellschaft, des Vereins oder der juristischen Person sowie die
Haftung ihrer Mitglieder und Organmitglieder für Verbindlichkeiten der Gesellschaft, des Vereins oder der juristischen Person,
8. die Haftung wegen der Verletzung gesellschaftsrechtlicher Pflichten."

Auf diese Weise ist die Festschreibung der Gründungstheorie für Gesellschaften aus allen denkbaren Staaten unabhängig von Gesellschaften aus Mitgliedsstaaten der EU beabsichtigt[772]. Dies bedeutet in letzter Konsequenz die Anerkennung sämtlicher ausländischer Gesellschaften und deren Heimatrechts. Wie die Beispiele in Art. 10 Abs. 2 EGBGB zeigen, gilt dies insbesondere für die Haftung der Organmitglieder. Geht es beispielsweise um die Haftung eines Verwaltungsratsmitglieds einer schweizerischen Aktiengesellschaft, so sind die Maßstäbe des Art. 754 OR heranzuziehen[773]. Ein Rückgriff auf das deutsche Recht ist dann ausgeschlossen.

D. Die Anwendung der Lösungsansätze auf faktische Organe

Die zuvor erörterten Grundsätze müssen nun auf die Problematik des faktischen Organs angewandt werden. Zur Beantwortung der Frage nach der Haftung faktischer Organe im internationalen Gesellschaftsrecht ist entscheidend, für welche Haftungsgrundlagen das Gesellschaftsstatut und für welche andere Statuten, beispielsweise das Deliktsstatut oder Insolvenzstatut gelten soll. Hier ist aufgrund der obigen Ergebnisse bei den traditionellen Theorien zwischen

[772] Referentenentwurf des Bundesministeriums der Justiz , S. 8.
[773] Vgl. hierzu 2. Kapitel, II.

Gesellschaften aus der Europäischen Union und anderen ausländischen Gesellschaften zu unterscheiden. Anders ist die Sachlage nach dem geplanten neuen Art. 10 EGBGB zu beurteilen. Zwecks Herausarbeitung der Gemeinsamkeiten und Unterschiede sollen daher die klassischen Ansätze mit der neuen Rechtslage verglichen werden:

I. Lösung nach Sitz- und Gründungstheorie

Zunächst ist der Blick auf die traditionellen Ansätze von Sitz- und Gründungstheorie zu richten:

1. Gesellschaften aus der Europäischen Union

a) § 93 Abs. 2 AktG

Die Heranziehung des § 93 Abs. 2 AktG für Organe ausländischer Gesellschaften in Deutschland ist nicht unproblematisch. Würde man ausschließlich die Gründungstheorie anwenden, so bliebe für einen Rückgriff auf § 93 Abs. 2 AktG kein Raum. Schließlich kennt die jeweilige ausländische Rechtsordnung diese Norm nicht. Die Haftung von Organen richtet sich dann ausschließlich nach dem Heimatrecht der jeweiligen Gesellschaft. Gleiches gilt konsequenter Weise auch für die Haftung faktischer Organe. Es ist nach der ausländischen Rechtsordnung zu bestimmen, ob ein Fall faktischer Organschaft vorliegt und wie dieses unter Umständen gegenüber der Gesellschaft haftet. Kennt die einschlägige Rechtsordnung diese Rechtsfigur nicht, so kann nicht auf die deutsche Dogmatik zum faktischen Organ zurückgegriffen werden.

Verfolgt man jedoch *Altmeppens* Ansatz[774] konsequent weiter, gelangt man zu anderen Ergebnissen. Hier ist zunächst nach der Gründungstheorie die Rechtsfähigkeit zu bestimmen. Gelangt man so zu der Erkenntnis, dass es sich nach ihrem Heimatrecht um eine Kapitalgesellschaft handelt, so stellt sich im

[774] Altmeppen, NJW 2004, S. 97 (100, 104).

zweiten Schritt die Frage nach den Rechten und Pflichten der Organe. Auf diese kann sodann die Sitztheorie angewendet werden.

Dies führt freilich noch nicht ohne weiteres zur Anwendbarkeit des § 93 Abs. 2 AktG auf ausländische Gesellschaften mit Sitz in Deutschland. Diese Norm ist für die deutsche Aktiengesellschaft konzipiert. Zu denken ist an eine analoge Heranziehung der Norm. Dies bedarf einer entsprechenden Regelungslücke. Diese besteht nur, wenn das Recht der betreffenden Auslandsgesellschaft über keine vergleichbare Norm verfügt. Ist dies nicht der Fall so kann § 93 Abs. 2 AktG analog angewendet werden. Auf diese Weise werden auch für eine Auslandsgesellschaft in Deutschland in jedem Fall die deutschen Haftungsstandards unter Ausschaltung jeder denkbaren Haftungslücke gewahrt. Dies ist im Hinblick auf die Flucht in ausländische Gesellschaften, wie etwa der englischen Ltd., rechtspolitisch angezeigt.

Dieser Gedankengang ist auch auf das Problem faktischer Organschaft zu übertragen. Kennt das ausländische Gesellschaftsrecht die Figur des faktischen Organs, so ist zunächst das jeweilige ausländische Recht anzuwenden. Das Vorliegen eines faktischen Organs und dessen Haftung ist nach dieser Rechtsordnung zu bestimmen. Aber auch hier gilt, dass deutsche Haftungsstandards nicht unterlaufen werden dürfen. Kennt das jeweilige ausländische Recht das faktische Organ nicht, so ist subsidiär auf die deutsche Figur des faktischen Organs zurückzugreifen. In diesen Situationen ist die faktische Organstellung nach deutschen Maßstäben zu bestimmen. Insoweit wird auf die Ausführungen im zweiten Kapitel verwiesen. Die Haftung richtet sich dann analog nach § 93 Abs. 2 AktG. Dabei handelt es sich um eine zweifache Analogie. Die erste betrifft die Übertragung deutschen Rechts auf eine ausländische Gesellschaft, die zweite schließlich die analoge Anwendung auf das faktische Organ, das bekanntlich im deutschen positiven Recht nicht existiert.

Alternativ ist eine deliktische Anknüpfung über Art. 40 EGBGB in Betracht zu ziehen. Hierzu ist zunächst die Haftung aus § 93 Abs. 2 AktG als deliktisch einzustufen. Wie bereits dargelegt, handelt es sich um eine gesetzliche Haftung kraft Organstellung[775]. Die Begriffe gesetzliche und deliktische Haftung sind aber nicht gleichzusetzen. Art. 40 EGBGB erfasst grundsätzlich alle außervertraglichen Anspruchsgrundlagen, die auf rechtswidrigem Verhalten beruhen[776]. Somit lässt sich auch die Organhaftung nach § 93 Abs. 2 AktG darunter subsumieren. Eine deliktische Anknüpfung ist daher möglich.

Es stellt sich die Frage nach den Konsequenzen der Anwendung des Deliktsstatuts. Zunächst gilt nach Art. 40 Abs. 1 S. 1 EGBGB die Tatortregel. Die unerlaubte Handlung unterliegt dem Recht des Staates, in dem der Ersatzpflichtige gehandelt hat. Überträgt man diesen Wortlaut auf faktische Geschäftsleitung, so ist zunächst auf den tatsächlichen Sitz der Gesellschaft abzustellen. Denn dort übt die Geschäftsleitung ihre Tätigkeit aus. Auch ein echter Organwalter schuldet am Sitz der Gesellschaft die Ausübung seiner Tätigkeit. Art. 40 Abs. 1 S. 2 EGBGB ordnet an, dass der Verletzte die Anwendung des Rechts des Staates verlangen kann, in dem der Verletzungserfolg eingetreten ist. Dieser tritt bei Ausübung der Geschäftsführung in der Regel ebenfalls am Sitz der Gesellschaft ein. Dies hat die Anwendung deutschen Rechts in beiden Konstellationen zur Folge. Eine spezielle Regelung enthält weiter Art. 40 Abs. 2 EGBGB. Haben die Beteiligten zum Zeitpunkt des schädigenden Ereignisses ihren gewöhnlichen Aufenthalt, bzw. im Falle einer juristischen Person ihren Sitz in demselben Staat, so findet das Recht des Heimatstaates Anwendung. Da der Geschädigte in Form der Gesellschaft in Deutschland ihren Sitz hat, findet in diesen Konstellationen zwangsläufig deutsches Recht Anwendung.

Zu beachten ist ferner Art. 41 Abs. 1 EGBGB. Nach dieser Norm kann vom Recht des Tatortes abgewichen werden, wenn die Beteiligten eine nähere Beziehung zum Recht eines anderen Staates aufweisen. In den hier dargelegten Konstellationen ist die Entstehung derartiger Beziehungen äußerst unwahrscheinlich. Aufgrund des Sitzes der Gesellschaft besteht in jedem Fall

---

[775] Siehe 1. Kapitel, D. I.

[776] Bamberger/Roth/*Spickhoff*, Art. 40 EGBGB Rn. 8.

eine enge Beziehung zu Deutschland und damit auch zu deutschem Recht. Denkbar ist jedoch, dass der faktische Organwalter aus einem dritten Staat stammt. Dies begründet aber keine engere Bindung zum Rechts seines Heimatstaates. Für die Haftung echter und faktischer Organwalter kommt es allein auf die vorhandene Gesellschaftsform an.

b) Die Insolvenzantragspflicht des faktischen Organs in Deutschland im Lichte des neuen § 15a InsO

Von besonderem Interesse ist die Frage, ob dem faktischen Organ einer ausländischen Gesellschaft die Insolvenzantragspflicht nach § 92 AktG, bzw. nun nach § 15a InsO[777] treffen kann. Diese Frage wurde bereits hinsichtlich ordnungsgemäßer Geschäftsleiter kontrovers diskutiert[778]. Im Kern ging es dabei um die internationalprivatrechtliche und europarechtliche Einordnung der Insolvenzantragspflicht aus § 64 GmbHG und § 92 AktG. Man könnte sie zunächst gesellschaftsrechtlich qualifizieren, so dass sie unter das Gesellschaftsstatut fielen [779]. Hierzu wurde als systematisches Argument angeführt, dass die Antragspflichten in den Gesetzen über die einzelnen Kapitalgesellschaften, § 64 GmbHG und § 92 AktG, kodifiziert seien und nicht in der InsO[780]. Dieses Argument ist mit der rechtsformneutralen Kodifikation der Insolvenzantragspflicht in der InsO hinfällig, da es sich nun unmissverständlich um eine insolvenzrechtliche Norm handelt[781].

Auch der Wortlaut der alten Normen beziehe sich auf Begriffe wie „Gesellschaft" oder „Geschäftsführer", was auf gesellschaftsrechtliche Pflichten

[777] Vgl. hierzu: Gehrlein, BB 2008, S. 846 ff.; Wälzholz, DStR 2007, S. 1914 ff.

[778] Bayer, BB 2003, S. 2357 (2365); Kindler, NZG 2003, 1086 (1090); Schanze/Jüttner, AG 2003, 661 (670).

[778] Borges, ZIP 2004, S. 733 (737) m w. N.; Altmeppen, NJW 2004, S. 97 (100); Walterscheid, DZWIR 2006, S. 95 (98 f.); Müller, NZG 2003, S. 414 (416); Weller, IPRax 2003, S. 520 (522); Riedemann, GmbHR 2004, S. 345 (348); Bayer, BB 2003, S. 2357 (2365); Kindler, NZG 2003, S. 1086 (1090); Schanze/Jüttner, AG 2003, S. 661 (670); Berner/Klöhn, ZIP 2007, S. 106 ff.; Schumann, ZIP 2007, S. 1189 ff; Zerres, DZWIR 2006, S. 356 ff.

[779] Vallender/Fuchs, ZIP 2004, S. 829 (830); von Hase, BB 2006, S. 2141 (2145 f.).

[780] Vallender/Fuchs, ZIP 2004, S. 829 (830).

[781] Gehrlein, BB 2008, S. 846 (847); Wälzholz, DStR 2007, S. 1914 (1916).

hindeute[782]. Aber auch dieser Einwand wird nunmehr von der systematischen Stellung der Insolvenzantragspflicht in der InsO entkräftet.

Dem wurde vielfach widersprochen und die Unterstellung ausländischer Gesellschaften mit Sitz in Deutschland unter die deutschen Insolvenzantragspflichten gefordert[783]. Hierzu wurden zwei Ansätze vertreten. Zum einem wurde an den Charakter des § 64 GmbHG als Schutzgesetz im Sinne des § 823 Abs. 2 BGB mit der Folge der deliktischen Einordnung der Norm angeknüpft [784], zum anderen wurden § 64 GmbHG und § 92 AktG insolvenzrechtlich qualifiziert[785]. Letzteres war richtig. Diese Normen regelten nicht das Verhältnis der Organe zur Gesellschaft, sondern die insolvenzrechtliche Verpflichtung gegenüber den Gläubigern der Gesellschaft und der Allgemeinheit.

Ausgehend von dieser Einordnung fragte sich, welchem Insolvenzrecht eine ausländische Gesellschaft in Deutschland unterliegt. Art. 3 Abs. 1 EuInsVO ordnet die Eröffnung des Insolvenzverfahrens in dem Mitgliedsstaat an, in dessen Hoheitsbereich der Schuldner seine hauptsächlichen Interessen hat. Für juristische Personen soll dies nach der widerleglichen Vermutung des Art. 3 Abs. 1 S. 2 EuInsVO der satzungsmäßige Sitz sein. Gleichzeitig normiert Art. 4 Abs. 1 EuInsVO, das das Insolvenzrecht des eröffnenden Staates anzuwenden ist. Ist eine Gesellschaft in Deutschland ansässig, so gilt demnach das deutsche Insolvenzrecht. Dabei handelt es sich um eine Sachnormverweisung, die nicht

---

[782] von Hase, BB 2006, S. 2141 (2146).

[783] Borges, ZIP 2004, S. 733 (737) m w. N.; Altmeppen, NJW 2004, S. 97 (100); Walterscheid, DZWIR 2006, S. 95 (98 f.); Müller, NZG 2003, S. 414 (416); Weller, IPRax 2003, S. 520 (522); Riedemann, GmbHR 2004, S. 345 (348).

[784] Bayer BB 2003, S. 2357 (2365); Kindler, NZG 2003, 1086 (1090); Schanze/Jüttner, AG 2003, 661 (670).

[785] Borges, ZIP 2004, S. 733 (737) m w. N.; Borges, RIW 2000, S. 167 (178); Altmeppen, NJW 2004, S. 97 (100); Walterscheid, DZWIR 2006, S. 95 (98 f.); Müller, NZG 2003, S. 414 (416); Weller, IPRax 2003, S. 520 (522); Riedemann, GmbHR 2004, S. 345 (348); Kuntz, NZI 2004, S. 424 (427).

[785] BGHZ 146, S. 341 (347); BGHZ 149, S. 84; BGHZ 154, S. 94.

[785] Baumbach/Hopt/*Hopt*, HGB, § 125 Rn. 5; Ebenroth/Boujong/Joost/*Hillmann*, HGB, § 125 Rn. 3.

auch das insolvenzrechtliche Kollisionsrecht erfasst[786]. Jüngst versagte das AG Nürnberg die Anerkennung einer englischen Insolvenzeröffnung im Falle einer Limited mit fast ausnahmsloser geschäftlicher Aktivität in Deutschland unter Hinweis auf den „ordre public“[787].

Insgesamt traf das Organ einer ausländischen Gesellschaft mit Sitz in Deutschland in jedem Fall die Insolvenzantragspflicht nach § 64 GmbHG oder § 92 AktG, jeweils i. V. m. Art. 3, 4 EuInsVO. Aufgrund dieser Erkenntnis ist die deutsche Rechtsprechung zur Insolvenzantragspflicht des faktischen Organs[788] auf faktische Organe ausländischer Gesellschaften zu übertragen. Somit ist auch der faktische Organwalter einer ausländischen Gesellschaft mit Sitz in Deutschland verpflichtet, den notwendigen Antrag auf Eröffnung des Insolvenzverfahrens zu stellen. Mit Einführung des neuen § 15a InsO wird dieses Ergebnis nur bekräftigt und bestätigt[789].

c) Allgemeine zivilrechtliche Anspruchsgrundlagen

Für die allgemeine zivilrechtliche Haftung gelten die entsprechenden Vorschriften des EGBGB. Soweit es um die Haftung aus dem Anstellungsverhältnis geht, ist das Vertragsstatut nach den Art. 27, 28 EGBGB einschlägig. Soweit die Tätigkeit des faktischen Organs als Geschäftsführung ohne Auftrag einzustufen ist, gilt Art. 39 EGBGB. So ist deutsches Recht anzuwenden, wenn der Akt der Geschäftsführung in Deutschland vorgenommen wird. Liegt eine unerlaubte Handlung vor, so ist das anzuwendende Recht nach Art. 40 EGBGB zu bestimmen.

---

[786] Kuntz, NZI 2004, S. 424 (425); Leible/Staudinger, KTS 2000, S. 533; Nerlich/Römermann/*Mincke*, Art. 4 EuInsVO Rn. 2.
[787] AG Nürnberg, ZIP 2007, S. 81.
[788] BGHZ 104, S. 44; BGH, NZG 2005, S. 816.
[789] Wälzholz, DStR 2007, S. 1914 (1916); Gehrlein, BB 2008, S. 846 (847).

2. Gesellschaften aus anderen Staaten

Bei Gesellschaften aus anderen Staaten ist von der Sitztheorie auszugehen[790]. Im Gegensatz zu den Gesellschaften aus dem Bereich der Europäischen Union ist hier schon die Rechtsfähigkeit nach dem Recht des Sitzes, hier Deutschlands, zu bestimmen. Die jeweilige Gesellschaft unterliegt damit auch den Gründungsvorschriften für deutsche juristische Personen. Sind diese nicht eingehalten, so ist in Deutschland nicht von einer juristischen Person auszugehen, obwohl dies nach dem Recht des Gründungsstaates der Fall sein mag. Dies erfordert letztlich die vollständige Neugründung der Gesellschaft nach deutschem Recht. In der Praxis wird die betroffene Gesellschaft jedoch am Rechts- und Geschäftsverkehr teilnehmen. Einschränkungen sind nur anzuerkennen, wenn die Gesellschaft wesentliche geschäftliche Tätigkeit auch in ihrem Herkunftsstaat entfaltet und ggf. völkerrechtliche Abkommen die Anerkennung juristischer Personen regelt, wie beispielsweise Art. VII, XXV des Deutsch-Amerikanischen Freundschaftsvertrages[791].

Dies hat die Entstehung von Personengesellschaften, namentlich von GbR und OHG, zur Folge. Denn § 123 Abs. 2 HGB stellt für die Entstehung der Gesellschaft allein auf die tatsächliche Aufnahme des Geschäftsbetriebes ab. Die beteiligten Gesellschafter haften im Zweifel nach Maßgabe des § 128 HGB akzessorisch für die Schulden der Gesellschaft im Außenverhältnis. Dies gilt nach gesicherter Rechtsprechung auch für die GbR[792]. Da Personengesellschaften das Prinzip der Selbstorganschaft zugrunde liegt[793], verfügen diese nicht über gesonderte Organe, die nicht Gesellschafter sind. Hier zeigt sich der zentrale Unterschied zu Gesellschaften aus Mitgliedsstaaten der Europäischen Union. Bei diesen wurde zunächst nach der Gründungstheorie die Rechtsfähigkeit festestellt und anschließend ergänzend unter Einbeziehung der Sitztheorie die organschaftlichen Rechte und Pflichten deutschen Standards

---

[790] OLG Hamburg, ZIP 2007, S. 1108.

[791] BGH, BB 2004, S. 1868; Drouven/Mödl, NZG 2007, S. 7 (8 f.).

[792] BGHZ 146, S. 341 (347); BGHZ 149, S. 84; BGHZ 154, S. 94.

[793] Baumbach/Hopt/*Hopt*, HGB, § 125 Rn. 5; Ebenroth/Boujong/Joost/*Hillmann*, HGB, § 125 Rn. 3.

angepasst. Dies ist hier nicht möglich, da bei sonstigen ausländischen Gesellschaften es schon an der Rechtsfähigkeit in Form einer juristischen Person fehlt.

Aus diesem Umstand resultiert ein entscheidendes Problem: Wie sind Personen zu behandeln, die als Organe der vermeintlichen juristischen Person vorgesehen waren, aber nicht zugleich Gesellschafter sind? Diese unterliegen gerade nicht den Pflichten des Gesellschaftsvertrages. Im Zweifel ist dann zwischen der Gesellschaft und der betroffenen Person von einem Dienst- oder Arbeitsvertrag nach den §§ 611, ff., 675 BGB mit der Verpflichtung zur Geschäftsführung auszugehen. Die Haftung dieser Personen gegenüber der Gesellschaft aufgrund der Verletzung dieses Pflichtenkreises richtet sich dann nach § 280 BGB.

Die Problematik des faktischen Organs tritt hier nicht auf. Wenn ein gesellschaftsrechtliches Gefüge keine echten Organe hat, so kann es auch keine faktischen Organe geben. Denn die Figur des faktischen Organs hat die Funktion, Personen, die wie ein Organ handeln, im Wesentlichen auch einem echten Organwalter gleichzustellen. Dieses Bedürfnis besteht an dieser Stelle nicht.

Auch das Problem der Insolvenzantragspflicht stellt sich hier nicht. Da die Gesellschaft entweder als GbR oder als OHG einzustufen ist, gelten die allgemeinen deutschen Regeln für diese Gesellschaft.

3. Zusammenfassung

Soweit es um die Beurteilung der Rechtsfähigkeit als juristische Person geht, ist unter Berücksichtigung der Niederlassungsfreiheit nach Art. 43, 48 EGV für ausländische Gesellschaften aus Mitgliedstaaten der Europäischen Union die Gründungstheorie heranzuziehen. Alle weiteren Fragen, die nicht unmittelbar mit der Niederlassungsfreiheit als juristische Person zusammenhängen, können auch weiter nach der Sitztheorie beurteilt werden. Dies gilt insbesondere für die Anwendung von Haftungsnormen des deutschen Kapitalgesellschaftsrechts, um auch für ausländische Gesellschaften in Deutschland inländische

Mindeststandards gelten zu lassen. Für ausländische Gesellschaften aus Staaten, die nicht Mitglied der Europäischen Union sind, gilt uneingeschränkt die Sitztheorie. Infolgedessen existiert keine juristische Person, wenn nicht die deutschen Gründungsvorschriften eingehalten wurden. Daher entstehen durch die Aufnahme der Geschäftstätigkeit Personengesellschaften die aufgrund des Prinzips der Selbstorganschaft nicht über Dritte als Organe verfügen, so dass auch die Problematik des faktischen Organs erst gar nicht entsteht.

II. Lösungsansätze unter Berücksichtigung des neuen Art. 10 EGBGB

Mit der Festschreibung der Gründungstheorie wird man nunmehr keine andere Wahl haben, als die faktische Organstellung einer Person gleichsam nach dem Heimatrecht zu bestimmen. Dies bedeutet, dass die faktische Organstellung allein nach den Maßstäben des Herkunftslandes zu bestimmen ist. Ist beispielsweise eine schweizerische Gesellschaft beteiligt, so ist die faktische Organstellung einer Person nach schweizerischem Recht zu bestimmen[794]. Dies gilt besonders für deren Haftung[795]. Diese wäre im genannten Beispiel anhand Art. 754 OR festzumachen[796].

Weitaus schwieriger gestaltet sich die Frage nach der Insolvenzantragspflicht der Organe. Insbesondere ist zu klären, ob mit Art. 10 EGBGB nun auch die Insolvenzantragspflicht nach dem Heimatrecht oder weiterhin nach deutschem Recht zu bestimmen ist. Eine konkrete Aussage trifft das neue internationale Gesellschaftsrecht hierzu nicht. Dies ist auch nicht erforderlich, da mit diesem Problemkreis das internationale Insolvenzrecht betroffen ist, das keinen Änderungen unterworfen ist. Insofern ändert sich im Ergebnis nichts. Mit der Überführung der Insolvenzantragspflicht in den neuen § 15a InsO[797] wird deren insolvenzrechtlicher Charakter noch verstärkt[798]. Die Insolvenzantragspflicht

---

[794] Vgl. hierzu 2. Kapitel, A. II.
[795] Vgl. hierzu 2. Kapitel, A. II.
[796] Vgl. hierzu 2. Kapitel, A. II. 2. – 4.
[797] BT-Drs. 16/6140.
[798] Gehrlein, BB 2008, S. 846 (847); Wälzholz, DStR 2007, S. 1914 (1916).

besteht auch für faktische Organwalter ausländischer Gesellschaften nun nicht mehr nach § 92 AktG oder § 64 GmbHG, sonder nach § 15a InsO.

E. Gesamtergebnis

Bei der Frage nach der Haftung und Insolvenzantragspflicht faktischer Organe ausländischer Gesellschaften in Deutschland ist nach den klassischen Ansätzen zwischen Gesellschaften aus Mitgliedsstaaten der EU und sonstigen ausländischen Gesellschaften zu unterscheiden. Bei letzteren tritt das Problem nicht auf, da bei konsequenter Anwendung der Sitztheorie im Zweifel keine juristische Person vorliegt. Faktische Organe ausländischer Gesellschaften sind zunächst aufgrund der anzuwendenden Gründungstheorie nach dem Recht ihres Herkunftsstaates zu beurteilen. Subsidiär ist in ergänzender Anwendung der Sitztheorie die Figur des faktischen Organs nach deutschem Recht heranzuziehen, um im Zweifel die Sicherstellung deutscher Haftungsstandards zu garantieren. Dies ändert sich vor dem Hintergrund des neuen Art. 10 EGBGB. Aufgrund der zwingenden Anwendung der Gründungstheorie sind faktische Organstellungen und entsprechende Haftungsfragen allein nach dem Heimatrecht der Gesellschaft zu beurteilen.

Faktische Organe ausländischer Gesellschaften sind zur Stellung des Insolvenzantrages verpflichtet, da nach den Vorschriften der EuInsVO das Recht des Staates anzuwenden ist, in dem die betroffene Gesellschaft ihren Sitz hat. § 92 AktG und § 64 GmbHG sind vor diesem Hintergrund als insolvenzrechtliche Normen zu qualifizieren, auch wenn sie im Gesellschaftsrecht niedergelegt sind. Daran ändert auch die Kodifizierung der Gründungstheorie in Art. 10 EGBGB nichts.

10. Kapitel: Zusammenfassung der Ergebnisse

Die Haftung aus § 93 Abs. 2 AktG ist eine besondere Art der Deliktshaftung eines Organwalters gegenüber der Gesellschaft. Sie existiert kraft Gesetz und beruht auf der Organstellung. Sie ist unabdingbar, da sie auch Gläubigern der Gesellschaft zugute kommt.

Bei faktischen Organwaltern ist übergeordnet zwischen solchen, die aufgrund eines Willensakts der Gesellschaft tätig sind und solchen, die ohne jeden Willen der Gesellschaft Organfunktionen faktisch wahrnehmen zu unterscheiden. Um begrifflichen Missverständnissen vorzubeugen, sollte bei faktischen Organwaltern mit Willensakt der AG weiter zu lediglich fehlerhaften Organmitgliedern differenziert werden. Fehlerhafte Organe sind solche, deren Bestellung an einem rechtlich erheblichen Fehler leidet, jedoch nicht nichtig, sondern lediglich für die Zukunft ex nunc vernichtbar ist. Hier handeln die Beteiligten guten Gewissens hinsichtlich der wirksamen Bestellung, da sie den Fehler nicht erkennen und daher von einer ordnungsgemäßen Bestellung ausgehen. Bis zum Widerruf der Organstellung sind diese Personen echte Organwalter. Daher haften sie für die Verletzung organschaftlicher Pflichten unmittelbar aus § 93 Abs. 2 AktG.

Ausreichend ist zur Begründung einer faktischen Organstellung im Übrigen jeder Willensakt der Gesellschaft losgelöst von formellen Bestellungsakten. Es kommt auf den rein tatsächlichen Willen der Gesellschaft an. Dies betrifft sämtliche Fälle faktischer Organschaft mit Willensakt der Gesellschaft. Denn hier werden die förmlichen Bestellungsvoraussetzungen mitunter bewusst umgangen. Ein Willensakt ist daher jedes seitens der Gesellschaft erklärte Einverständnis mit der Übernahme gesetzlich definierter Organfunktionen außerhalb eines förmlichen Bestellungsverfahrens.

Das faktische Organ ist spiegelbildlich zum echten Organ zu betrachten. Daher kann faktisches Organ auch nur eine natürliche Person, nicht aber eine juristische sein.

Eine faktische Organstellung kann zuverlässig nur anhand der maßgeblichen Beeinflussung der Gesellschaft durch eine Person festgemacht werden. Insbesondere ist ein organgleiches Verhalten im Außenverhältnis zumindest bei der AG nicht erforderlich. Denn das Aktienrecht kennt im Gegensatz zum Recht der GmbH in § 37 GmbHG keine legale Einflussnahme auf die Geschäftsführung. Das organgleiche Verhalten im Außenverhältnis betrifft daher allein das Organ kraft Rechtsscheins und das Organ kraft tatsächlichen Scheins. Es ist der von einem spezifischen Begriff des faktischen Organs in der AG auszugehen, der sich von faktischen Organen in anderen Gesellschaftsformen unterscheiden kann.

Insgesamt ist daher von einem zweigliedrigen Organbegriff auszugehen: Darunter fallen ordnungsgemäße und fehlerhafte Organe bis zum Widerruf ihrer Organstellung. Denn nur diese treffen alle Rechte und Pflichten eines Organs unmittelbar. Faktische Organe sind keine Organe, werden unter Umständen haftungsrechtlich Organen gleichgestellt. Außen vor ist das Organ kraft tatsächlichen oder rechtlichen Scheins. Dieses betrifft allein die Setzung eines für die Gesellschaft bedeutungslosen Scheins einer Organstellung und löst keine gesellschaftsrechtliche Haftung aus. Unter Umständen kommt eine Haftung gegenüber gutgläubigen Dritten in Betracht. Sobald die Gesellschaft beeinflusst wird, entsteht eine faktische Organstellung mit all ihren Konsequenzen.

Zusammenfassend ließe sich der Begriff des Organs wie folgt definieren[799]: Ein Organ ist jede natürliche Person oder Einheit natürlicher Personen, die innerhalb einer juristischen Person gesetzlich vorgeschriebene oder satzungsmäßig geschaffene Kompetenzen wahrnimmt und hierzu nach einem gesetzlich oder satzungsmäßig bestimmten Verfahren ermächtigt wurde.

In Abgrenzung dazu ist faktisches Organ jede natürliche Person oder Einheit natürlicher Personen, die innerhalb einer juristischen Person vorgeschriebene oder satzungsmäßig geschaffene Kompetenzen wahrnimmt, ohne hierzu nach einem gesetzlich oder satzungsmäßigen Verfahren ordnungsgemäß ermächtigt

[799] Vgl. hierzu die Definition in: Wiedemann, GesR, S. 212.

worden zu sein. Diese Definition zielt gleichzeitig auf faktische Organe mit und ohne Willensakt ab, da ein sonstiger Willensakt abseits des Bestellungsverfahrens keine ordnungsgemäße Ermächtigung zur Wahrnehmung von Organaufgaben ist.

Die Fragen nach der Begründung einer faktischen Organstellung und der Haftung aus dieser sind strikt voneinander zu trennen. Nicht jede faktische Organstellung löst automatisch die Möglichkeit der organschaftlichen Pflichten aus § 93 AktG aus. Vorrangig sind insbesondere die Haftungsnormen des Konzernrechts und § 117 AktG in Betracht zu ziehen.

Faktische Organe haften für vorsätzliche Beeinflussung und vorsätzliche Schädigung der Gesellschaft nach § 117 AktG. Haftungslücken entstehen bei lediglich fahrlässiger Schadensherbeiführung. Diese Lücken sind mit Hilfe von § 93 Abs. 2 AktG zu schließen. Faktische Organwalter, die mit und ohne Willen der Gesellschaft deren unternehmerische Geschicke beeinflussen, haften analog zu § 93 Abs. 2 AktG. Im Ergebnis sind diese Personenkreise haftungsrechtlich gleichzustellen. Eine Ausnahme besteht für den Organwalter, dessen Bestellung anfänglich nichtig ist. Aufgrund übergeordneter Schutzzwecke haftet dieser keinesfalls nach § 93 Abs. 2 AktG.

Ein Rückgriff auf die Figur des faktischen Organs mit einer analogen Anwendung des § 93 Abs. 2 AktG ist gleichsam erforderlich, wenn die Beeinflussung der Gesellschaft nicht über die in § 117 AktG genannten Mittelspersonen erfolgen kann. Diese Konstellation tritt immer dann auf, wenn keine ordnungsgemäß bestellten Organwalter vorhanden sind, auf die Einfluss ausgeübt werden könnte. In diesen Fällen kann schon vom Wortlaut dieser Norm deren Tatbestand nicht erfüllt sein.

Der Rechtsfigur des faktischen Organs kommt auch im Bereich des Aktienkonzerns Bedeutung zu. Die Organwalter der herrschenden können faktische Organwalter der beherrschten Gesellschaft sein. Hinsichtlich der Haftung sind vorrangig die Normen des Konzernrechts, namentlich die §§ 302,

317 AktG, heranzuziehen. Idealkonkurrierend existiert die Haftung aus § 117 AktG. Subsidiär kann § 93 AktG zur Schließung von Haftungslücken herangezogen werden. Dies betrifft vorrangig Konstellationen der qualifizierten Nachteilszufügung in faktischen Konzernen. Die Einordnung der Schädiger als faktische Organe ist ein sinnvoller alternativer Ansatz zu rein konzernrechtlichen Betrachtungen und den Grundsätzen des Nachteilsausgleichs bei qualifizierten Eingriffen in beherrschte Gesellschaften. Dies ist auch der Fall, wenn Organe einer beherrschten Gesellschaft Einfluss auf die herrschende Gesellschaft ausüben und so eine faktische Organstellung in dieser begründen. Keinesfalls kommt der herrschenden eine faktische Organstellung zu, da nur natürliche Personen faktische Organe sein können.

Der qualifiziert faktische Aktienkonzern, bzw. Formen qualifizierter Nachteilszufügung, existieren trotz ihres grundsätzlichen Verbots. Die Haftungsnormen des Vertragskonzerns sind in diesen Fällen nicht analogiefähig. Losgelöst von einer konzernrechtlichen Betrachtung können die Organmitglieder der herrschenden Gesellschaft als faktische Organwalter der beherrschten Gesellschaft nach Maßgabe des § 93 Abs. 2 AktG haftbar gemacht werden.

Die Regeln der Geschäftsführung ohne Auftrag finden nur auf den faktischen Organwalter Anwendung, dessen Bestellung und Anstellung von Anfang an nichtig waren. Ist eines der beiden Verhältnisse zwischen Organwalter und Gesellschaft wirksam oder lediglich für die Zukunft vernichtbar, so ist das jeweilige Verhältnis als Auftrag im Sinne des § 677 BGB zu klassifizieren, so dass vorrangig die Regeln dieses Rechtsverhältnisses Anwendung finden. Die Vorschriften der Geschäftsführung ohne Auftrag treten sodann subsidiär zurück. Der Anwendungsbereich der Vorschriften der Geschäftsführung ohne Auftrag ist im Ergebnis als untergeordnet und gering anzusehen.

Ein faktisches Organmitglied haftet gegenüber der Gesellschaft wie jedermann nach den deliktsrechtlichen Vorschriften der §§ 823 ff. BGB. Durch die faktische Unternehmensleitung kann ein Eingriff in den eingerichteten und ausgeübten Gewerbebebetrieb als Verletzung eines „sonstigen Rechts" im Sinne des § 823 Abs. 1 BGB erfolgen. Dies betrifft jedoch nahezu ausschließlich faktische Organe ohne Willensakt der Gesellschaft. Faktische Organe mit Willensakt sind dem betriebsinternen Kreis der Gesellschaft zuzuordnen, so dass diese nur selten als Störer in Betracht kommen. Denn deren Handlungen sind zumeist im Wege der Einwilligung gerechtfertigt. Bei der Bestimmung der Reichweite der Einwilligung ist der Sorgfaltsmaßstab des § 93 Abs. 1 AktG heranzuziehen. So gelingt eine haftungsrechtliche Gleichstellung echter Organe mit faktischen Organwaltern. Den faktischen Organwalter trifft auch die Insolvenzantragspflicht nach dem neuen § 15a InsO.

Das Handeln faktischer Organe mit Willensakt der Gesellschaft wird dieser direkt über § 31 BGB zugerechnet. Der Willensakt ist als sonstige verfassungsmäßige Vertretung im Sinne dieser Norm anzusehen. Das Handeln faktischer Organe ohne Willensakt der Gesellschaft wird indes der Gesellschaft weder direkt noch analog zugerechnet. Diese sind weder verfassungsmäßige Vertreter der Gesellschaft, noch ist es interessengerecht, deren Handeln der Gesellschaft zuzurechnen. Schließlich hat die Gesellschaft keinen Einfluss auf die Tätigkeit faktischer Organe ohne Willensakt der Gesellschaft. Ferner kommt eine Zurechnung des Handelns ausgeschiedener Organmitglieder zur Gesellschaft nach den Grundsätzen des § 15 Abs. 1, 3 HGB in Betracht.

Genauso verhält es sich mit der Wissenszurechnung in der Gesellschaft. Das Wissen faktischer Organwalter mit Willensakt der Gesellschaft wird dieser über § 166 BGB zugerechnet. Ist in dem Willensakt die Erteilung einer rechtsgeschäftlichen Vollmacht zu sehen, so wird § 166 BGB direkt, in den übrigen Fällen analog angewendet. Eine Wissenszurechnung faktischer Organwalter ohne Willensakt der Gesellschaft ist weder direkt noch analog zu § 166 BGB möglich.

Für das Vorliegen eines faktischen Organs trägt die betroffene Gesellschaft die Darlegungs- und Beweislast. Gleiches gilt für die Schadensverursachung und deren Verschulden. Für das faktische Organ gilt der allgemeine Gerichtsstand nach den §§ 12, 13 ZPO. Darüber hinaus können die § 29 ZPO und § 32 ZPO herangezogen werden. Funktionell ist bei landgerichtlicher Zuständigkeit die Kammer für Handelssachen analog zu § 95 Abs. 1 Nr. 4a GVG anzurufen.

Im Zuge der Internationalisierung des Wirtschaftslebens und Niederlassungsfreiheit für Gesellschaften aus den Mitgliedsstaaten der Europäischen Union nach Art. 43, 48 EGV können Probleme faktischer Organschaft auch in ausländischen Gesellschaften mit Sitz in Deutschland auftreten. Auf ausländische Gesellschaften aus Staaten, die nicht Mitglied der Europäischen Union sind, findet nach den traditionellen Ansätzen uneingeschränkt die Sitztheorie Anwendung. Daher sind derartige Gebilde in Deutschland als GbR oder OHG zu klassifizieren. Da Personengesellschaften das Prinzip der Selbstorganschaft zugrunde liegt, treten hier keine Probleme mit faktischen Organen auf. Diese existieren dort nicht. Aufgrund der Niederlassungsfreiheit gilt für die Beurteilung der Rechtsfähigkeit von Gesellschaften aus Mitgliedsstaaten der Europäischen Union die Gründungstheorie, für alle anderen Fragen des Gesellschaftsrechts die Sitztheorie. Faktische Organstellungen sind vorrangig nach dem Gesellschaftsstatut zu beurteilen. Analog und subsidiär sind die deutschen Kriterien für faktische Organe anzuwenden, um Haftungslücken zu schließen. Dies stärkt letztlich auch deutsche Gesellschaftsformen gegenüber ausländischen, da hierdurch diese an Attraktivität verlieren. Mit der Kodifizierung der Gründungstheorie in Art. 10 EGBGB ist nunmehr allein auf das Heimatrecht abzustellen. Dies gilt insbesondere für die Begründung einer faktischen Organstellung und den damit einhergehenden Haftungsfragen.

Faktische Organwalter unterliegen nach dem neuen § 15a InsO der Insolvenzantragspflicht. Dies gilt trotz der Niederlassungsfreiheit auch für Gesellschaftsformen aus Mitgliedsstaaten der Europäischen Union. Denn diese Norm ist insolvenzrechtlicher Natur und unterliegt nicht dem Gesellschaftsstatut. Daher ist an dieser Stelle auch die Kodifizierung der Gründungstheorie unbeachtlich.

Als Ergebnis bleibt festzuhalten, dass die Figur des faktischen Organs nach wie vor in Rechtsprechung und Schrifttum kontrovers diskutiert wird und die unterschiedlichsten Haftungsansätze vertreten werden. Dies veranschaulicht das Bedürfnis einer gesetzlichen Regelung. Es stellt sich die Frage nach deren konkreter Ausgestaltung. Der gegenwärtige § 93 AktG knüpft allein an ordnungsgemäße Organe an. Eine mögliche Variante führt Art. 754 OR vor Augen. Diese Norm bezieht sich auf „die Mitglieder des Verwaltungsrates und alle mit der Geschäftsführung oder mit der Liquidation befassten Personen." Diese Norm erfasst aufgrund ihres Wortlauts Verwaltungsräte als echte Organwalter und alle anderen Personen, die Einfluss auf die Gesellschaft ausüben. Sie betrifft formelle und materielle und gleichsam faktische Organe, sowie Organe kraft Kundgabe[800]. Der Tatbestand ist sehr offen formuliert und führte in der Vergangenheit zu der zuvor genannten sehr starken Ausdifferenzierung des Organbegriffs.

Zu bedenken ist insbesondere, dass auch Arbeitnehmer Gefahr laufen, gleich einem Organ in Anspruch genommen zu werden[801]. Der Fall der nach Art. 754 OR haftbar gemachten Prokuristin zeigt dies deutlich[802]. Die Analyse der gegenwärtigen Rechtslage in Deutschland zeigt ebenfalls, dass die Inanspruchnahme eines Arbeitnehmers bei entsprechendem Einfluss auf die Gesellschaft als faktisches Organ zumindest nicht ausgeschlossen ist. Bei der Niederlegung einer Haftungsnorm für faktische Organe muss daher präzise zwischen den Interessen der potentiellen Beteiligten abgewogen werden. Eine Gesellschaft, die von einem faktischen Organ beeinflusst wird, will verständlicherweise vor Schäden bewahrt werden. Dem trägt die aktuelle Formulierung des Art. 754 OR Rechnung. Die Interessen möglicher faktischer Organwalter dürfen aber nicht unberücksichtigt werden. Der Begriff des faktischen Organs muss daher klare Konturen erhalten und Schutzbedürfnissen Betroffener gerecht werden. Dies betrifft insbesondere Arbeitnehmer. Aus diesen Gründen sollte in § 93 AktG der Organbegriff erweitert und konkretisiert werden. Vorrangig ist eine Erweiterung auf faktische Organe ohne Willensakt

[800] BaKo/*Widmer/Banz*, Art. 754 Rn. 4 ff.
[801] Vgl. 3. Kapitel, A. II. 2.
[802] BGE 117 II 432, S. 442.

der Gesellschaft in Betracht zu ziehen, um deren Handlungen in Ergänzung zu § 117 AktG auch einer Haftung wegen Fahrlässigkeit zu unterwerfen. In § 93 Abs. 1 AktG sollte ein fünfter Satz eingefügt werden, der für diese Personen auf die Pflichten ordnungsgemäßer Organe verweist. Gleichzeitig muss in § 93 Abs. 2 AktG klargestellt werden, dass diese Haftung auch faktische Organe trifft. Eine gesonderte Regelung für lediglich fehlerhafte Organe ist nicht erforderlich, da diese Personen ohnehin bis zum Widerruf ihrer Organstellung echte Organe sind und daher auch bisher nach § 93 Abs. 2 AktG haften. Ferner muss der Bezug auf faktische Organe in § 93 Abs. 3 AktG eingefügt werden, um deutlich zu machen, dass die Regelbeispiele dieser Vorschrift sich auch auf faktische Organwalter beziehen.

Aufgrund dieser Überlegungen sollte § 93 AktG in den Absätzen 1 bis 3 wie folgt modifiziert werden[803]:

§ 93 AktG, Sorgfaltspflicht und Verantwortlichkeit der Vorstandsmitglieder

(1) 1 Die Vorstandsmitglieder haben bei ihrer Geschäftsführung die Sorgfalt eines ordentlichen und gewissenhaften Geschäftsleiters anzuwenden. 2 Eine Pflichtverletzung liegt nicht vor, wenn das Vorstandsmitglied bei einer unternehmerischen Entscheidung vernünftigerweise annehmen durfte, auf der Grundlage angemessener Information zum Wohle der Gesellschaft zu handeln. 3 Über vertrauliche Angaben und Geheimnisse der Gesellschaft, namentlich Betriebs- oder Geschäftsgeheimnisse, die den Vorstandsmitgliedern durch ihre Tätigkeit im Vorstand bekanntgeworden sind, haben sie Stillschweigen zu bewahren. 4 Die Pflicht des Satzes 3 gilt nicht gegenüber einer nach § 342b des Handelsgesetzbuchs anerkannten Prüfstelle im Rahmen einer von dieser durchgeführten Prüfung. *5 Dieselben Pflichten treffen Personen, die ohne hierzu nach den §§ 84, 85 dieses Gesetzes dazu berufen wurden, jedoch in sonstiger Weise die Aktiengesellschaft gleich dem Vorstand leiten, sofern sie nicht Arbeitnehmer der betroffen Gesellschaft sind.*

[803] Die vorgeschlagenen Änderungen sind kursiv gedruckt.

(2) 1 Vorstandsmitglieder, die ihre Pflichten verletzen, sind der Gesellschaft zum Ersatz des daraus entstehenden Schadens als Gesamtschuldner verpflichtet. *2 Nach S. 1 dieser Vorschrift sind gleichsam Personen verantwortlich, die ohne hierzu nach den §§ 84, 85 dieses Gesetzes zu Vorstandsmitgliedern berufen wurden, jedoch in sonstiger Weise die Aktiengesellschaft gleich dem Vorstand leiten, sofern sie nicht Arbeitnehmer der betroffenen Gesellschaft sind.* 3 Ist streitig, ob sie die Sorgfalt eines ordentlichen und gewissenhaften Geschäftsleiters angewandt haben, so trifft sie die Beweislast.

(3) Die Vorstandsmitglieder *und Personen im Sinne von Abs. 1 S. 5 dieser Vorschrift* sind namentlich zum Ersatz verpflichtet, wenn entgegen diesem Gesetz

1. Einlagen an die Aktionäre zurückgewährt werden,
2. den Aktionären Zinsen oder Gewinnanteile gezahlt werden,
3. eigene Aktien der Gesellschaft oder einer anderen Gesellschaft gezeichnet, erworben, als Pfand genommen oder eingezogen werden,
4. Aktien vor der vollen Leistung des Ausgabebetrags ausgegeben werden,
5. Gesellschaftsvermögen verteilt wird,
6. Zahlungen entgegen § 92 Abs. 2 geleistet werden,
7. Vergütungen an Aufsichtsratsmitglieder gewährt werden,
8. Kredit gewährt wird,
9. bei der bedingten Kapitalerhöhung außerhalb des festgesetzten Zwecks oder vor der vollen Leistung des Gegenwerts Bezugsaktien ausgegeben werden.

Literaturverzeichnis

Altmeppen, Holger | Gesellschafter und „Konzernhaftung“ bei der GmbH
NJW 2002, S. 321 ff.
zitiert: Altmeppen, NJW 2002

Altmeppen, Holger | Schutz vor europäischen Kapitalgesellschaften
NJW 2004, S. 97 ff.
zitiert: Altmeppen, NJW 2004

Altmeppen, Holger | Abschied vom „Durchgriff“ im Kapitalgesellschaftsrecht
NJW 2007, S. 2657
zitiert: Altmeppen, NJW 2007

Altmeppen, Holger | Grundlegend Neues zum „qualifiziert faktischen Konzern“ und zum Gläubigerschutz in der Einmann-GmbH
ZIP 2001, S. 1837 ff.
zitiert: Altmeppen, ZIP 2001

Bamberger, Heinz Georg (Hrsg.)
Roth, Herbert (Hrsg.) | BGB, Kommentar
2. Auflage, München 2007
zitiert: Bamberger/Roth/*Bearbeiter*

Bärtschi, Harald — Verantwortlichkeit im Aktienrecht
Diss. Zürich 2001
zitiert: Bärtschi, Verantwortlichkeit

Barz, Carl Hans (Hrsg.) — Aktiengesetz, Großkommentar
1. Band, 2. Halbband §§ 76-147
3. Auflage, Berlin, New York 1973
zitiert: Großkomm. AktG 3. Aufl./*Bearbeiter*

Battis, Ulrich — Bundesbeamtengesetz
3. Auflage, München 2004
zitiert: Battis, BBG

Baumbach, Adolf
Hopt, Klaus — Handelsgesetzbuch
33. Auflage, München 2008
zitiert: Baumbach/Hopt/*Bearbeiter,* HGB

Baumbach, Adolf
Hueck, Alfred — GmbH-Gesetz
18. Auflage, München 2006
zitiert: Baumbach/Hueck/*Bearbeiter,* GmbHG

Baums, Theodor
Der Geschäftsleitervertrag: Begründung, Inhalt und Beendigung der Rechtsstellung der Vorstandsmitglieder und Geschäftsführer in den Kapitalgesellschaften und Genossenschaften
Köln 1987
zitiert: Baums, Geschäftsleitervertrag

Bayer, Walter
Die EuGH-Entscheidung „Inspire Art“ Und die deutsche GmbH im Wettbewerb der europäischen Rechtsordnungen
BB 2003, S. 2357
zitiert: Bayer, BB 2003

Beisse, Heinrich (Hrsg.)
Lutter, Marcus
Närger, Heribald
Festschrift für Karl Beusch Zum 68. Geburtstag am 31. Oktober 1993
zitiert: FS Beusch/*Bearbeiter*

Berner, Olaf
Klöhn, Lars
Insolvenzantragspflicht, Qualifikation und Niederlassungsfreiheit
ZIP 2007, S. 106 ff.
zitiert: Berner/Klöhn, ZIP2007

Beuthien, Volker
Gätsch, Andreas

Einfluß Dritter auf die Organbesetzung und Geschäftsführung bei Vereinen, Kapitalgesellschaften und Genossenschaften
ZHR 157 (1993), S. 483 ff.
zitiert: Beuthien/Gätsch, ZHR 157 (1993)

Bitter, Georg

Der Anfang vom Ende des qualifiziert faktischen GmbH-Konzerns – Ansätze einer allgemeinen Missbrauchshaftung in der Rechtsprechung des BGH
WM 2001, S. 2133 ff.
zitiert: Bitter, WM 2001

Böckli, Peter

Schweizer Aktienrecht
3. Auflage, Zürich, Basel, Genf 2004
zitiert: Böckli, AktR

Borges, Georg

Gläubigerschutz bei ausländischen Gesellschaften Mit inländischem Sitz
ZIP 2004, S. 733 ff.
zitiert: Borges, ZIP 2004

Borges, Georg

Die Sitztheorie in der Centros-Ära
- Vermeintliche Probleme und
unvermeidliche Änderungen
RIW 2000, S. 167 ff.
zitiert: Borges, RIW 2000

Bork, Reinhard

Allgemeiner Teil des Bürgerlichen
Gesetzbuches
2. Auflage, Tübingen 2006
zitiert: Bork, BGB AT

Brox, Hans

Erteilung, Widerruf und
Niederlegung von Prokura und
Handlungsvollmacht im neuen
Aktienrecht
NJW 1967, S. 801 ff.
zitiert: Brox, NJW 1967

Canaris, Claus-Wilhelm

Handelsrecht
24. Auflage, München 2006
zitiert: Canaris, HandelsR

Canaris, Claus-Wilhelm

Die Vertrauenshaftung im deutschen
Privatrecht
München 1971
zitiert: Canaris, Vertrauenshaftung

Cahn, Andreas	Verlustübernahme und Einzelausgleich im qualifiziert faktischen Konzern ZIP 2001, S. 2159 ff. *zitiert:* Cahn, ZIP 2001
Dierlamm, Alfred	Der faktische Geschäftsführer Im Strafrecht – ein Phantom NStZ 1996, S. 153 ff. *zitiert:* Dierlamm, NStZ 1996
Dietrich, Thomas (Begr.) Hanau, Peter (Begr.) Schaub, Günter (Begr.)	Erfurter Kommentar zum Arbeitsrecht 8. Auflage, München 2008 *zitiert:* ErfKo/*Bearbeiter*
Dinkhoff, Marc	Der faktische Geschäftsführer in der GmbH Diss. Bremen, Münster 2003 *zitiert:* Dinkhoff, faktischer Geschäftsführer
Dreier, Horst (Hrsg.)	Grundgesetz 2. Auflage, 2006 *zitiert:* Dreier/*Bearbeiter,* GG

Drouven, Ralph Mödl, Robert	US-Gesellschaften mit Hauptverwaltungssitz in Deutschland im deutschen Recht NZG 2007, S. 7 ff. *zitiert:* Drouven/Mödl, NZG 2007
Dütz, Wilhelm	Arbeitsrecht 11. Auflage, München 2006 *zitiert:* Dütz, ArbR
Ebenroth, Carsten Thomas (Hrsg.) Boujong, Karlheinz (Hrsg.) Joost, Detlev (Hrsg.)	HGB, Kommentar Bd. 1, §§ 1 – 342a 1. Auflage, München 2001 *zitiert:* Ebenroth/Boujong/Joost/ *Bearbeiter*, HGB
Emmerich, Volker	Anmerkungen zu der Vulkan-Doktrin AG 2004, S. 423 ff. *zitiert:* Emmerich, AG 2004
Emmerich, Volker Habersack, Mathias	Aktien- GmbH-Konzernrecht 5. Auflage, München 2008 *zitiert:* KonzernR/*Bearbeiter*

Emmerich, Volker
Sonnenschein, Jürgen

Konzernrecht: Das Recht der verbundenen Unternehmen bei Aktiengesellschaft, GmbH, Personengesellschaften, Genossenschaft, Verein und Stiftung
7. Auflage, München 2001
zitiert: Emmerich/Sonnenschein

Ehricke, Ulrich

Zur Teilnehmerhaftung von Gesellschaftern bei Verletzungen von Organpflichten mit Außenwirkung durch den Geschäftsführer Einer GmbH
ZGR 2000, S. 351 ff.
zitiert: Ehricke, ZGR 2000

Erman, Walter (Begr.)

Bürgerliches Gesetzbuch
12. Auflage, Köln, Münster 2008
zitiert: Erman/*Bearbeiter*

Eschenbruch, Klaus

Konzernhaftung: Haftung der Unternehmen und der Manager
1. Auflage, Düsseldorf 1996
zitiert: Eschenbruch, Konzernhaftung

Eyrich, Heinz (Hrsg.)

Festschrift für Kurt Rebmann
Zum 65. Geburtstag
München 1989
zitiert: FS Rebmann/*Bearbeiter*

Fischer, Thomas — Strafgesetzbuch
55. Auflage, München 2008
zitiert: Fischer, StGB

Fleischer, Holger — Zur aktienrechtlichen Verantwortlichkeit faktischer Organe
AG 2004, S. 515 ff.
zitiert: Fleischer, AG 2004

Fleischer, Holger — Zur Verantwortlichkeit einzelner Vorstandsmitglieder bei Kollegialentscheidungen im Aktienrecht
BB 2004, S. 2645 ff.
zitiert: Fleischer, BB 2004

Forstmoser, Peter (Hrsg.)
Schluep, Walter R. (Hrsg.) — Freiheit und Verantwortung im Recht; Festschrift zum 60. Geburtstag von Arthur Meier-Hayoz
Zürich 1982
zitiert: Festschrift Meier-Hayoz/*Bearbeiter*

Forstmoser, Peter
Meier-Hayoz, Arthur
Nobel, Peter — Schweizerisches Aktienrecht
Stand Oktober 1995, Bern 1996
zitiert: Forstmoser/Meier-Hayoz/Nobel

Gehriger, Pierre-Olivier | Faktische Organe im Gesellschaftsrecht unter Berücksichtigung strafrechtlicher Folgen
Diss. St. Gallen 1978
zitiert: Gehriger, Faktische Organe im Gesellschaftsrecht

Gehrlein, Markus | Die Behandlung von Gesellschafterdarlehen durch das MoMiG
BB 2008, S. 846 ff.
zitiert: Gehrlein, BB 2008

Geißler, Markus | Die Haftung des faktischen GmbH-Geschäftsführers
GmbHR 2003, S. 1106 ff.
zitiert: Geißler, GmbHR 2003

Gerlach, Hans W. | Die Anstellung eines Vorstandsmitglieds ohne Beschluß des Aufsichtsrates und deren Folgen
AG 1965, S. 251 ff.
zitiert: Gerlach, AG 1965

Geßler, Ernst; Hefermehl, Wolfgang | Aktiengesetz, Band II
1. Auflage, München 1974
zitiert: Geßler/Hefermehl/*Bearbeiter*

Gierke, Julius Karl Otto von
Sandrock, Otto

Handels- und Wirtschaftsrecht
9. Auflage, Berlin, New York 1975
zitiert: Gierke/Sandrock

Goette, Wulf

AG/GmbH: Qualifiziert faktische Konzernhaftung – Zulässigkeit und Grenzen des cash managements
DStR 2001, 1857
zitiert: Goette, DStR 2001

Goette, Wulf (Hrsg.)
Habersack, Mathias (Hrsg.)

Münchener Kommentar zum Aktiengesetz
3. Auflage, München 2008
zitiert: MüKo AktG/*Bearbeiter*

Gross, Bernd

Die strafrechtliche Verantwortlichkeit faktischer Vertretungsorgane bei Kapitalgesellschaften
Diss. Heidelberg 2006
zitiert: Gross, strafrechtliche Verantwortlichkeit

Gursky, Karl-Heinz

Der Tatbestand der Geschäftsführung ohne Auftrag
AcP 185 (1985), S. 13 ff.
zitiert: Gursky, AcP 185 (1985)

Hachenburg, Max (Begr.) GmbHG; Großkommentar
Bd. 3, §§ 53 - 85
8. Auflage, Berlin 1997
zitiert: Hachenburg/*Bearbeiter*

Hartmann, Beatrice Maria Die Insolvenzantragspflicht des faktischen Organs; Im Vergleich zu den insolvenzrechtlichen Des de facto director und des Shadow director im englischen Recht
Diss. Köln 2004, Frankfurt a. M. 2005
zitiert: Hartmann, Insolvenzantragspflicht

Hase, Karl von Insolvenzantragspflicht für Directors einer Limited in Deutschland
BB 2006, S. 2141 ff.
zitiert: von Hase, BB 2006

Heidel, Thomas (Hrsg.) Aktiengesetz
2. Auflage, Baden-Baden 2007
zitiert: Heidel/*Bearbeiter,* AktG

Hennerkes, Brun-Hagen
May, Peter

Der Gesellschaftsvertrag des Familienunternehmens – Ein Überblick über Gestaltungsschwerpunkte
NJW 1988, S. 2761 ff.
zitiert: Hennerkes/May, NJW 1988

Himmelsbach, Rainer
Achsnick, Jan

Faktische Geschäftsführung durch Banken: Gefahr oder Scheinproblem?
NZI 2003, S. 355 ff.
zitiert: Himmelsbach/Achsnick, NZI 2003

Hoffmann, Jochen

Das GmbH-Konzernrecht nach dem „Bremer Vulkan"-Urteil
NZG 2002, S. 68 ff.
zitiert: Hoffmann, NZG 2002

Hoffmann-Becking, Michael (Hrsg.)

Münchener Handbuch des Gesellschaftsrechts
Bd. 4: Aktiengesellschaft
3. Auflage, München 2007
zitiert: MüHdb/*Bearbeiter*

Hommelhoff, Peter

Satzungsmäßige Eignungsvoraussetzungen für Vorstandsmitglieder einer Aktiengesellschaft
BB 1977, S. 322 ff.
zitiert: Hommelhoff, BB 1977

Honsell, Heinrich (Hrsg.)
Vogt, Peter Nedim (Hrsg.)
Watter,Rolf (Hrsg.)

Basler Kommentar zum schweizerischen Privatrecht; Obligationenrecht II;
Art. 530 – 1186 OR
2. Auflage, Basel, Genf, München 2002
zitiert: BaKo/*Bearbeiter*

Hopt, Klaus J. (Hrsg.)
Gadow, Wilhelm (Begr.)

Aktiengesetz, Großkommentar
1. Band, 2. Halbband §§ 76-147
4. Auflage, Berlin, New York 1996
zitiert: Großkomm. AktG/*Bearbeiter*

Hübner, Ulrich (Hrsg.)

Recht und Ökonomie der Versicherung: Festschrift für Egon Lorenz zum 60. Geburtstag
zitiert: FS E. Lorenz/*Bearbeiter*

Hübner, Ulrich

Zur Zulässigkeit der Generalvollmacht bei Kapitalgesellschaften
zitiert: Hübner, BB 1962

Hueck, Götz
Windbichler, Christine

Gesellschaftsrecht
21. Auflage, München 2008
zitiert: Hueck/Windbichler, GesR

Hüffer, Uwe

Aktiengesetz
8. Auflage, München 2008
zitiert. Hüffer, AktG

Hromadka, Wolfgang

Das Recht des leitenden Angestellten
im historisch-gesellschaftlichen
Zusammenhang
München 1979
zitiert: Hromadka, leitende Angestellte

Hromadka, Wolfgang
Maschmann, Frank

Arbeitsrecht Bd.1;
Individualarbeitsrecht
3. Auflage, Berlin, Heidelberg 2005
zitiert: Hromadka/Maschmann, ArbR I

Immenga, Ulrich

Schutz abhängiger Gesellschaften
durch Bindung oder Unterbindung
beherrschenden Einflusses?
ZGR 1978, S. 269 ff.
zitiert: Immenga, ZGR 1978

Jäger, Axel
Aktiengesellschaft unter besonderer Berücksichtigung der KGaA
1. Auflage, München 2004
zitiert: Jäger, Aktiengesellschaft

Joussen, Edgar
Die Generalvollmacht im Handels- und Gesellschaftsrecht
WM 1994, S. 273 ff.
zitiert: Joussen, WM 1994

Kegel, Gerhard
Schurig, Klaus
Internationales Privatrecht
9. Auflage, München 2004
zitiert: Kegel/Schurig, IPR

Kessler, Jürgen
Kapitalerhaltung und normativer Gläubigerschutz in der Einpersonen-GmbH – zum „beiläufigen" Ende des „qualifiziert faktischen" GmbH-Konzerns
GmbHR 2001, S. 1095
zitiert: Kessler, GmbHR 2001

Kindler, Peter
Niederlassungsfreiheit für Scheinauslandsgesellschaften?
NJW 1999, S. 1993
zitiert: Kindler, NJW 1999

Kindler, Peter

Internationales Gesellschaftsrecht am Scheideweg
RIW 2000, S. 649 ff.
zitiert: Kindler, RIW 2000

Kindler, Peter

„Inspire Art" – Aus Luxemburg nichts Neues zum internationalen Gesellschaftsrecht
NZG 2003, S. 1086 ff.
zitiert: Kindler, NZG 2003

Kindler, Peter

„Anerkennung" der Scheinauslandsgesellschaft und Niederlassungsfreiheit
IPRax 2003, S. 41 ff.
zitiert: Kindler, IPRax 2003

Köbler, Gerhard

Juristisches Wörterbuch
14. Auflage, München 2007
zitiert: Köbler, Jur. Wörterbuch

Köhler, Helmut

BGB Allgemeiner Teil
30. Auflage, München 2006
zitiert: Köhler, BGB AT

Köhler, Helmut

Fehlerhafte Vorstandsverträge
NZG 2008, S. 161 ff.
zitiert: Köhler, NZG 2008

Krebs, Peter | Sonderverbindungen und außerdeliktische Schutzpflichten
1. Auflage, München 2000
zitiert: Krebs, Sonderverbindungen

Kratzsch, Dietrich | Das „faktische Organ“ im Gesellschaftsrecht
ZGR 1985, S. 507 ff
zitiert: Kratzsch, ZGR 1985

Kropholler, Jan | Internationales Privatrecht
6. Auflage, Tübingen 2006
zitiert: Kropholler, IPR

Köhler, Helmut | Fehlerhafte Vorstandsverträge
NZG 2008, S. 161 ff.
zitiert: Köhler, NZG 2008

Kuntz, Thilo | Die Insolvenz der Limited mit deutschem Verwaltungssitz – EU-Kapitalgesellschaften in Deutschland nach „Inspire Art“
NZI 2005, S. 424 ff.
zitiert: Kuntz, NZI 2004

Landwehr, Götz — Die Haftung der juristischen Person für körperschaftliche Organisationsmängel
AcP 164 (1964), S. 482 ff.
zitiert: Landwehr, AcP 164 (1964)

Larenz, Karl — Methodenlehre der Rechtswissenschaft;
6. Auflage, Berlin, Heidelberg u. a. 1991
zitiert: Larenz, Methodenlehre

Larenz, Karl
Canaris, Claus-Wilhelm — Lehrbuch des Schuldrechts
II Bd., 2. HB, Besonderer Teil
13. Aufl. München 1994
zitiert: Larenz/Canaris, SchR

Larenz, Karl
Wolf, Manfred — Allgemeiner Teil des Bürgerlichen Rechts
9. Auflage, München 2004
zitiert: Larenz/Wolf, BGB AT

Leible, Stefan
Staudinger, Ansgar — Die europäische Verordnung über Insolvenzverfahren
KTS 2000, S. 533 ff.
zitiert: Leible/Staudinger, KTS 2000

Lutter, Marcus — Die zivilrechtliche Haftung in der Unternehmensgruppe
ZGR 1982, S. 244 ff.
zitiert: Lutter, ZGR 1982

Lutter, Marcus
Hommelhoff, Peter — GmbHG, Kommentar
16. Auflage, Köln 2004
zitiert: Lutter/Hommelhoff/*Bearbeiter*, GmbHG

Lutter, Marcus
Krieger, Gerd — Rechte und Pflichten des Aufsichtsrats
4. Auflage, Köln 2002
zitiert: Lutter/Kieger, Aufsichtsrat

Luttermann, Claus — Unternehmensfinanzierung, Geschäftsleiterpflicht und Haftkapital bei Kapitalgesellschaften
BB 2001, S. 2433
zitiert: Luttermann, BB 2001

Martens, Klaus-Peter — Das Arbeitsrecht der leitenden Angestellten
Wiesbaden, Stuttgart 1982
zitiert: Martens, leitende Angestellte

Martinek, Michael — Die Organhaftung nach § 31 BGB als allgemeines Prinzip der Haftung von Personenverbänden für ihre Repräsentanten
Diss. Berlin 1978
zitiert: Martinek, Organhaftung

Medicus, Dieter — Bürgerliches Recht
21. Auflage, Köln, Berlin, Bonn, München 2007
zitiert: Medicus, Bürgerliches Recht

Medicus, Dieter — Allgemeiner Teil des BGB;
9. Auflage, Heidelberg 2006
zitiert: Medicus, BGB AT

Medicus, Dieter — Schuldrecht II - Besonderer Teil;
14. Auflage, München 2007
zitiert: Medicus, SchR II

Michalski, Lutz (Begr.) — GmbHG, Kommentar
Bd. 2, §§ 35 – 86
1. Auflage, München 2002
zitiert: Michalski/*Bearbeiter,* GmbHG

Müller, Hans-Friedrich — Insolvenz ausländischer Kapitalgesellschaften mit inländischem Verwaltungssitz
NZG 2003, S. 414 ff.
zitiert: Müller, NZG 2003

Müller, Klaus J. — Die englische Limited in Deutschland – für welche Unternehmen ist sie tatsächlich geeignet?
BB 2006, S. 837 ff.
zitiert: Müller, BB 2006

Musielak, Hans-Joachim — Kommentar zur Zivilprozessordnung
5. Auflage, München 2007
zitiert: Musielak/*Bearbeiter*

Nerlich, Jörg
Römermann, Volker — Insolvenzordnung, Kommentar
Stand: 13. El. Mai 2007
zitiert: Nerlich/Römermann/*Bearbeiter*

Palandt, Otto (Begr.) — Bürgerliches Gesetzbuch;
67. Auflage, München 2008
zitiert: Palandt/*Bearbeiter*

Rebmann, Kurt (Hrsg.)
Rixecker, Roland (Hrsg.)
Säcker, Franz Jürgen (Hrsg.)

Münchener Kommentar
zum Bürgerlichen Gesetzbuch,
Band 3, Schuldrecht;
5. Auflage, München 2006
zitiert: MüKo/*Bearbeiter*

Raiser, Thomas

Recht der Kapitalgesellschaften
3. Auflage, München 2001
zitiert: Raiser, KapG

Rehbinder, Eckard

Treuepflichten im GmbH-Konzern
ZGR 1976, S. 387 ff.
zitiert: Rehbinder, ZGR 1976

Rehbinder, Eckard

Gesellschaftsrechtliche Probleme
mehrstufiger Unternehmensverbindungen
ZGR 1977, S. 581 ff.
zitiert: Rehbinder, ZGR 1977

Reich, Norbert

Die zivil- und strafrechtliche
Verantwortlichkeit des faktischen
Organmitglieds im Gesellschaftsrecht
DB 1967, S. 1663 ff.
zitiert: Reich, DB 1967

Riedemann, Susanne — Das Auseinanderfallen von Gesellschafts- und Insolvenzstatut
GmbHR 2004, S. 345 ff.
zitiert: Riedemann, GmbHR 2004

Römermann, Volker
Schröder, Henning — Aufgabe des qualifiziert faktischen GmbH-Konzerns
GmbHR 2001, S. 1015
zitiert: Römermann/Schröder, GmbHR 2001

Roth, Günter H.
Altmeppen, Holger — GmbHG; Kommentar
5. Auflage, München 2005
zitiert: Roth/Altmeppen/*Bearbeiter,* GmbHG

Rotheimer, Marietje — Referentenentwurf zum Internationalen Gesellschaftsrecht
NZG 2008, S. 181 ff.
zitiert: Rotheimer, NZG 2008

Rowedder, Heinz (Begr.) — GmbHG, Kommentar
4. Auflage, München 2002
zitiert: Rowedder/*Bearbeiter*

Sachs, Michael — Grundgesetz
4. Auflage, München 2007
zitiert: Sachs, GG

Schäfer, Hans
Missling, Patrick J.
Haftung von Vorstand und Aufsichtsrat
NZG 1998, S. 441 ff.
zitiert: Schäfer/Missling, AG 1998

Schanze, Erich
Jüttner, Andreas
Die Entscheidung für Pluralität – Kollisionsrecht und Gesellschaftsrecht nach der EuGH-Entscheidung „Inspire Art"
AG 2003, S. 661 ff.
zitiert: Schanze/Jüttner, AG 2003

Schanze, Erich
Gesellschafterhaftung für unlautere Einflussnahme nach § 826 BGB: Die Trihotel-Doktrin des BGH
NZG 2007, S. 681 ff.
zitiert: Schanze, NZG 2007

Schaub, Günther
Arbeitsrechts-Handbuch
12. Auflage, München 2007
zitiert: Schaub, ArbR

Schultheiß, Michael — Die Haftung des „schadow director“ einer englischen Kapitalgesellschaft; Der Haftungsdurchgriff auf den beherrschenden Gesellschafter und die Konzernobergesellschaft im englischen Recht
Diss. Freiburg 1999, Aachen 2000
zitiert: Schultheiß, Haftung des „shadow director“

Schulze-Osterloh, Joachim — Grenzen des Gläubigerschutzes bei fahrlässiger Konkursverschleppung
AG 1984, S. 141 ff.
zitiert: Schulze-Osterloh, AG 1984

Schmidt, Karsten — Gesellschaftsrecht
4. Auflage, Köln, Berlin, Bonn, München 2002
zitiert: Schmidt, GesR

Schmidt, Karsten — Gesellschafterhaftung und „Konzernhaftung“ bei der GmbH
NJW 2002, S. 3577 ff.
zitiert: Schmidt, NJW 2002

Schmidt, Karsten — Konkursantragspflichten bei der GmbH und bürgerliches Deliktsrecht
JZ 1978, S. 661 ff.
zitiert: Schmidt, JZ 1978

Schneider, Carsten | Internationales Gesellschaftsrecht vor der Kodifizierung
BB 2008, S. 566 ff.
zitiert: C. Schneider, BB 2008

Schneider, Jörg | Die Haftung der Muttergesellschaft als Organ der Tochtergesellschaft nach deutschem und englischem Recht
ZVglRWiss 102 (2003), S. 387 ff.
zitiert: J. Schneider, ZVglRWiss

Schneider, Uwe | Konzernleitung als Rechtsproblem; Überlegungen zu einem Konzernverfassungsrecht
BB 1981, S. 249 ff.
zitiert: U. Schneider, BB 1981

Schneider, Uwe (Hrsg.) | Festschrift für Marcus Lutter Zum 70. Geburtstag
Köln 2000
zitiert: FS Lutter/*Bearbeiter*

Schultz, Oliver | Das Kontinuitätsprinzip im Gesellschaftsrecht
NZG 1999, S. 89 ff.
zitiert: Schultz, NZG 1999

Schumann, Alexander | Die englische Limited mit Verwaltungssitz in Deutschland: Buchführung, Rechnungslegung und Strafbarkeit wegen Bankrotts
ZIP 2007, S. 1189 ff.
zitiert: Schumann, ZIP 2007

Schürnbrand, Jan | „Verdeckte" und „atypische" Beherrschungsverträge im Aktien- und GmbH-Recht
ZHR 169 (2005), S. 35 ff.
zitiert: Schürnbrand, ZHR 169 (2005)

Soergel, Hans Theodor (Begr.) | Bürgerliches Gesetzbuch: mit Einführungsgesetz und Nebengesetzen
13. Auflage, Stuttgart 2002 ff.
Bd. 1, Allgemeiner Teil 1
Bd. 2, Allgemeiner Teil 2
zitiert: Soergel/*Bearbeiter*

Sonnenberger, Hans J. | Gesellschaftsrechtliche Verantwortlichkeit geschäftsführender Organe von Kapitalgesellschaften
GmbHR 1973, S. 25 ff.
zitiert: Sonnenberger, GmbHR 1973

Spieker, Wolfgang | Rechtsfolgen fehlerhafter Anstellung eines Vorstandsmitglieds
DB 1964, S. 1287 ff.
zitiert: Spieker, DB 1964

Spindler, Gerald
Stilz, Eberhard | Kommentar zum Aktiengesetz
Bd. 1, §§ 1 – 178
Bd. 2, §§ 179 – 410
1. Auflage, München 2007
zitiert: Spindler/Stilz/*Bearbeiter,* AktG

Spitzbarth, Reimar | Vollmachten im Unternehmen
3. Auflage, Berlin 1999
zitiert: Spitzbarth, Vollmachten

Spitzbarth, Reimar | Die rechtliche Stellung des Generalbevollmächtigten
BB 1962, S. 851 ff.
zitiert: Spitzbarth, BB 1962

Staub, Hermann (Begr.) | Handelsgesetzbuch, Großkommentar
4. Auflage, Berlin, New York 1995
zitiert: Großkomm. HGB/*Bearbeiter*

Stein, Friedrich (Begr.)
Jonas, Martin (Hrsg.)

Kommentar zur Zivilprozessordnung
22. Auflage, Tübingen 2003
Bd. 1, Einleitung , §§ 1- 40
zitiert: Stein/Jonas/*Bearbeiter*

Stein, Ursula

Das faktische Organ
Diss. Köln 1984
zitiert: Stein, Das faktische Organ

Stein, Ursula

Die Normadressaten der §§ 64, 84 GmbHG
Und die Verantwortlichkeit von Nichtgeschäftsführern wegen Konkursverschleppung
ZHR 148 (1984), S. 207 ff.
zitiert: Stein, ZHR 148 (1984)

Stimpel, Walter

Die Rechtsprechung des Bundesgerichtshofs zur Innenhaftung Des herrschenden Unternehmens Im GmbH-Konzern
AG 1986, S. 117 ff.
zitiert: Stimpel, AG 1986

Ulmer, Peter

Von „TBB" zu „Bremer Vulkan" – Revolution oder Evolution?
ZIP 2001, S. 2121 ff.
zitiert: Ulmer, ZIP 2001

Vallender, Heinz
Fuchs, Karlhans

Die Antragspflicht organschaftlicher Vertreter einer GmbH vor dem Hintergrund der Europäischen Insolvenzverordnung
ZIP 2004, S. 829 ff.
zitiert: Vallender/Fuchs, ZIP 2004

Veith, Günter

Fehlerhafte Anstellung von Vorstandsmitglieder
DB 1965, S. 807 ff.
zitiert: Veith, DB 1965

Vogel, Alexander

Die Haftung der Muttergesellschaft als materielles, faktisches oder kundgebendes Organ der Tochtergesellschaft
Diss. St. Gallen 1997
zitiert: Vogel, Haftung der Muttergesellschaft

Voigt, Hans-Christoph

Haftung aus Einfluss auf die Aktiengesellschaft (§§ 117, 309, 317)
Diss. Hamburg 2004
zitiert: Voigt, Haftung aus Einfluss

von der Crone, Hans-Caspar (Hrsg.) Aktuelle Fragen des Bank- und Finanzmarktrechts; Festschrift für Dieter Zobl zum 60. Geburtstag
zitiert: FS Zobl/*Bearbeiter*

Wälzholz, Eckhard Die insolvenzrechtliche Behandlung haftungsbeschränkter Gesellschaften nach der Reform durch das MoMiG DStR 2007, S. 1914 ff.
zitiert: Wälzholz, DStR 2007

Walterscheid, Joachim Die englische Limited im Insolvenzverfahren DZWIR 2006, S. 95 ff.
zitiert: Walterscheid, DZWIR 2006

Weimar, Robert Grundprobleme und offene Fragen um den faktischen Geschäftsführer (I) GmbHR 1997, S. 473 ff.
zitiert: Weimar, GmbHR 1997

Weimar, Robert Grundprobleme und offene Fragen um den faktischen Geschäftsführer (II) GmbHR 1997, S. 538 ff.
zitiert: Weimar, GmbHR 1997

Weller, Marc-Philippe	Einschränkung der Gründungstheorie bei missbräuchlicher Auslandsgründung? IPRax 2003, S. 520 ff. *zitiert:* Weller, IPRax 2003
Wiedemann, Herbert	Gesellschaftsrecht Bd. I, Grundlagen 1. Auflage, München 1980 *zitiert:* Wiedemann, GesR
Wilken, Oliver	Cash-Management und qualifiziert faktische Konzernierung DB 2001, S. 2383 ff. *zitiert:* Wilken, DB 2001
Wollenschläger, Michael	Arbeitsrecht 2. Auflage, Köln, Berlin, München 2004 *zitiert:* Wollenschläger, ArbR
Wollschläger, Christian	Die Geschäftsführung ohne Auftrag, Theorie und Rechtsprechung 1. Auflage, Berlin 1976 *zitiert:* Wollschläger, GoA

Zerres, Thomas — Deutsche Insolvenzantragspflicht für die englische Limited mit Inlandssitz
DZWIR 2006, S. 356 ff.
zitiert: Zerres, DZWIR 2006

Zöllner, Wolfgang (Hrsg.) — Kölner Kommentar zum Aktiengesetz Band 2, §§ 76-117 AktG und Mitbestimmung im Aufsichtsrat
2. Auflage, Köln, Berlin, Bonn, München 1988 ff.
zitiert: KöKo/*Bearbeiter*

Zöllner, Wolfgang — Konkurrenz für inländische Kapitalgesellschaften durch ausländische Rechtsträger, insbesondere durch die englische Private Limited Company
GmbHR 2006, S. 1 ff.
zitiert: Zöllner, GmbHR 2006

Zöllner, Wolfgang
Loritz, Karl-Georg — Arbeitsrecht
6. Auflage, München 2007
zitiert: Zöllner/Loritz, ArbR